"十二五"职业教育国家规化教材
经全国职业教育教材审定委员会审定

U0654245

会计学基础

（第5版）

主编 吴 健
　　　毛波军

上海交通大学出版社
SHANGHAI JIAO TONG UNIVERSITY PRESS

内容提要

本书为"21世纪高等职业教育通用技术规划教材(经济类专业)"之一。

本书依据《中华人民共和国会计法》、《会计基础工作规范》、2006年《企业会计准则》等法规制度,系统地阐述了会计的基本理论、基本方法和基本操作技术。以会计确认、计量和报告为主线,将账户的设置、复式记账、企业主要经营过程的核算、填制和审核凭证、登记账簿、成本计算、财产清查和编制会计报表等会计核算方法的复杂问题简单化,简单问题容易化,容易问题趣味化。充分吸纳了2010年《会计从业资格考试大纲》、2010年《初级会计资格考试大纲》的主要内容,较好地解决了学历证书教育与会计从业资格证书教育融会贯通的问题,使其具有双重教育的功能。

本书适合于高等院校、高等职业技术院校、成人高校会计专业及相关专业的会计基础课程教材,也可作为会计人员继续教育教材。

图书在版编目(CIP)数据

会计学基础 / 吴健,毛波军主编.—5版. — 上海 : 上海交通大学出版社,2014
ISBN 978-7-313-10907-1

Ⅰ. 会... Ⅱ. ①吴... ②毛... Ⅲ. 会计学 Ⅳ. F230

中国版本图书馆 CIP 数据核字(2014)第 036683 号

会计学基础
(第 5 版)

主　　编:吴　健　毛波军
出版发行:上海交通大学出版社　　　　　　地　　址:上海市番禺路 951 号
邮政编码:200030　　　　　　　　　　　　电　　话:021-64071208
出 版 人:韩建民
印　　制:上海宝山译文印刷厂　　　　　　经　　销:全国新华书店
开　　本:787mm×960mm　1/ 16　　　　　印　　张:21
字　　数:407 千字
版　　次:2000 年 8 月第 1 版　2014 年 3 月第 5 版　印　　次:2014 年 3 月第 9 次印刷
书　　号:ISBN 978-7-313-10907-1/F
定　　价:39.00 元

21世纪高等职业教育通用技术规划教材编委会

（经 济 类 专 业）

前　言

中华人民共和国财政部于 2006 年 2 月颁发了新的企业会计准则体系，该准则体系的发布实施，标志着我国会计理论和会计实践的深刻变化，也是规范会计秩序、提高会计信息质量的重要措施。这对完善我国市场经济体制，保障社会公众利益，促进社会和谐具有重要意义，也对我国会计人才的培养、会计专业教学改革和教材建设提出了更高的要求。

为了更好地贯彻理论与实践相结合的原则，我们根据《中华人民共和国会计法》、《会计基础工作规范》、《企业会计准则》以及随后发布的准则解释等法规制度，本着系统地述会计基本理论、基本方法和基本操作技能；理论够用、突出操作；以及兼顾学历教育与职业资格培训融通的原则，编写了本教材。本书力求做到复杂问题简单化，简单问题容易化，容易问题趣味化。

本书具有以下特点：

1) 双证融通。本书按照会计从业资格证考试命题形式，指导学生进行应试能力与方法训练，较好地解决了学历证书教育与会计从业资格证书教育相脱节的问题，使其具有双重教育的功能，充分体现课程教学的实用性和职业性。

2) 通俗易懂。本书通过大量的案例融汇相关会计理论，层次清楚，先易后难，由浅入深，便于学员自学。

3) 实践性强。本书侧重会计基础知识学习和基本业务处理技能训练，以会计工作流程为导向融通教学内容，突出学员职业核心能力训练。

4) 结构新颖。本书每章的开篇指出了知识目标(应知)和能力目标(应会),每章篇末安排了本章小结和复习思考题,并配套编写了大量的练习题和会计从业资格证书训练题,力图使学员通过本书的学习,在完成学历教育的同时,也能顺利获得《会计从业资格证》考试的能力,为后续专业会计学习和实践会计工作打下扎实的基础。

本书可作为高等职业教育以及本、专科会计学原理课程的教材,也可以做为会计专业资格证书培训的参考教材。

由于编者的水平有限,书中疏漏和不足之处,恳请读者批评指正。

编 者

2014 年 1 月

目　录

1 总　　论

知识目标

- 了解会计的产生、发展及各个历史阶段的主要特点；
- 熟悉会计的概念及对象、财务会计报告的目标和财务会计报告的使用者；
- 掌握会计的职能、准则、基本假定、基础、信息质量要求、要素、等式、计量、核算的方法。

能力目标

- 能准确掌握会计的职能、对象、基本准则、基本假定、会计基础、信息质量要求、会计要素、会计等式、会计要素的计量；
- 明确会计核算方法的结构、会计要素的内容。

1.1　会计概述

1.1.1　会计的产生和发展

1.1.1.1　我国会计历史的衍变

1) 会计的萌芽

会计在我国具有悠久的历史，早在原始社会末期就出现了"结绳记事"、"刻契记事"等简单的记录和计算行为来记载劳动成果和劳动耗费，但那时会计并没有成为一项专门的工作。

2) 会计职业的形成

西周时期，随着社会生产的发展、剩余产品的大量出现，劳动耗费和劳动成果的计量、记录日益频繁，因管理的需要，逐渐形成了一种专职的、独立的会计活动。专门掌管国家钱粮税赋的官员的官职称为"司会"。"司会"主天下之大计，计官之长，这就是"会计"这一职业的来历。

3) 会计账簿体系的形成

在西周时期出现的"会计"这一职业，当时人们就赋予了它清晰的含义。《周礼·天官》篇中指出："会计，以参互考日成，以月要考月成，以岁会考岁成"。"参互"为十日成事之文书，相当于旬报；"月要"为一月成事之文书，相当于月报；"岁会"则是一年成事之文书，相当于年报。春秋战国时期至秦代，把记录会计事项的简册称为"簿书"或"计簿"，而把记录统计事项的简册称为"籍"。

在唐、宋两代，我国会计方法有了新的发展。当时在记账规则方面开始有了比较一致的做法，会计账簿和会计报表的设置也日益完备，由流水账(日记账)和誊清账(总清账)组成的账簿体系已初步形成，特别重要的是创建和运用了"四柱结算法"。所谓四柱，即"旧管"、"新收"、"开除"、"实在"，其含义分别相当于现代会计中的"期初结存"、"本期收入"、"本期支出"、"期末结存"。四柱之间的结算关系可用会计方程式表示为"旧管＋新收－开除=实在"。"四柱结算法"也称为"四柱清册"，并在民间逐步加以运用，因此，"四柱结算法"的创建和运用，是对会计学领域的一项重大贡献，为我国通行多年的收付记账法奠定了理论基础。

在清代，《孟子正义》一书中又对"会"和"计"两个字的含义作了一定的区分："零星算之为计，总合算之为会"。"会"和"计"两字连用，形成一个专门的名词，即特指对财物收支所进行的日常零星的记录、计算和定期汇总工作。在民间以"四柱清册"为基础的"龙门账"、"四脚账"等记账方式，充分显示了我国传统簿记的特点。

4) 现代会计的发展

辛亥革命以后，我国引进了西方会计，对我国会计的发展起到了一定的积极作用。新中国成立后，我国政府制定了一系列会计制度，并于 1985 年公布了新中国第一部《会计法》。随着社会主义经济的发展和对外开放的需要，会计要与国际惯例接轨，我国于 1992 年 11 月公布了《企业会计基本准则》，开始陆续出台《企业会计具体准则》。1999 年 10 月 31 日，第九届全国人民代表大会常务委员会第十二次会议审议通过了重新修订的《会计法》，并且于 2000 年 7 月 1 日起施行，为会计工作更好地为社会主义市场经济服务提供了重要的法律保障。2006 年 10 月，财政部颁布了 38 项具体会计准则《企业会计准则——应用指南》，应用指南的第二部分为会计科目及主要账务处理，主要根据具体准则中涉及确认和计量的要求，规定了156 个会计科目及主要账务处理，基本涵盖了所有企业的各类交易或事项。会计科目和主要账务处理是以会计准则中确认、计量原则及其解释为依据所作的一般性规定，对涉及商业银行、保险公司和证券公司的专用科目作了特别注明，即会计科目和主要账务处理规范的是会计的确认、计量、记录和报告中的"记录"。因此，会计科目和报表说明赋予企业一定的灵活性，即在不违反准则及其解释的前提下，企业可根据实际需要设置会计科目及明细科目。它的颁布是我国会计改革的一次重要转折，标志着我国的会计工作开始走向国际化，具有继往开来的重大意义。

1.1.1.2 世界会计历史的衍变

意大利佛罗伦萨银行在 1211 年已用借贷记账法记账，当时人们把这种记账法称为"威尼斯簿记法"。1494 年，出版了由意大利数学家 Loca Pacilo 所著的《算术、几何及比例概要》一书，该书的"计算与记录要论"论题比较系统地介绍了"威尼斯簿记法"，并结合数学原理从理论上加以概括，这是借贷复式记账法形成的重要标志。1581 年，威尼斯"会计学院"的建立，表明会计已作为一门学科在学校里传授。之后，借贷复式记账法便相继传至德、法、英、美、日、中等国家，并得到各国会计学者在理论和技术上的不断发展和完善，直到今日仍为世界各国广泛采用。

总之，近代会计发源于意大利，发展于英国，改进并形成现代会计的是美国。

1.1.1.3 中华人民共和国会计核算制度模式的演进过程

1) 1949 年至 1952 年为初创期

这一时期最大的成绩是确立了制定中国会计核算制度的基本模式，将中国传统会计簿记模式和前苏联会计思想综合体现在会计核算制度中，改变了旧中国会计工作混乱无序、各自为政的状态。

2) 1953 年至 1957 年为全盘苏化期

由于前苏联与中国在经济规模和经济层次上尚有很大的差别，会计人员的素质也不尽相同，因此，对前苏联会计核算制度的照抄照搬，使前苏联会计核算模式在中国运用时显得过于繁琐，形成了呆板的条条框框，同时中式簿记彻底退出了历史舞台。

3) 1958 年至 1978 年为与前苏式会计决裂期

这一时期的会计核算制度从不断的简化到有名无实，所有的会计核算制度自动失去其约束力，这种演变应该是一种强制性和诱致性相互作用的混合变迁。前苏式会计中的利润、成本、财产等观念遭到批判，会计核算向更加粗放的形式发展，会计本身所具备的知识性被大大简化，会计核算制度的形象被扭曲。

4) 1979 年至 1992 年为对前苏式会计的扬弃期

这个时期会计核算制度在恢复前苏式会计的同时，又依据中国改革中的现实情况对前苏式会计核算制度模式进行了适量的调整和变革。注意对前苏式会计的经验借鉴和扬弃，使得以前被认为是西方资本主义国家的会计观念被采用。

5) 1992 年至今为与国际会计准则协调发展时期

随着改革的不断深入和市场化的发展，西方国家的示范效应在会计核算制度演变方面起到的作用越来越强。特别是在中国制定具体会计准则前后，这种状况尤为明显，会计核算制度是否应该具有中国特色的争论又被重新提起。会计核算制度是否具有理论结构，理论结构应该如何安排受到广泛的重视。

1.1.2 会计的概念

会计是以货币为主要计量单位，运用专门的方法，核算和监督一个单位的经济活动，为会计信息使用者提供经济信息的一种经济管理活动。会计的含义如下：

(1) 会计的基本特点是以货币为主要计量单位。货币计量是指会计主体在会计核算过程中采用货币作为统一的计量单位，记录、反映会计主体的经营情况。企业的生产经营活动具体表现为商品的购销、各种原材料和劳务的耗费等实物运动。由于商品和各种原材料、劳务的耗费在实物上存在多种计量单位，不便比较，为了全面完整地反映企业的生产经营活动，会计核算客观上需要一种统一的计量单位作为其计量尺度。在商品经济条件下，货币是商品的一般等价物，是衡量商品价值的共同尺度，会计核算就必然选择货币作为其计量单位，以货币形式来反映企业生产经营活动的全过程。会计核算只有采取货币计量的方式才便于将活化劳动量和不同质的物化劳动量进行比较，才能按统一的表现形式来综合计量各种不同的经济活动，取得经济管理上所需的各种综合核算资料，说明经济活动的过程和结果。即使在会计核算中对于各项经济活动已按实物计量单位或劳动计量单位进行计量和记录，最后仍必须运用货币计量单位加以反映，也就是说，货币计量单位是会计最主要的计量单位。货币计量能够使企业的生产经营活动统一地表现为货币资金运动，从而能够全面完整地反映企业的经营成果和财务状况及其变动情况。

单位的会计核算应以人民币作为记账本位币。业务收支以外币为主的单位也可以选择某种外币作为记账本位币，但编制的财务会计报告应当折算为人民币。在境外设立的中国企业向国内报送的财务会计报告应当折算为人民币。

(2) 会计价值职能是提供会计信息的质量。会计是将一个企业的经济数据通过一定的程序和方法转化为有助于制定财务决策所需要的信息。提供会计信息的真实性、相关性、可理解性、及时性，决定着会计信息使用者从不同角度认识会计的意义和存在的价值。会计信息使用者可以概括为两大类，一类是内部信息使用者，一类是外部信息使用者。内部信息使用者是企业管理当局，主要职责是制订有关计划、指导和控制企业经营的内部决策。外部信息使用者包括投资者及潜在的投资者、债权人及潜在的债权人等。

(3) 会计的本质是一种经济管理工作。会计所进行的经济管理主要是利用资金手段，对一个单位的经济活动进行价值管理，核算和监督经济活动。所以，会计工作也称为会计管理工作，是一种经济管理工作，主要表现为核算和监督经济活动。

1.1.3 会计的职能

会计的职能是指会计在经济管理活动中所具有的内在功能。从会计的基本职能看，会计是对经济运行进行的一种管理活动，主要表现在两个方面：对经济活动进行会计核算和实行会计监督。

1.1.3.1 核算职能

会计核算职能是指会计以货币为主要计量单位，通过确认、计量、记录、报告等环节，对特定主体的经济活动进行记账、算账、报账，为各方面提供会计信息的功能。它是会计最基本的职能。

会计核算主要是采取货币形式，对经济活动的数量方面进行记录、计算、汇总和上报，主要表现为记账、算账、报账等具体工作，所以会计核算职能也可称作会计反映职能。

会计核算是全面、连续、系统地进行的，这样记录计算的结果，才能形成完整、综合的会计信息，以便客观公正地反映经济活动的过程和结果。

会计核算方法包括填制和审核会计凭证、设置账户、复式记账、登记账簿、成本计算、财产清查、编制会计报表等。其中，填制和审核会计凭证、登记账簿、编制会计报表构成会计循环的三大环节。

1.1.3.2 监督职能

会计监督职能是指会计人员在进行会计核算的同时，对特定主体经济活动的合法性、合理性进行审查。

会计监督贯穿于经济活动的全过程，包括事前监督、事中监督和事后监督。事前监督，主要是在参与编制各项计划和费用预算时，依据国家的法律、法规和制度，对未来的经济活动的可行性、合理性和合法性进行审查。事中监督，主要是在日常会计核算中，对于发现的问题提出建议，促使有关部门采取措施，调整经济活动。事后监督，主要对已经发生和已完成的经济活动的合法性和合理性进行审查、分析、考核和评价。

会计的核算职能和监督职能是密切相连、相辅相成的关系。对经济活动进行会计核算的过程，也是实行会计监督的过程。会计核算是会计监督的前提，没有会计核算提供的数据资料，会计监督就没有客观依据；如果只有会计核算而不进行会计监督，会计核算就不能有效地进行，就难以提供客观的会计信息，会计核算也就失去了存在的意义。

会计核算和会计监督职能是会计的两项基本职能。随着经济的发展和会计活动范围及内容的不断扩大，会计的职能也在不断发展，特别是会计参与经济决策的职能尤为突出。当然，从会计的基本特征看，目前会计所具有的参与经济决策的职能，是从核算和监督两项基本职能中派生出来的，不属于会计的基本职能。

1.1.4　会计的对象

会计对象是会计所核算和监督的内容。会计是以货币为主要计量单位，对经济活动进行核算和监督的经济管理工作，因此，凡是特定单位能够以货币表现的经济活动都是会计核算和监督的内容，也就是会计的对象。以货币表现的经济活动亦称为价值运动或资金运动。

由于各单位的性质不同，经济活动的内容不同，因此，会计对象的具体内容也不尽相同。下面以工业企业为例，说明工业企业会计对象的具体内容。

企业的资金是指企业所拥有的各项财产物资的货币表现。企业的资金运动表现为资金投入、资金运用和资金退出三个过程。

企业资金的投入包括企业接受投资者投入的资金和向债主借入的资金两部分，前者称为企业的所有者权益，后者称为企业的负债。投入企业的资金形成企业的各种资产，包括库存现金、银行存款、原材料、库存商品、机器设备等。因此，可以通俗地讲，资金是资产的价值，资金是资产的货币表现。一个企业的资金既表现为所有者权益和负债两大来源途径，又表现为资产这一种存在形式，所以，一个企业的资金总额等于其所有者权益与负债之和，也等于资产价值总额。

企业资金的运用是资金投入企业后在供、产、销过程中的不断循环与周转。

在供应过程中，企业要购买原材料等劳动对象，发生材料费、运输费、装卸费等材料采购成本，与供应单位发生货款的结算关系。在生产过程中，劳动者借助于劳动手段将劳动对象加工成特定的产品，发生原材料消耗的材料费、固定资产磨损的折旧费、生产工人劳动耗费的人工费等，构成产品使用价值与价值的统一体，同时，还将发生企业与工人之间的工资结算关系、与有关单位之间的劳务结算关系等。在销售过程中，将生产的产品销售出去，发生有关销售费用、收回货款、交纳税金等业务活动，并同购货单位发生货款结算关系，同税务机关发生税务结算关系等。企业获得的销售收入，扣除各项费用成本后的利润，还要提取盈余公积并向所有者分配利润。在供、产、销过程中，资金运动依次经历货币资金、储备资金、生产资金、商品资金、货币资金的相互转化。

资金的退出包括偿还各项债务、上交各项税金、向所有者分配利润等，这部分资金便离开本企业，退出本企业的资金循环与周转。

应该注意的是，企业的经济活动包括能够用货币计量的经济活动和不能用货币计量的经济活动。前者称为经济业务，如购进材料、销售产品等；后者称为非经济业务，如制订计划、召开会议等。只有能以货币计量的经济活动，即经济业务，才能构成会计核算的内容。

1.2　会计准则

1.2.1　会计准则概述

会计准则是进行会计工作所必须遵循的规范，是评价会计工作的标准。有的国家也叫会计原则或公认会计原则。

会计准则按其作用的不同，分为基本准则和具体准则两个层次。基本准则的作用是对会计工作应遵循的基本原则做出规定，2006 年 2 月 15 日，财政部在 1992 年 11 月 16 日经国务院批准施行的《企业会计准则》的基础上修订并颁布了会计基本准则，即《企业会计准则——基本准则》，自 2007 年 1 月 1 日起施行；具体准则的制定应当遵循基本准则，作用是对有关会计业务在确认、计量、记录、报告等方面做出具体规定。2006 年 10 月，财政部颁布了 38 项具体会计准则，即《企业会计准则——应用指南》，自 2007 年 1 月 1 日起在上市公司范围内施行。

基本准则的内容包括：总则、会计信息质量要求、资产、负债、所有者权益、收入、费用、利润、会计计量、财务会计报告。

基本准则的目标：统一企业会计标准，规范会计行为，保证会计信息质量。

基本准则的目的：规范具体会计准则的制定以及没有具体会计准则规范的交易或者事项的会计处理。

基本准则适用对象：基本准则适用于在我国境内设立的企业。这里的企业，既包括股份有限公司等公司制企业，也包括合伙企业等非公司制企业。除合并报表范围内的海外企业外，基本准则不约束我国企业或者自然人在海外设立的企业，海外企业应遵循当地的相关法规。

1.2.2 财务会计报告的目标和使用者

财务会计报告的目标是向财务会计报告使用者提供企业财务状况、经营成果和现金流量等相关的会计信息，反映企业管理层受委托责任履行情况，这有助于财务会计报告使用者做出经济决策。企业应当编制财务会计报告，按《会计法》规定，企业有编制财务报告的义务，企业不按时按要求提供财务报告属于违法行为。

财务会计报告的使用者包括投资者、债权人、政府及其有关部门和社会公众等。不同的使用者对会计信息的要求不同，但财务会计报告一般不可能按每个使用者提供所需的特别的信息，只能提供通用的会计信息。这些通用信息主要是指三大财务会计报告，其中资产负债表反映财务状况，利润表反映经营成果，现金流量表反映现金流量。

会计信息的提供强调对使用者的决策有用性和反映管理者受托责任。管理者受托责任是指受企业所有者之托而经营和管理企业的管理者(在我国现阶段主要指企业法定代表人)要为股东等所有者所担负的资产保值增值的责任。会计信息要能够如实反映受托责任履行情况。

1.3 会计核算的基本前提及会计基础

1.3.1 会计核算的基本前提

会计核算的基本前提是指对会计设计、会计工作的空间范围、会计方法所做出的最基本限定条件。只有满足会计核算的基本前提条件，会计核算才能正常地进行下去。为保证会计信息的一致性和符合财务会计报告的目标，财务会计要在一定的前提条件下才能确认、计量、记录和报告会计信息，所以会计核算的基本前提也称为会计假设。我国企业会计核算的基本前提有以下四个：

(1) 会计主体。指会计工作所服务的特定单位。会计主体与法律主体是两个不同的概念。法律主体是指参加法律关系、依法享有权利并承担义务的单位和个人。法律主体都可以作为会计主体，但会计主体可以是法律主体，也可以是非法律主体。如企业事业单位是法律主体也是会计主体；一个企业中的内部单位，如分公司等是非法律主体，但可以是会计主体。会计主体前提要求企业应当对其本身发生的交易或者事项进行会计确认、计量和报告，明确了会计工作的空间范围。

(2) 持续经营。企业会计确认、计量和报告应当以持续经营为前提。持续经营是指会计主体的生产经营活动将无限期地继续下去，在可预见的将来，不会倒闭及进行清算。在这个前提下，会计便可认定企业拥有的资产将会在正常的经营过程中被合理地支配和耗用，企业债务也将在持续经营过程中得到有序的补偿。例如，以持续经营为前提，企业取得固定资产时，按取得成本而非清算价格予以计价，并且在持续经营期间视其耐用年限将其价值分配转移，即以计提折旧的方式，将购置固定资产的成本分摊到各个会计期间去。

持续经营前提认定企业在生产经营活动中的资产总以原定的用途被使用、消耗，其资产的现时价值并不重要。倘若持续经营前提不存在，历史成本计价基本原则，以及一系列的会计准则和会计方法也将失去存在的基础。

(3) 会计分期。指将会计主体持续不断的经营活动人为地划分为相等的、较短的会计期间，以便分期考核其经营活动的成果。企业以持续经营为理念，但是债权人和投资人乃至经营者却不能等经营活动完全结束(承包期或解散)才知道财务报告，这种需要促使企业将经营活动截断成一个个时间段，分期记录经济业务、结算账目、编制会计报表，即反映一定期间的财务状况和一定期间的经营成果。

会计分期的意义在于界定了会计信息的时间段落，产生了本期与非本期的区别，为历史成本计价、权责发生制、配比原则、一惯性等原则奠定了基础。会计期间分为年度和中期。中期是指短于一个完整的会计年度的报告期间，如半年、季度、月度报告。

(4) 货币计量。指会计主体在财务会计确认、计量和报告时以货币计量，反映会计主体的生产经营活动。在会计的确认、计量和报告过程中之所以选择货币为基础进行计量，是由货币的本身属性决定的。货币是商品的一般等价物，是衡量一般商品价值的共同尺度，具有价值尺度、流通手段、贮藏手段和支付手段等特点。其他计量单位，如重量、长度、容积、台、件等，只能从一个侧面反映企业的生产经营情况，无法在量上进行汇总和比较，不便于会计计量和经营管理，只有选择货币尺度进行计量，才能充分反映企业的生产经营情况。

货币计量是在会计核算中以假定价值不变的货币作为基本计量单位。我国企业会计核算一般以人民币为记账本位币，业务收支以人民币以外的货币为主的企业，可以选定其中一种货币作为记账本位币，但是编报的财务会计报告应当折算成人民币。

1.3.2 会计基础

企业会计的确认、计量和报告应当以权责发生制为基础。权责发生制是以权利和责任的发生来决定收入和费用归属的一种计算基础。权责发生制也称应计制，是指凡是当期已经实现的收入和已经发生或应当负担的费用，不论款项是否收付，都应当作为当期的收入和费用。如本期使用借款应该负担的利息，不在本期交纳，但本期应确认为费用；又如收到下半年度的租金，不能计为本期收入。权责发生制可以合理地确定企业在一定会计期间的财务成果，可将经济业务所引起的权利和责任在会计资料中反映出来，是最重要的会计会计核算基础，故企业应当以权责发生制为基础进行会计确认、计量和报告。

收付实现制是与权责发生制相对应的一种会计基础，它是以收到或支付现金作为确认收入和费用的依据，目前我国的行政单位会计采用收付实现制，事业单位会计除经营业务可以采用权责发生制外，其他大部分业务采用收付实现制。

1.4　会计信息质量要求

会计信息质量要求是指开展会计活动应遵循的一般原理和规则，作为行动的准绳和决定实务的依据，为企业选择会计核算方法、建立会计核算程序和检验会计信息质量所规定的基本要求。

我国会计准则对会计信息质量规定了八个基本要求：可靠性、相关性、可理解性、可比性、实质重于形式、重要性、谨慎性和及时性。其中，可靠性、相关性、可理解性和可比性是会计信息的首要质量要求，是企业财务报告中所提供会计信息应具备的基本质量特征。实质重于形式、重要性、谨慎性和及时性是会计信息的次级质量要求，是对可靠性、相关性、可理解性和可比性等首要质量要求的补充和完善，尤其是在对某些特殊交易或者事项进行处理时，需要根据这些质量要求来把握其会计处理原则。及时性还是会计信息相关性和可靠性的制约因素，企业需要在相关性和可靠性之间寻求一种平衡，以确定信息及时披露的时间。

1.4.1　可靠性

可靠性是指企业应当以实际发生的交易或者事项为依据进行确认、计量和报告，如实反映符合确认和计量要求的各项会计要素及其他相关信息，保证会计信息真实可靠、内容完整。为了贯彻可靠性要求，企业应当做到：

(1) 以实际发生的交易或者事项为依据进行确认、计量，将符合会计要素定义及其确认条件的资产、负债、所有者权益、收入、费用和利润等如实反映在财务报表中，不得根据虚构的、没有发生的或者尚未发生的交易或者事项进行确认、计量和报告。

(2) 在符合重要性和成本效益原则的前提下，保证会计信息的完整性，其中包括应当编报的报表及其附注内容等应当保持完整，不能随意遗漏或者减少应予披露的信息，与使用者决策相关的有用信息都应当充分披露。

1.4.2 相关性

相关性是指企业提供的会计信息应当与财务会计报告使用者的经济决策需要相关，有助于财务会计报告使用者对企业过去、现在或者未来的情况做出评价和预测。会计的目标就是要为有关各方提供信息，要充分发挥会计信息的作用，必须使提供的信息满足有关方面使用会计信息的要求。相关性原则就是要求会计在收集、处理和传递会计信息的过程中，要考虑信息使用者对会计信息需要的不同特点，确保提供的会计信息与信息使用者的需要是相关的、有用的，以便信息使用者做出正确的决策。

1.4.3 可理解性

可理解性是指企业提供的会计信息应当清晰明了，便于财务会计报告使用者理解和使用。企业编制财务报告、提供会计信息的目的在于使用，而要使使用者有效使用会计信息，应当能让其了解会计信息的内涵，弄懂会计信息的内容，这就要求财务报告所提供的会计信息应当清晰明了，易于理解。只有这样，才能提高会计信息的有用性，实现财务报告的目标，满足向投资者等财务报告使用者提供决策有用信息的要求。企业的可理解性原则要求会计记录和会计报表应当清晰明了，便于理解和运用，对于用数字不能说明的问题要用文字进行解释。会计信息的价值在于对信息使用者的决策有用，因而必须使信息使用者理解会计记录及报告语言、方法的含义和用途，可理解性原则贯穿于会计凭证开始的各个阶段。

1.4.4 可比性

可比性是指会计核算应当按照国家统一规定的会计处理方法进行，会计核算应口径一致，相互可比。也就是说，相同的经济业务在不同企业和同一企业不同时期要用相同的方法来处理。可比性有两方面的含义：

(1) 同一企业纵向可比。同一企业不同时期发生的相同或者相似的交易或者事项，应当采用一致的会计政策，不得随意变更。确需变更的，应当在附注中说明。如企业将存货计价从先进先出法改变为加权平均法，会对存货发出成本和留存存货价值产生不同影响，附注中应该说明。

(2) 不同企业横向可比。不同企业发生的相同或相似的交易事项，应当采用规定的会计政策，确保会计信息口径一致、相互可比。企业经营的好坏，资产情况如何，靠企业会计报表信息比较。可比性原则以客观性原则为基础，并不意味着不能有任何选择，但这种任何选择应是会计政策允许的。如可以根据实际情况选择计提坏账准备比例。

1.4.5　实质重于形式

实质重于形式是指企业应当按照交易或者实行的经济实质进行会计确认、计量和报告，不应仅以交易或者事项的法律形式为依据。在经济活动中，有时候交易或事项的法律形式并不能完全真实地反映其经济实质，或与外在法律形式所反映的内容不尽相同。那么，会计核算的结果不仅不会有利于会计信息使用者的决策，反而会误导会计信息使用者的决策。为了使会计信息能更加真实地反映客观的经济实质，就必须依据交易的实质而不是外在的法律形式进行会计核算，这就是实质重于形式的原则。如将融资租入固定资产视同为自有固定资产进行会计处理，就是遵循实质重于形式的原则。

1.4.6　重要性

重要性是指企业提供的会计信息应当反映与企业财务状况、经营成果和现金流量等相关的所有重要交易或者事项。在会计核算过程中对交易或事项应当区别其重要性程度提供会计信息，对资产、负债、损益等有较大影响的重要会计事项，在财务会计报告中予以充分、准确地披露，特重大会计事项要求单独核算、单独详细反映，力求准确；对于次要的会计事项，在不影响会计信息真实性和不至于误导会计信息使用者做出正确判断的前提下，可适当简化核算，合并反映。重要性原则与会计信息成本效益直接相关，坚持重要性原则能使提供会计信息的收益大于成本。

1.4.7　谨慎性

谨慎性是指企业对交易或者事项进行会计确认、计量和报告对应当保持应有的谨慎，不应高估资产或者收益、低估负债或者费用。也就是说在会计核算中，对企业可能发生的损失和费用，应当进行合理预计。

合理预计是指会计人员对存在不同会计处理程序和方法的某些经济业务或会计事项，应在不影响合理反映的前提下，尽可能选择不虚增利润和夸大所有者权益的会计处理程序和方法进行会计处理。当有多种会计方法选择时，应当遵循谨慎性原则的要求，不得多计资产或收益、少计负债或费用，也不得计提秘密准备。

目前谨慎性原则主要应用在对各项资产计提减值准备等方面。

1.4.8 及时性

及时性是指企业对于已经发生的交易或者事项，应当及时进行会计确认、计量和报告，不得提前或者延后。企业的会计核算只有及时进行，才能保证会计信息的时效性。因此，记账、算账、报账都不得提前或延后。

及时性原则对信息使用者有两方面的影响：

(1) 影响信息质量。对发生的经济业务及时记录，跨期记录影响核算结果，影响信息质量。

(2) 影响决策。迟报会计信息将影响会计信息使用者对企业的判断和决策。

1.5 会计要素

1.5.1 会计要素的概念

会计要素是对会计核算具体内容所做的最基本的分类，是会计核算对象的具体化。按照会计要素设置各类账户，并按账户收集、整理、提供分类会计信息，在此基础上，编制财务报表，用财务报表总括提供企业的财务信息。

会计要素与财务报表要素是有着密切联系的两个概念。

财务报表要素是将交易和其他事项按照经济特性分成大类。是对账户资料进行加工的编表过程，描述和揭示交易及其他事项对财务状况的影响过程。

1.5.2 会计要素的分类

我国企业会计准则将会计要素分为六大类，即资产、负债、所有者权益、收入、费用和利润。

事业单位会计要素分为五大类，即资产、负债、净资产、收入和支出。

1.5.3　会计要素与资金运动的关系

(1) 静态关系。从一定日期这一相对静止状态来看，资产总额与负债和所有者权益的合计必然相等，由此分离出资产、负债及所有者权益三项表现资金运动静止状态的会计要素。

(2) 动态关系。企业的各项资产经过一定时期的营运，将发生一定的耗费，生产出特定种类和数量的产品，产品销售后获得货币收入，收支相抵后确认出当期损益，由此分离出收入、费用及利润三项表现资金运动显著变动状态的会计要素。

1.5.4　会计要素与财务报表的关系

(1) 反映财务状况。资产、负债及所有者权益三项会计要素构成资产负债表的基本框架，反映企业的财务状况。

(2) 反映经营成果。收入、费用及利润三项会计要素构成利润表的基本框架，反映企业的经营成果。

1.5.5　反映财务状况的会计要素

1.5.5.1　资产

资产是指企业过去的交易或者事项形成的、由企业拥有或者控制的、预期会给企业带来经济利益的资源。如企业的现金、银行存款、办公室、桌椅板凳、厂房、机器设备等都是企业的资产。

1) 资产的特征

(1) 资产是由企业拥有或者控制的资源。由企业拥有或者控制，是指企业享有某项资源的所有权，或者虽然不享有某项资源的所有权，但该资源能被企业所控制。

(2) 资产预期会给企业带来经济利益。预期会给企业带来经济利益，是指直接或间接导致现金或现金等价物流入企业的潜力。这种潜力可以来自企业日常的生产经营活动，也可以是非日常活动。带来经济利益可以是现金或现金等价物形式，也可以是能转化为现金或现金等价物的形式，或者是可以减少现金或现金等价物流出的形式。

(3) 资产是由企业过去的交易或事项形成的。企业过去的交易或事项包括购买、生产、建造行为或者其他交易或事项。换言之，只有过去的交易或事项才能产生资产，企业预期在未来发生的交易或事项不形成资产。

2) 资产的分类

资产按其流动性不同，分为流动资产和非流动资产。

(1) 流动资产是指预计在一个正常营业周期中变现、出售或耗用，或者主要为交易目的而持有，或者预计在资产负债表日起一年内(含一年)变现的资产，以及自资产负债表日起一年内交换其他资产或清偿负债的能力不受限制的现金或现金等价物。流动资产主要包括货币资金、交易性金融资产、应收票据、应收账款、预付款项、应收利息、应收股利、其他应收款、存货等。

(2) 非流动资产是指流动资产以外的资产，主要包括长期股权投资、固定资产、在建工程、工程物资、无形资产、开发支出等。

3) 资产的确认条件

将一项资源确认为资产，需要符合资产的定义，同时还应满足以下两个条件：

(1) 与该资源有关的经济利益很可能流入企业。从资产的定义来看，能否带来经济利益是资产的一个本质特征，但在现实生活中，由于经济环境瞬息万变，与资源有关的经济利益能否流入企业或者能够流入多少实际上带有不确定性。因此，资产的确认还应与经济利益流入的不确定性程度的判断结合起来。与资源有关的经济利益很可能流入企业，就应当将其作为资产予以确认；反之，不能确认为资产。

(2) 该资源的成本或者价值能够可靠地计量。财务会计系统是一个确认、计量和报告的系统，其中计量起着枢纽作用，可计量性是所有会计要素确认的重要前提，资产的确认也是如此。只有当有关资源的成本或者价值能够可靠计量时，资产才能予以确认。例如，企业自行创造的品牌，虽然权威机构估价 5 亿元，然而，只有在将品牌出售时，其价值才能可靠计量，出售前不符合资产确认条件，不能计为资产。

符合资产定义和资产确认条件的项目，应当列入资产负债表；符合资产定义，但不符合资产确认条件的项目，不应当列入资产负债表。即仅符合资产定义、但不符合资产确认条件的项目，仅能在附注中做相关披露。如上述企业自行创造品牌就只能在附注中披露。

1.5.5.2 负债

负债是指企业过去的交易或者事项形成的，预期会导致经济利益流出企业的现时义务。如发行债券筹资、向金融机构借款、采购材料没有支付价款等都形成企业的负债。

1) 负债的特征

(1) 负债是企业承担的现时义务。这是负债的一个基本特征。现时义务是指企业在现行条件下已承担的义务。未来发生的交易或事项形成的义务,不属于现时义务,不应当确认为负债。本期材料采购的未付价款,形成现实义务,属于负债;下期进货的未付款不形成本期的义务,不应确认为债务。

(2) 负债的预期会导致经济利益流出企业。预期会导致经济利益流出企业是负债的一个本质特征。只有企业在履行义务时会导致经济利益流出企业的,才符合负债的定义。如果不会导致经济利益流出企业,就不符合负债的定义。在履行现时义务清偿负债时,导致经济利益流出企业的形式多种多样。例如,用现金偿还或以实物资产形式偿还、以提供劳务形式偿还、以部分转移资产和部分提供劳务形式偿还、将负债转为资本偿还等形式。

(3) 负债是由过去的交易或者事项形成的。负债应当由企业过去的交易或者事项所形成。换言之,只有过去的交易或者事项才形成负债。企业将在未来发生的承诺、签订的合同等交易或事项,不形成负债。

2) 负债的分类

负债按其流动性不同,分为流动负债和非流动负债。

(1) 流动负债是指预计在一个正常营业周期中清偿、或者主要为交易目的而持有、或者自资产负债表日起一年内(含一年)到期应予以清偿、或者企业无权自主地将清偿推迟至资产负债表日后一年以上的负债。流动负债主要包括短期借款、应付票据、应付账款、预收款项、应付职工薪酬、应交税费、应付利息、应付股利、其他应付款等。

(2) 非流动负债是指流动负债以外的负债,主要包括长期借款、应付债券等。

3) 负债的确认条件

将一项现时义务确认为负债,需要符合负债的定义,还应当同时满足以下条件:

(1) 与该义务有关的经济利益很可能流出企业。从负债的定义可以看到,预期会导致经济利益流出企业是负债的一个本质特征。负债的确认应当与经济利益流出的不确定性程度的判断结合起来,如果有确凿证据表明,与现时义务有关的经济利益很可能流出企业,就应当将其作为负债予以确认;反之,如果企业承担了现时义务,但导致经济利益流出企业的可能性已不复存在,就不符合负债的确认条件,不应将其作为负债确认。

(2) 未来流出的经济利益的金额能够可靠地计量。负债的确认在考虑经济利益流出企业的同时,对未来流出的经济利益的金额应当能可靠计量。对于与法定义务有关的经济利益流出金额,通常可以根据合同或者法律规定的金额予以确定,考虑到经济利益流出的金额通常在未来期间,有时未来期间较长,有关金额的计量需要考虑货币时间价值等因素的影响。

符合负债定义和负债确认条件的项目，应列入资产负债表；符合负债定义、但不符合负债确认条件的项目，不应列入资产负债表。如企业某项经济纠纷官司肯定要输，需要赔偿客户，但是，金额还有待于裁定的情况，就属于符合负债定义，但不符合负债确认条件的项目，不应当列入资产负债表，只能在附注中说明。

1.5.5.3　所有者权益

所有者权益是指企业资产扣除负债后，由所有者享有的剩余权益。

通过一个会计报告期的经营，期末资产扣除负债的余额为所有者权益，也是企业的净资产。一般企业的所有者有多种角色，对企业的权利也不一定是按股份划分的，所以称为所有者权益。而我国的公司制企业分为有限责任公司和股份有限公司，对企业的权利按照拥有股份(份额)划分，所以所有者权益又称为股东权益。它在数值上等于企业全部资产减去全部负债后的余额，也称为净资产。

1) 所有者权益的特征

(1) 除非发生减资、清算或分派现金股利，企业不需要偿还所有者权益。

(2) 企业清算时，只有在清偿所有负债后，所有者权益才返还给所有者。

(3) 所有者凭借所有者权益能够参与企业利润的分配。

2) 所有者权益的来源

所有者权益的来源构成如下：

(1) 所有者投入的资本。指所有者投入企业的资本部分。它既包括构成企业注册资本的金额，也包括投入资本超过注册资本的金额，即资本溢价部分。投入的资本，可以是企业自然人自愿投入企业的现金、银行存款，也可以是机器设备等固定资产。虽然也要求回报，但不像借款那样要求有法律保护的还本、付息等保障。

(2) 直接计入所有者权益的利得和损失。指不应计入当期损益、会导致所有者权益发生增减变动的、与所有者投入资本或者向所有者分配利润无关的利得或者损失。利得是指由企业非日常活动所形成的、会导致所有者权益增加的、与所有者投入资本无关的经济利益的流入。利得包括直接计入所有者权益的利得和直接计入当期利润的利得。如公司发行股票的发行溢价部分。损失是指由企业非日常活动所发生、会导致所有者权益减少的、与向所有者分配利润无关的经济利益的流出。损失包括直接计入所有者权益的损失和直接计入当期利润的损失。直接计入所有者权益的利得和损失主要包括可供出售金融资产的公允价值变动额、现金流量套期中套期工具公允价值变动额等。如企业的债务重组损失。

(3) 留存收益。指企业历年实现的净利润留存于企业的部分，主要包括累计计提的盈余公积和未分配利润。

3) 所有者权益的计量

由于所有者权益等于资产扣除负债后的余额，所以所有者权益金额取决于资产和负债的计量。在我国，负债一般以账面价值计量，所以大多数情况下，资产的计量是关键。如在公允价值计量基础指导下，资产价值随市场价值波动；计提减值准备等会计政策也影响资产的价值，因而从某种意义上讲，所有者权益的价值取决于企业所采用的计量基础、计量原则等会计政策。

4) 所有者权益的确认条件

所有者权益体现的是所有者在企业中的剩余权益，因此，所有者权益的确认主要依赖于其他会计要素，尤其是资产和负债的确认。所有者权益金额的确定也主要取决于资产和负债的计量。

所有者权益反映的是企业所有者对企业资产的索取权，负债反映的是企业债权人对企业资产的索取权，两者在性质上有本质区别。因此，企业在会计确认、计量和报告中应当严格区分负债和所有者权益，以如实反映企业的财务状况，尤其是企业的偿债能力和产权比率等。

1.5.6　反映经营成果的会计要素

1.5.6.1　收入

收入是指企业在日常活动中形成的、会导致所有者权益增加的、与所有者投入资本无关的经济利益的总流入。由此定义可知，不是企业日常活动形成的经济利益，不能计为收入。如企业把主要设备进行处理，不属日常经营活动，其得到的款项便不能确认为收入。同时，企业在日常活动中形成的、与所有者投入资本有关的经济利益的总流入不能归为收入。如某人向企业投入 20 万元资金，加入该企业所有者行列。这 20 万元不是日常经营活动形成的，是所有者投入的资本性质，所以不应计为收入。

1) 收入确认的特征

(1) 收入是企业在日常活动中形成的。日常活动是指企业为完成其经营目标所从事的经常性活动以及与之相关的活动。例如，工业企业制造并销售产品、商业企业销售商品、保险公司签发保单、咨询公司提供咨询服务、软件企业为客户开发软件、安装公司提供安装服务、商业银行对外贷款、租赁公司出租资产等，均属于企业的日常活动。明确界定日常活动是为了将收入与利得相区分，因为企业非日常活动所形成的经济利益的流入不能确定为收入，而应当计入利得。

(2) 收入会导致所有者权益的增加。与收入相关的经济利益的流入应当会导致所有者权益的增加，不会导致所有者权益增加的经济利益的流入不符合收入的定义，不应确认为收入。例如，企业向银行借入的款项，尽管也导致了企业经济利益的流入，但该流入并不导致所有者权益的增加，反而使企业承担了一项现时义务。企业对于因借入款项所导致的经济利益的增加，不应将其确认为收入，应当确认为一项负债。

(3) 收入是与所有者投入资本无关的经济利益的总流入。收入应当会导致经济利益的流入，从而导致资产的增加。例如，企业销售商品，应当收到现金或者在未来有权收到现金，才表明该交易符合收入的定义。但是，经济利益的流入有时是所有者投入资本的增加所导致的，所有者投入资本的增加不应当确认为收入，应当将其直接确认为所有者权益。

2) 收入确认的条件

企业收入的来源渠道多种多样，不同收入来源的特征有所不同，其收入的确认条件也往往存在差别，如销售商品、提供劳务、让渡资产使用权等。一般而言，收入只有在经济利益很可能流入从而导致企业资产增加或者负债减少、经济利益的流入额能够可靠计量时才能予以确认。

将一项来源确认为收入，需要符合收入定义，还应当同时满足以下三个条件：

(1) 与收入相关的经济利益应当很可能流入企业。

(2) 经济利益流入企业的结果会导致资产的增加或者负债的减少。

(3) 经济利益的流入额能够可靠计量。

3) 收入的分类

收入有两种分类：

(1) 收入按企业从事日常活动的性质不同，分为销售商品收入、提供劳务收入和让渡资产使用权收入。

商品销售收入是指企业通过销售商品实现的收入。这里的商品包括企业为销售而生产的产品和为转售而购进的商品。企业销售的其他存货，如原材料、包装物等也视同商品。

提供劳务收入是指企业通过提供劳务实现的收入。比如，企业通过提供旅游、运输、咨询、代理、培训、产品安装等劳务所实现的收入。

让渡资产使用权收入是指企业通过让渡资产使用权实现的收入。让渡资产使用权收入包括利息收入和使用费收入。利息收入主要是指金融企业对外贷款形成的利息收入，以及同业之间发生往来形成的利息收入等。使用费收入主要是指企业转让无形资产(如商标权、专利权、专营权、版权)等资产的使用权形成的使用费收入。企业对外出租固定资产收取的租金、进行债权投资收取的利息、进行股权投资取得的现金股利等，也构成让渡资产使用权收入。

(2) 收入按企业经营业务的主次不同，分为主营业务收入和其他业务收入。

主营业务收入是指企业为完成其经营目标所从事的经常性活动实现的收入。主营业务收入一般占企业总收入的较大比重，对企业的经济效益产生较大影响。不同行业企业的主营业务收入所包括的内容不同，比如，工业企业的主营业务收入主要包括销售商品、自制半成品、代制品、代修品、提供工业性劳务等实现的收入；商业企业的主营业务收入主要包括销售商品实现的收入；咨询公司的主营业务收入主要包括提供咨询服务实现的收入；安装公司的主营业务收入主要包括提供安装服务实现的收入。

其他业务收入是指企业为完成其经营目标所从事的与经常性活动相关的活动实现的收入。其他业务收入属于企业日常活动中次要交易实现的收入，一般占企业总收入的比重较小。不同行业企业的其他业务收入所包括的内容不同，比如，工业企业的其他业务收入主要包括对外销售材料；对外出租包装物、商品或固定资产；对外转让无形资产使用权；对外进行权益性投资(取得现金股利)或债权性投资(取得利息)；提供非工业性劳务等实现的收入。

企业的收入一般分为主营业务收入和其他业务收入进行核算。

1.5.6.2　费用

经营中的支出和耗费都俗称为费用。由于费用与利润成反比关系，所以，费用的范围如何确定，确认多少费用，直接影响本期利润。费用是指企业在日常活动中发生的、会导致所有者权益减少的、与向所有者分配利润无关的经济利益的总流出。与向所有者分配利润相关的经济利益的流出不能归为费用，如向投资者分红。值得注意的是，费用有期间概念，有些本期支出不一定形成费用，如企业交纳了下半年的保险费，虽然有支出，但不属于本期的耗费，应确认为资产。

1) 费用的特征

(1) 费用是在企业日常活动中形成的。费用必须是企业在其日常活动中所形成的，这些日常活动的界定与收入定义中涉及的日常活动的界定相一致。因日常活动所产生的费用通常包括销售成本、管理费用等。将费用界定为日常活动所形成的，目的是为了将其与损失相区分，企业非日常活动所形成的经济利益的流出不能确认为费用，而应当计入损失。

(2) 费用会导致企业所有者权益的减少。与费用相关的经济利益的流出应当会导致所有者权益的减少，不会导致所有者权益减少的经济利益的流出不符合费用的定义，不应当确认为费用。

(3) 费用与向所有者分配利润无关。费用的发生应当会导致经济利益的流出，从而导致资产的减少或者负债的增加。其表现形式包括现金或现金等价物的流出，存货、固定资产和无形资产等的流出或者消耗等。鉴于企业向所有者分配利润也会导致经济利益的流出，而该经济利益的流出显然属于所有者权益的抵减项目，不应确认为费用，应当将其排除在费用的定义之外。

2) 费用的确认

费用的确认除了应当符合定义外，也应当满足严格的条件，即费用只有在经济利益很可能流出从而导致企业资产减少或者负债增加、经济利益的流出额能够可靠地计量时才能予以确认。因此，费用的确认除了应当符合定义外，还应当同时满足以下三个条件：

(1) 与费用相关的经济利益应当很可能流出企业。

(2) 经济利益流出企业的结果会导致资产的减少或者负债的增加。

(3) 经济利益的流出额能够可靠地计量。

3) 费用的项目

我国规定的费用类项目有主营业务成本、其他业务成本、营业税金及附加、销售费用、管理费用、财务费用、所得税费用等。

1.5.6.3 利润

利润是指企业在一定会计期间的经营成果。通常情况下，如果企业实现了利润，表明企业的所有者权益将增加，业绩得到了提升；反之，如果企业发生了亏损，表明企业的所有者权益将减少，业绩下滑了。利润是评价企业管理层业绩的一项重要指标，也是投资者等财务报告使用者进行决策时的重要参考。

1) 利润的来源构成

利润包括净额、利得和损失等。净额是指收入减去费用后的净额，反映的是企业日常活动的经营业绩。利得和损失是指直接计入当期利润的利得和损失，是应当计入当期损益，最终会引起所有者权益发生增减变动的，与所有者投入资本或向所有者分配利润无关的利得和损失。直接计入当期利润的利得和损失反映的是企业非日常活动的经营业绩。企业应当严格区分收入和利得、费用和损失，以更加全面地反映企业的经营业绩。

2) 利润的确认条件

利润反映的是收入减去费用、利得减去损失后的净额的概念，因此，利润的确认主要依赖于收入和费用以及利得和损失的确认，其金额的确认也主要取决于收入、费用、利得和损失金额的计量。

1.6　会计等式与会计方法

1.6.1　会计等式

　　会计要素反映了资金运动的静态和动态两个方面，具有紧密的相关性，它们在数量上存在着特定的平衡关系，这种平衡关系用公式来表示，就是通常所说的会计等式。它是各种会计核算方法的理论基础。

　　会计等式的定义是反映会计要素之间平衡关系的计算公式。会计等式主要包括静态等式和动态等式两个基本等式。

1.6.1.1　静态等式

$$资产＝负债＋所有者权益$$

　　企业要开始生产经营活动，必须从投资者和债权人那里取得一定的经营资金或一定的实物，占用一定的资财才能开始生产经营活动。这些资财就形成了企业的资产，在会计核算上以货币形式表现并确认为资产。另一方面，这些资产要么来源于债权人提供的资金，形成企业的负债；要么来源于所有者的资本投资，形成企业的所有者权益。资产和负债与所有者权益，表明企业的资金占用在哪些方面，资金从哪些方面取得。资产和负债与所有者权益，实质上是同一价值运动的两个方面的表现，从数量上来说，其来源必然等于占用。在所有者权益数额一定的情况下，从债权人的手中取得多少数额的资金，必然使资产按同一数额增加。在负债数额一定的情况下，所有者向企业投入多少数额的资金，也必然是使资产按同一数额增加。所以，资产的价值量必然等于负债与所有者权益之和。

　　企业的生产经营活动就是不断地取得、使用、生产和销售不同资财的过程。从静态来看，企业开始生产经营活动后，在某一时点上总是表现为占用一定的资财，即占用一定的资产。这些资财同样也只能是来源于债权人的债务、来源于所有者的投资或归所有者所有。企业的资产价值总量仍然等于企业的负债和所有者对企业初始投资额及其增值额的总和。企业经济活动的发生，只是表现在数量上企业资产总额与负债或所有者权益总额的同时增减变化，并不能也不会破坏这一基本的恒等关系。

　　这一会计等式，表明某一会计主体在某一特定时点所拥有的各种资产、债权人和投资者(即所有者)对企业资产要求权的基本状况，表明资产和负债与所有者权益之间的基本关系，资产来源于权益(包括所有者权益和债权人权益)，资产与权益必然相等。这一会计等式也可写为：资产＝权益。

资产与权益的恒等关系是复式记账法的理论基础，也是企业编制资产负债表的依据。企业经济业务发生后引起的资产和负债及所有者权益各个项目的增减变动，不外乎以下四种类型：

(1) 经济业务的发生，引起资产项目一增一减，增减金额相等。

(2) 经济业务的发生，引起负债及所有者权益项目一增一减，增减金额相等。

(3) 经济业务的发生，引起资产项目和负债及所有者权益项目同时增加，双方增加金额相等。

(4) 经济业务的发生，引起资产项目和负债及所有者权益项目同时减少，双方减少金额相等。

现举例说明以上四种类型经济业务的发生，都不会破坏资产总额和负债及所有者权益总额的平衡关系。

【例 1.1】假设长江公司某年 5 月 31 日的资产和负债及所有者权益状况如表1.1 所示。

表 1.1　长江公司××年 5 月 31 日账户余额表

资　产	金　额	负债及所有者权益	金　额
库存现金	7 000	短期借款	15 000
银行存款	30 000	应付账款	9 000
应收账款	8 000	长期借款	80 000
存货	65 000	应付债券	30 000
固定资产	200 000	实收资本	190 000
无形资产	40 000	盈余公积	26 000
总计	350 000	总计	350 000

该公司 6 月份发生下列经济业务：

(1) 用现金购入一批材料，价款 400 元。这项业务的发生，使企业的存货增加 400 元，现金相应减少 400 元。存货和现金都是资产项目，这项业务发生后，只会引起资产内部两个项目之间以相等的金额一增一减的变化，而资产总额没有变化，更没有涉及负债及所有者权益项目，所以会计等式的平衡关系没有被破坏。

(2) 向银行借入短期借款 8 000 元，偿还应付账款。这项业务的发生，使企业的短期借款增加 8 000 元，应付账款相应减少 8 000 元。短期借款和应付账款都是负债项目，这项业务发生后，只会引起负债内部两个项目之间以相等的金额一增一减，而负债总额没有变化，更没有涉及资产项目，所以会计等式的平衡关系没有被破坏。

(3) 收到投资者投入资本金 30 000 元，款项存入银行。这项业务的发生，一方面使企业的银行存款增加 30 000 元，另一方面使企业的实收资本增加 30 000 元。银行存款是资产项目，实收资本是所有者权益项目，这项业务发生后，使一个资产项目和一个所有者权益项目同时增加 30 000 元，从而使资产总额和负债及所有者权益总额同时发生相同数额的增加，会计等式的平衡关系没有被破坏。

(4) 以银行存款 20 000 元，偿还到期的长期借款。这项业务的发生，一方面使企业的银行存款减少 20 000 元，另一方面使企业的长期借款减少 20 000 元，银行存款是资产项目，长期借款是负债项目，这项业务发生后，使一个资产项目和一个负债项目同时减少 20 000 元，从而使资产总额和负债及所有者权益总额同时发生相同数额的减少，会计等式的平衡关系没有被破坏。企业发生上述四项经济业务后，企业的资产和负债及所有者权益状况如表 1.2 所示。

表 1.2　长江公司××年 6 月 30 日账户余额表

资　产	金　额	负债及所有者权益	金　额
库存现金	6 600＝7 000－400	短期借款	23 000＝15 000＋8 000
银行存款	40 000＝30 000＋30 000－20 000	应付账款	1 000＝9 000－8 000
应收账款	8 000	长期借款	60 000＝80 000－20 000
存　货	65 400＝65 000＋400	应付债券	30 000
固定资产	200 000	实收资本	220 000＝190 000＋30 000
无形资产	40 000	盈余公积	26 000
总　计	360 000	总　计	360 000

企业发生的经济业务是复杂繁多的，但从最终影响结果看，不外乎前面归纳的四种类型。企业无论发生什么经济业务，资产与负债及所有者权益的平衡关系将始终保持。

1.6.1.2　动态等式

$$收入－费用＝利润$$

企业经营的目的是为了获取收入，实现盈利。企业在取得收入的同时，也必然要发生相应的费用。通过收入与费用的比较，我们才能确定一定时期的盈利水平，确定实现的利润总额。企业一定时期所获得的收入扣除发生的各项费用后的余额，表现为利润。收入、费用和利润之间的上述关系，是编制利润表的基础。

1.6.2 会计方法

1.6.2.1 会计方法的概念

会计方法是反映和控制会计对象，实现会计目标的手段。会计方法的创立和发展在很大程度上取决于社会生产力水平，具有技术性，所以许多会计方法并不因社会制度的变革而消失。相反，许多会计方法可以适应各种不同社会制度的需要而为人们所利用。一种会计方法是否被采用，不取决于社会制度，而是取决于会计方法本身技术水平的高低，以及社会经济管理水平的高低和管理要求。

1.6.2.2 会计方法体系

会计方法体系是由各种彼此独立又相互联系的会计方法所组成的有机统一整体。会计方法体系的构成与会计内容的构成紧密相关，由以下五部分构成：

(1) 会计预测方法。是会计人员利用会计信息和其他社会经济信息，对会计管理活动的基本内容进行科学预测所运用的方法。如因果分析法、趋势分析法等。会计决策方法，是按财务指标的一定目标，选择最优方案所运用的方法。一般有本量利分析法、决策树分析法、差量分析法等。

(2) 会计核算方法。是对会计对象进行连续、系统、全面、综合的记录、计算、反映和日常监督所应用的方法。一般包括：设置账户、复式记账、填制和审核凭证、登记账簿、成本计算、财产清查、资产计价、编制会计报表，这八种会计核算方法是相互联系、密切配合的，构成了一个完整的会计核算方法体系。

① 设置账户。是对会计对象的具体内容进行科学分类、反映和监督的一种方法。会计对象的具体内容是多种多样的，要对其进行系统的核算和监督，就必须按照经济业务的内容和管理要求，分别设置账户，进行分类登记，以便提供所需的会计信息。

② 复式记账。是对每一笔经济业务，用两个或两个以上的账户全面反映其来龙去脉的一种记账方法。复式记账是一种科学的方法，它能如实地、相互联系地记录每项经济业务，通过账户的对应关系可以了解经济业务的实际内容，便于检查账户记录的正确性。

③ 填制和审核会计凭证。是借助会计凭证去办理会计手续，以便及时反映和监督经济业务的发生和完成情况，保证会计记录真实、正确、合理、合法所采用的一种专门方法。填制和审核会计凭证，能够为会计记录提供真实的原始资料，从而保证会计核算的质量。

④ 登记账簿。是运用复式记账原理在账簿上连续地、完整地记录和反映经济业务的一种方法。通常，企业单位应登记序时账簿和分类账簿。登记账簿同时是会计信息加工的一项重要程序，对于编制财务报告具有重要的意义。

⑤ 成本计算。是把企业在各经营过程(如供应、生产、销售过程)中发生的各种费用，按不同的成本计算对象进行归集和分配，借以确定各该对象的总成本和单位成本的一种专门方法。通过成本计算与考核，有利于发挥会计的职能作用。

⑥ 财产清查。是通过对货币资金、存货、固定资产、债权、票据等的盘点或核对，查明其实有数与账存数是否相符，并查明账实不符的原因的一种方法。通过财产清查可以了解账实相符程度和资产的管理情况。

⑦ 资产计量。即会计要素计量，是企业在将符合确认条件的会计要素登记入账并列报于会计报表及其附注时，按照规定的会计计量属性进行计量，确定其金额。会计要素计量是会计核算的重要方法。它不仅直接关系到各种资产在账簿和财务报表中以何种价值反映及其数额多少，而且还影响到一系列财务会计指标。

⑧ 编制会计报表。是提供会计信息的主要形式,是企业财务报告的主要内容。会计报表是以会计账簿资料为主要依据，以货币为计量单位，全面、总括反映会计实体在一定时期内财务状况、经营成果和理财过程的报告文件。

(3) 会计检查方法。是利用会计核算资料(主要是会计凭证)，检查单位经济活动的合法性和合理性，以及会计记录的完整性和正确性的方法。一般包括核对法、审阅法、分析法、控制计算法等。

(4) 会计分析法。是利用会计核算资料(主要是会计报表)，结合具体情况，比较、研究、评定经济活动状况以及经济效益所运用的方法。一般包括比较法、连环代替法、ABC 分析法等。

(5) 会计控制法。是通过会计工作，使经济活动与资金运动按既定目标运行所采用的手段。一般有政策与制度控制、计划控制、定额控制等。

1.7　会计计量

1.7.1　会计计量的方法

会计计量亦称资产计价、会计要素计量。是为了将符合确认条件的会计要素登记入账并列报于会计报表及其附注时,应当按照规定的会计计量属性进行计量,确定其金额。企业会计准则规定企业可采用:历史成本、重置成本、可变现净值、现值、公允价值进行会计要素的计量。

1.7.1.1　历史成本

历史成本又称原始成本或实际成本,是指由购入、制造或建设而取得资产时所付出的(现金)代价。历史成本原则要求对企业取得的资产、资产的耗用、转换和处置,一律按历史成本计价。历史成本计价较为合理,因为历史成本反映商品买卖的成交价值,具有客观性,它是资产在取得日期价值的可靠性,也具有可验证性,历史成本计价基础所列报的财务报告置信度高。除法律、法规和国家统一会计制度另有规定外,不得自行调整其账面价值。

历史成本是指取得或制造某项财产物质时所实际支付的现金或现金等价物的金额。在历史成本计量下,资产按照购置时支付的现金或现金等价物的金额,或者按照购置资产时所付出的对价的公允价值计量。负债按照因承担现时义务而实际受到的款项或者资产的金额,或者承担现时义务的合同金额,或者按照日常活动中为偿还负债预期需要支付的现金或现金等价物的金额计量。

1) 对价公允价值计量

对价公允价值计量指不按照账面价值,而是按照市场价值计量,即公允价值计量。例如,长江公司将账面净值为100万元车床置换,换入宏远公司当前市价为120万元的组合机床,这里换出的车床不计100万元,而计120万元,属于以公允价值计量,不是按照历史成本原则。而120万元对换入组合机床来说,是首次成交价格,按照其入账就是历史成本原则的体现。这里的差异主要是当时的价格还是交易后的价格,前者是历史成本法,后者瞬间价值就发生变化,按照变化后的最有代表性的价格记录,就不是历史成本法,不包括期末资产评估。

2) 负债计量

负债计量体现在不仅是借到多少钱,而是要考虑偿还需要多少义务,有时还包括借款时合同约定到期应该支付的金额,如套期交易合同。像这种交易记入的金额不仅包括现金,还包括可转让的应收账款等现金等价物。

1.7.1.2　重置成本

重置成本又称现行成本,是指在当前市场条件下,重新取得同样一项资产所需支付的现金或现金等价物的金额。在重置成本计量下,资产按照现在购买相同或者相似资产所需支付的现金或现金等价物的金额计量。负债按照现在偿付该项债务所需要支付的现金或现金等价物的金额计量。

1) 资产计量

重置成本法的基本思路是站在买者的角度，重新购进相同或类似的全新资产所花费的各种成本费用(如买价、运杂费、安装调试费)的总和，即在现行市价条件下，需要支付的总成本额。

(1) 应用重置成本法的前提为：具备可利用的历史资料；体现社会或行业平均水平；资产的实体特征、内部结构及功能必须与重置全新资产具有可比性；资产必须是可再生的，或可以复制的；资产必须具有随着时间的推移而贬值的特性。

(2) 重置成本法的优点为：有利于单项资产和特定用途资产的计量，实用性强，应用广泛；比较充分地考虑了资产的损耗，考虑因素比较全面，计量的结果更趋于公平合理；有利于企业资产的保值。

(3) 重置成本法的缺点为：以历史资料为依据确定目前价值，必须充分分析这种假设的可行性；各种贬值难以全面计算；工作量大、计算复杂。

2) 负债计量

负债按照现在偿付所需金额计量,假设某公司某项债务如在 5 年后需支付 200 万元，现在提前支付只需支付 180 万元，会计记录即为 180 万元。

1.7.1.3 可变现净值

可变现净值是指资产按照其正常对外销售所能收到现金或现金等价物的金额扣减该资产至完工时估计将要发生的成本、估计的销售费用及相关税费后的金额计量。例如将闲置机床出售，售价为 150 万元，拆卸、调试需要花费 2 万元，销售运杂费 1 万元，该机床的可变现净值为 147 万元。

1.7.1.4 现值

现值是指资产按照预计从其持续使用和最终处置中所产生的未来净现金流入量的折现金额计量。负债按照预计期限内需要偿还的未来净现金流出量的折现金额计量。例如长江公司的一台铲车预计可使用 5 年，每年可获得到 20 万元收益，处置无价值，假定利率为 10%，则其现在价值为 75.82 万元(20 万元×年金现值系数 3.791)。

1.7.1.5 公允价值

公允价值是指资产和负债按照在公平交易中，熟悉情况的交易双方自愿进行资产交换或者债务清偿的金额计量。

1) 公允价值计量的应用范围

目前我国主要在金融工具、投资性房地产、非共同控制下的企业合并、债务重组和非货币性交易等方面采用了公允价值计量。

2) 公允价值计量的使用方法

(1) 资产存在活跃市场价格时，应当以其市场价格为基础确定其公允价值。

(2) 资产存在类似活跃市场时，应当以类似资产的市场价格为基础作适当调整后，确定其公允价值。

(3) 资产不存在活跃市场时，参考熟悉情况并自愿交易的各方最近进行的市场交易中使用的价格，或参照实质上相同或相似的其他资产或负债等的市场价格确定其公允价值。

(4) 金融资产可以用未来现金流量的贴现价值计量。

1.7.2　会计计量的应用原则

企业在对会计要素进行计量时，一般应当采用历史成本。当采用重置成本、可变现净值、现值、公允价值计量的，应当保证所确定的会计要素金额能够取得并可靠计量。

需要注意的是，我国引入公允价值是适度、谨慎和有条件的。原因是考虑到我国尚属新兴的市场经济国家，如果不加限制地引入公允价值，有可能出现公允价值计量不可靠，甚至借此人为操纵利润的现象。因此，在投资性房地产和生物资产等具体准则中规定，只有存在活跃市场、公允价值能够取得并可靠计量的情况下，才能采用公允价值计量。

复习思考题

(1) 会计是如何产生和发展的？
(2) 会计的产生和发展受哪些因素影响？
(3) 如何理解会计的定义？
(4) 会计有哪些基本职能？如何理解会计的基本职能？会计的基本职能之间存在什么关系？
(5) 什么是会计对象？为什么要研究会计对象？
(6) 会计的特点是什么？
(7) 什么是会计准则？会计准则的作用是什么？
(8) 什么是会计的基本假设？各自的内容是什么？
(9) 什么是会计基础？具体内容是什么？适用的范围怎样划分？
(10) 会计信息质量要求是什么？包括哪八大要求？具体内容是什么？

(11) 什么是会计要素？各个会计要素的内容是怎样的？

(12) 什么是会计的等式？

(13) 什么是会计方法体系？由哪五部分构成？试简要说明各种方法的内容。

(14) 会计核算方法包括哪些具体内容？试简要说明各种方法的内容。

(15) 什么是会计计量？会计计量属性包括哪五种？试简要说明各种会计计量的内容及其应用原则。

会计从业资格证训练题

1) 单项选择题

(1) 根据历史记载，在我国，会计一词起源于三千多年前的( )。

　　A. 西周　　　　　　B. 原始社会　　　　C. 南朝　　　　　D. 夏

(2) 企业应当以实际发生的交易或者事项为依据进行会计确认、计量和报告，如实反映符合确认和计量要求的各项会计要素及其他相关信息，保证会计信息真实可靠、内容完整。这体现了会计核算质量要求的( )。

　　A. 及时性　　　　　B. 可理解性　　　　C. 相关性　　　　D. 可靠性

(3) 强调某一企业各期提供的会计信息应当采用一致的会计政策，不得随意变更。这体现了会计核算质量要求的( )。

　　A. 可靠性　　　　　B. 相关性　　　　　C. 可比性　　　　D. 可理解性

(4) 企业提供的会计信息应有助于财务会计报告使用者对企业过去、现在或者未来的情况做出评价或者预测，这体现了会计核算质量要求的( )。

　　A. 相关性　　　　　B. 可靠性　　　　　C. 可理解性　　　D. 可比性

(5) 企业会计核算必须符合国家的统一规定。这体现了会计核算质量要求的( )。

　　A. 可靠性　　　　　B. 可比性　　　　　C. 相关性　　　　D. 重要性

(6) 企业对于已经发生的交易或者事项，应当及时进行会计确认、计量和报告，不得提前或者延后。这体现了会计核算质量要求的( )。

　　A. 及时性　　　　　B. 相关性　　　　　C. 谨慎性　　　　D. 重要性

(7) 企业提供的会计信息应当清晰明了，便于财务会计报告使用者理解和使用。这体现了会计核算质量要求的( )。

　　A. 相关性　　　　　B. 可靠性　　　　　C. 及时性　　　　D. 可理解性

(8) 如果会计信息的表达含糊不清，就容易使会计信息的使用者产生歧义，从而降低会计信息的质量。这违背了会计核算质量要求的( )。

　　A. 可理解性　　　　B. 相关性　　　　　C. 及时性　　　　D. 可靠性

(9) 对期末存货采用成本与可变现净值孰低计价。这体现了会计核算质量要求的( )。

A. 及时性　　　　B. 相关性　　　　C. 谨慎性　　　　D. 重要性

(10) 企业将劳动资料划分为固定资产和低值易耗品。这体现了会计核算质量要求的(　　)。

A. 重要性　　　　B. 可比性　　　　C. 谨慎性　　　　D. 可理解性

(11) (　　)是指过去的交易或事项形成并由企业拥有或者控制的资源，该资源预期会给企业带来经济利益。

A. 会计职能　　　B. 会计要素　　　C.资金　　　　　D. 资产

(12) 收入是指企业在销售商品、提供劳务及让渡资产使用权等日常活动中所形成的(　　)。

A. 经济利益的总流入　　　　　　　B. 投资人享有的经济利益

C. 全部收入　　　　　　　　　　　D. 经营成果

(13) 资产、负债、所有者权益三要素是企业资金运动的(　　)。

A. 静态表现　　　B. 动态表现　　　C. 综合表现　　　D. 以上都不对

(14) 会计对象是社会再生产过程中的(　　)。

A. 实物运动　　　B. 资产　　　　　C. 资金运动　　　D. 收入

(15) (　　)是指过去的交易或者事项形成的现时义务，履行该义务预期会导致经济利益流出企业。

A. 资产　　　　　B. 负债　　　　　C. 收入　　　　　D. 费用

(16) 某企业资产总额为 100 万元，负债为 20 万元，在将 10 万元负债转作投入资本后，资产总额为(　　)。

A.100 万元　　　B 130 万元　　　C.80 万元　　　　D.90 万元

(17) 企业向银行借款 50 万元，直接用于偿还前欠外单位货款，这项业务引起本企业(　　)。

A. 资产增加 50 万元　　　　　　　B. 负债增加 50 万元

C. 资产与负债同时增加 50 万元　　D. 负债总额保持不变

(18) 企业资金运动的动态表现是(　　)。

A. 资产　　　　　　　　　　　　　B. 权益

C. 资产、负债及所有者权益　　　　D. 收入、费用和利润

(19) 工业企业经营资金循环过程是(　　)。

A. 储备资金→货币资金→商品资金→生产资金→储备资金

B. 生产资金→储备资金→商品资金→货币资金→生产资金

C. 商品资金→储备资金→生产资金→货币资金→商品资金

D. 货币资金→储备资金→生产资金→商品资金→货币资金

(20) 下列项目中，引起资产和负债同时减少的经济业务是(　　)。

　　A. 以银行存款偿还前欠外单位货款

　　B. 购买一批材料，货款尚未支付

　　C. 收到投资者投入的资本，存入银行

　　D. 向银行借入长期借款，偿还应付账款

(21) 下列经济业务，不会引起资产总额发生增减变化的是(　　)。

　　A. 接受投资者投资，款项存入银行　　B. 用银行借款偿还应付账款

　　C. 用银行存款偿还应付账款　　　　　D. 采购材料入库，暂未付款

(22) 会计的本质是(　　)。

　　A. 一种经济管理手段　　　　　　　　B. 一种货币资金管理工作

　　C. 一种经济管理工作　　　　　　　　D. 一种技术工作

(23) 下列各项中，不属于工业企业资金的循环与周转阶段的是(　　)。

　　A. 供应过程　　　B. 生产过程　　　C. 销售过程　　　D. 分配过程

(24) (　　)界定了会计信息的时间段落，为分期结算账目和编制财务会计报告等奠定了理论与实务基础。

　　A. 会计主体　　　B. 会计分期　　　C. 会计核算　　　D. 持续经营

(25) 确定会计核算的空间范围的是(　　)。

　　A. 会计分期　　　B. 会计监督　　　C. 会计主体　　　D. 持续经营

(26) 负债是指企业由于过去交易或事项形成的(　　)。

　　A. 现时义务　　　B. 将来义务　　　C. 过去义务　　　D. 永久义务

(27) 某企业接受追加投资 180 万元，款已到并存入银行，该项业务使得企业(　　)。

　　A. 资产增加 180 万元，同时负债增加 180 万元

　　B. 资产增加 180 万元，同时所有者权益增加 180 万元。

　　C. 所有者权益增加 180 万元，同时负债增加 180 万元

　　D. 所有者权益增加 180 万元，同时负债减少 180 万元

(28) (　　)是指会计核算和监督的内容。

　　A. 会计职能　　　B. 会计本质　　　C. 会计对象　　　D. 会计方法

(29) 会计对经济活动的管理属于(　　)。

　　A. 实物管理　　　B. 劳动管理　　　C. 价值管理　　　D. 生产管理

(30) 由静态三要素组成的会计等式是(　　)。

　　A. 资产=负债+所有者权益　　　　　B. 资产=负债+权益

　　C. 收入－费用=利润　　　　　　　　D. 资产+费用=负债+所有者权益

(31) 某企业负债总额为 100 万元，所有者权益为 50 万元，在接受 60 万元的投资后，资产总额为(　　)。

A. 210 万元　　　　B. 110 万元　　　　C. 150 万元　　　　C. 90 万元

(32) 下列项目中，属于负债要素的是(　　)。

A. 预付账款　　　B. 预收账款　　　C. 累计折旧　　　D. 管理费用

(33) 某企业资产月初总额是 120 万元，本月发生 4 笔经济业务：① 向银行借入 100 000 元；存入银行存款户；② 购进原材料 10 000 元，以银行存款支付；③ 收回应收账款 30 000 元，存入银行；④ 用银行存款偿还应付账款 40 000 元。其资产总额月末为(　　)

A. 128 万元　　　　B. 100 万元　　　　C. 126 万元　　　　D. 132 万元

(34) 收入包括主营业务收入和(　　)。

A. 其他业务收入　　B. 投资收益　　C. 营业外收入　　D. 补贴收入

(35) 企业接受捐赠物资一批，将引起(　　)。

A. 资产一增一减　　　　　　　B. 资产和负债同时增加

C. 资产和所有者权益同时增加　　D. 资产和所有者权益一增一减

(36) 工业企业的材料销售收入、租金收入、运输收入都是企业的(　　)。

A. 主营业务收入　　B. 其他业务收入　C. 补贴收入　　D 投资收益

(37) 下列资产中，不属于流动资产的是(　　)。

A. 应收账款　　　B. 预收账款　　　C 物资采购　　　D 包装物

(38) (　　)拥有优先求偿权。

A. 资产　　　　　B. 所有者权益　　C. 收入　　　　D. 负债

(39) 直接材料费用，直接人工费用和(　　)费用计入产品成本。

A. 财务　　　　　B. 制造　　　　　C. 期间　　　　D. 管理

(40) 利润是企业在一定时期的(　　)。

A. 财务状况　　　B. 经营成果　　　C. 营业利润　　　D. 营业收入

(41) 会计是以货币为主要计量单位，反映与监督一个单位经济活动的一种(　　)。

A. 经济管理工作　　B. 手段　　　　C. 信息工具　　　D. 方法

(42) 所有者权益是指(　　)。

A. 企业总资产减去流动负债后的余额　B. 未分配利润

C. 全部资产减去全部负债后的余额　　D. 企业实收资本

(43) 我国《企业会计准则》明确列示了(　　)个会计要素。

A. 五　　　　　　B. 六　　　　　　C. 八　　　　　　D. 十二

(44) (　　)是对会计对象的基本分类，是会计核算对象的具体化。

A. 会计要素　　　B. 会计账户　　　C. 会计科目　　　D. 会计主体

(45) 下列经济业务中，会引起资产和负债同时增加的是(　　)。

A. 以银行存款购买材料　　　　　　B. 以银行存款对外投资

C. 以银行存款清偿所欠货款　　　　D. 取得银行借款，并存入银行

(46) 企业会计核算的记账基础是(　　)。

A. 收付实现制　　B. 现金收付制　　C. 权责发生制　　D. 现收现付制

(47) 资产是指过去的交易事项形成并由企业(　　)的资源，该资源预期会给企业带来经济利益。

A. 拥有　　　　　　B. 控制　　　　　C. 所有　　　　　D. 拥有或控制

(48) 既是复式记账的理论基础，同时又是资产负债表的编制依据的是(　　)。

A. 会计准则　　　　　　　　　　　B. 会计科目

C. 资产=负债+所有者权益　　　　　D. 收入一费用=利润

(49) 凡当期已经实现的收入和已经发生或应当负担的费用，无论款项是否收付，都应当作为当期的收入和费用，计入利润表；凡是不属于当期的收入和费用，即使款项已在当期收付，也不应当作为当期的收入和费用。这一会计记账基础称为(　　)。

A. 权责发生制　　B. 现金收付制　　C. 实收实付制　　D. 收付实现制

(50) 以收到或支付现金作为确认收入和费用的依据，这一会计记账基础称为(　　)。

A. 收付实现制　　B. 权责发生制　　C. 应收应付制　　D. 应计制

(51) 我国的行政单位会计主要采用(　　)。

A. 收付实现制　　B. 权责发生制　　C. 应收应付制　　D. 应计制

(52) 事业单位会计(　　)。

A. 只能采用权责发生制

B. 只能采用收付实现制

C. 除经营业务可以采用权责发生制以外，其他大部分业务采用收付实现制

D. 以上都不对

(53) 企业在对会计要素进行计量时，一般应当采用(　　)。

A. 历史成本　　　　B. 可变现净值　　C. 现值　　　　　D. 公允价值

(54) 企业会计要素的计量属性包括历史成本等(　　)种。

A. 2　　　　　　　B. 3　　　　　　　C. 4　　　　　　　D. 5

(55) 下列各项中，不属于有价证券的是(　　)。

A. 国库券　　　　　B. 股票　　　　　C. 信用卡存款　　D. 企业债券

(56) 会计核算的具体内容是指特定主体的(　　)。

A. 经济资源　　　　　　　　　　　B. 经济业务事项

C. 非经济业务事项　　　　　　　　D. 劳动成果

(57) 债券按发行者不同，分为政府债券、金融债券和(　　)。

A. 企业债券　　　B. 国家债券　　　C. 地方债券　　　D. 长期债券

(58) (　　)是各单位按照法律、法规的规定而设置或筹集的具有某些特定用途的专项资金。

A. 资本　　　　　B. 基金　　　　　C. 盈余公积　　　D. 资本公积

(59) 按一定对象归集各个经营过程发生的费用，从而计算各个对象的总成本和单位成本的一种专门方法是(　　)。

A. 登记账簿　　　B. 成本计算　　　C. 复式记账　　　D. 会计报表

(60) 算账是指在(　　)基础上对企业单位一定时期的会计要素进行计算。

A. 会计报告　　　B. 会计凭证　　　C. 记账　　　　　D. 会计主体

(61) (　　)包括对经济活动进行记账、算账、报账等过程。

A. 会计核算　　　B. 会计监督　　　C. 会计分析　　　D. 会计决策

(62) 下列应直接计入生产成本的是(　　)。

A. 汇兑损失　　　B. 业务招待费　　C. 折旧费　　　　D. 直接材料费

(63) (　　)是指企业为生产某种产品而发生的费用。它与一定种类和数量的产品相联系，是对象化了的费用。

A. 期间费用　　　B. 管理费用　　　C. 成本　　　　　D. 销售费用

(64) 下列属于经济事项的是(　　)。

A. 从外购买商品　　　　　　　　　B. 接受外单位提供的投资
C. 销售自产产品　　　　　　　　　D. 计提折旧、摊销无形资产

(65) 以货币作为主要计量单位，通过确认、计量、记录、报告等环节，对特定主体的经济活动进行记账、算账、报账，为有关方面提供会计信息的功能是(　　)。

A. 会计核算职能　　　　　　　　　B. 会计监督职能
C. 会计计划职能　　　　　　　　　D. 会计预测职能

(66) (　　)是指表示一定财产拥有权或支配权的证券。

A. 有价证券　　　B 基金　　　　　C. 股票　　　　　D. 债券

2) 多项选择题

(1) 会计核算主要表现为(　　)等具体工作。

A. 记账　　　　　B. 算账　　　　　C. 查账　　　　　D. 报账

(2) 可靠性要求做到(　　)。

A. 对应关系清楚　B. 数字准确　　　C. 资料可靠　　　D. 内容完整

(3) 会计信息的次级质量要求包括(　　)。

A. 可靠性　　　　B. 可比性　　　　C. 重要性　　　　D. 及时性

(4) 《企业会计准则》会计信息质量要求不包括(　　)。

　　A. 实质重于形式　　　　　　　　　B. 重要性

　　C. 划分收益性支出和资本性支出　　D. 配比原则

(5) 相关性要求所提供的会计信息(　　)。

　　A. 满足企业内部加强经营管理的需要

　　B. 满足国家宏观经济管理的需要

　　C. 满足有关各方面了解企业财务状况和经营成果的需要

　　D. 满足提高全民素质的需要

(6) 会计核算主要是采用货币形式，对经济活动的数量方面进行(　　)。

　　A. 计算　　　　　B. 汇总　　　　　C. 记录　　　　　D. 上报

(7) 流动资产包括(　　)等。

　　A. 现金　　　　　B. 原材料　　　　C. 应收账款　　　D. 预付账款

(8) 流动负债包括(　　)等。

　　A. 其他应付款　　B. 预收账款　　　C. 应付票据　　　D. 管理费用

(9) 作为会计要素的收入，包括(　　)。

　　A. 主营业务收入　　　　　　　　　B. 营业外收入

　　C. 投资收益　　　　　　　　　　　D. 其他业务收入

(10) 下列属于静态会计等式的有(　　)。

　　A. 收入－费用=利润　　　　　　　B. 资产=负债+权益

　　C. 资产=负债+所有者权益　　　　　D. 资产=权益

(11) 会计核算主要表现为(　　)等具体工作。

　　A. 记账　　　　　B. 算账　　　　　C. 查账　　　　　D. 报账

(12) 企业单位的资金运动按其运动的表现形态。可分为(　　)。

　　A. 资金循环　　　B. 资金周转　　　C. 静态表现　　　D. 动态表现

(13) 长期负债包括(　　)。

　　A 长期应付款　　B. 长期借款　　　C. 应付债券　　　D. 应交税金

(14) 生产费用包括(　　)。

　　A. 直接材料费用　B. 直接人工费用　C. 期间费用　　　D. 制造费用

(15) 下列经济业务中，仅引起资产项目一增一减的有(　　)。

　　A. 从银行贷款 10 万元，存入银行备用

　　B. 以现金 10 万元支付职工工资

　　C. 以银行存款 20 000 元购入一批原材料

　　D. 将现金 5 000 元存入银行

(16) 在会计核算方法体系中，就其主要工作程序或工作的过程来说，就是三个环节 (　　)。

　　A. 填制和审核会计凭证　　　　　　　B. 成本计算

　　C. 登记会计账簿　　　　　　　　　　D. 编制会计报表

(17) 作为一种经济管理活动，会计核算的基本特点包括(　　)。

　　A. 以合法凭证为核算依据　　　　　　B. 以一套科学方法为工作手段

　　C. 具有全面性、连续性和系统性　　　D. 以货币为主要计量单位

(18) 工业企业经营资金的循环表现为(　　)等不同的资金形态。

　　A. 货币资金　　　B. 生产资金　　　C. 储备资金　　　D. 商品资金

(19) 所有者权益包括(　　)等。

　　　A. 长期投资　　　B. 实收资本　　　C. 资本公积　　　D. 未分配利润

(20) 期间费用包括(　　)。

　　A. 车间制造费用　　B. 管理费用　　C. 财务费用　　D. 销售费用

(21) 企业购进材料 20 万元，以银行存款支付 10 万元，其余 10 万元暂欠。这项业务引起(　　)。

　　A. 资产增加 20 万元　　　　　　　　B. 负债增加 10 万元

　　C. 资产增加 10 万元　　　　　　　　D. 负债增加 20 万元

(22) 以下关于会计职能的说法，正确的是(　　)。

　　A. 核算和监督是会计的基本职能

　　B. 会计的核算和监督职能是相辅相成，不可分割的

　　C. 核算职能是会计最基本的职能

　　D. 会计核算是会计监督的前提

(23) 工业企业的资金运动包括(　　)。

　　A. 资金的循环与周转　　　　　　　　B. 资金的投入

　　C. 资金的耗用　　　　　　　　　　　D. 资金的退出

(24) 下列各项属于资金退出的是(　　)。

　　A. 向所有者分配利润　　　　　　　　B. 偿还各项债务

　　C. 上交各项税金　　　　　　　　　　D. 购买材料

(25) 根据《企业会计准则》的规定，会计期间可分为(　　)。

　　A. 月度　　　　　B. 年度　　　　　C. 半年度　　　　D. 季度

(26) 资产应具备的基本特征有(　　)。

　　A. 资产由企业过去的交易或事项形成　B. 必须是投资者投入的

　　C. 资产是由企业拥有或控制的　　　　D. 资产预期能为企业带来经济利益

(27) 下列反映企业财务状况会计要素的是(　　)。

　　A. 所有者权益　　B. 资产　　　　　C. 财务费用　　　D. 负债

(28) 企业在取得收入时可能会影响到的会计要素是(　　)。

A. 资产　　　　　B. 负债　　　　C. 所有者权益　　D. 费用

(29) 下列项目中，属于资产范围的有(　　)。

A. 融资租人的设备　　　　　　　B. 经营租人的设备

C. 委托加工物资　　　　　　　　D. 无形资产

(30) 会计的监督是一个过程，从时间上讲，它分为(　　)。

A. 社会监督　　　　B. 事前监督　　　C. 事中监督　　　D. 事后监督

(31) 会计主体可以是(　　)。

A. 一个营利性组织　　　　　　　B. 具有"法人"资格的实体

C. 不具备"法人"资格的实体　　　D. 不进行独立核算的企业

(32) 会计主体必须具备的条件有(　　)。

A. 具有独立的资金　　　　　　　B. 具有一定的数量的账簿

C. 实行独立的会计核算　　　　　D. 进行独立的生产经营活动

(33) 反映资金运动的状况的会计要素是(　　)。

A. 资产　　　　　B. 负债　　　　C. 收入　　　　D. 费用

(34) 下列各项中属于企业结算中债务的有(　　)。

A. 应收账款　　　B. 预付账款　　　C. 预收账款　　　D. 应付票据

(35) 会计监督是对经济活动的(　　)进行控制、检查和指导。

A. 真实性　　　　B. 规范性　　　　C. 合理性　　　　D. 合法性

(36) 生产费用包括(　　)。

A. 直接人工费用　　　　　　　　B. 直接材料费用

C. 车间制造费用　　　　　　　　D. 其他直接生产费用

(37) 下列业务中，引起会计等式两边同时发生增减变动的有(　　)。

A. 将现金存入银行

B. 从银行取得三年期借款存入企业存款户

C. 购进汽车一辆，货款暂欠　　　D. 接受投资者追加的投资

(38) 下列经济业务中，只引起企业会计等式两方中一方变化的有(　　)。

A. 以存款购进材料　　　　　　　B. 购进机床一台，货款暂欠

C. 应收票据到期，收回款项　　　D. 以存款对外投资

(39) 我国所确定的会计要素主要反映企业(　　)。

A. 经营成果　　　B. 偿债能力　　　C. 经营效率　　　D. 财务状况

(40) 企业的资金运动由各个环节组成，它包括(　　)。

A. 资金投入　　　B. 资金运用　　　C. 资金退出　　　D 资金增值

(41) 下列的等式中，属于正确的会计等式有(　　)。

A. 资产=权益　　　　　　　　　B. 资产=负债+所有者权益

C. 资产=负债+权益　　　　　　　　D. 收入一费用=利润
(42) 会计监督是对经济活动的(　　)进行监督。
　　A. 准确性　　　　　B. 合法性　　　　C. 合理性　　　　D. 效益性
(43) 企业会计计量属性包括(　　)。
　　A. 历史成本　　　　B. 可变现净值　　C. 现值　　　　　D. 公允价值
(44) 下列各项，属于企业会计核算具体内容的有(　　)。
　　A. 款项和有价证券的收付　　　　　B. 财产物资的收发、增减和使用
　　C. 债权债务的发生和结算　　　　　D. 财务成果的计算和处理
(45) 款项是作为支付手段的货币资金，主要包括(　　)。
　　A. 银行存款　　　　B. 现金　　　　　C. 其他货币资金　D. 应收债权
(46) 经济业务事项是指(　　)。
　　A. 经济业务　　　　B. 经济事项　　　C. 所有经济活动　D. 供产销业务
(47) 财务成果的计算和处理一般包括(　　)。
　　A. 利润的计算　　　B. 所得税的计算　C. 所得税的交纳　D. 利润的分配
(48) 依法设置账簿的要求具体包括(　　)。
　　A. 各单位必须设账，不得未设账
　　B. 各单位不得重复设账(账外设账，私设账簿)
　　C. 各单位必须保证账簿记录真实、完整
　　D. 必须设置一套完整的账簿
(49) 有价证券包括(　　)。
　　A. 数据　　　　　　B. 股票　　　　　C. 企业债券　　　D. 发票
(50) 会计计量属性有(　　)。
　　A. 历史成本　　　　B. 重置成本　　　C. 可变现净值　　D. 现值
(51) 下列属于经济事项而非经济交易的内容有(　　)。
　　A. 销售产品　　　　B. 计提折旧　　　C. 收取租金　　　D. 计提准备
(52) 各单位应当按国家统一会计制度的要求，设置会计科目和账户、复式记账、(　　)和编制财务会计报告。
　　A. 填制会计凭证　　B. 登记会计账簿　C. 进行成本计算　D. 财产清查

3) 判断题
(1) 历史成本原则是会计信息质量要求的一项基本要求。(　　)
(2) 实质重于形式原则是会计信息的次级质量要求。(　　)
(3) 企业对会计要素进行核算时，一般要用公允价值进行计量。(　　)
(4) 在现值计量下，各会计要素均按未来净现金流入量的折现金额来计量。(　　)
(5) 权责发生制是会计信息的首要质量要求。(　　)

(6) 权责发生制是最重要的会计核算基础。(　　)

(7) 资产的可变现净值就是该资产现在进行变卖所能得到的售价。(　　)

(8) 利润就是收入减费用后的净额。(　　)

(9) 收入一定会导致所有者权益增加。(　　)

(10) 费用不一定导致所有者权益减少。(　　)

(11) 在对负债进行计量时均以未来流出的经济利益的金额进行计量,而无须考虑资金的时间价值。(　　)

(12) 企业只有拥有某项资产的所有权才能对其确认为资产并列示于资产负债表上。(　　)

(13) 会计核算的基本前提包括会计主体、资料完整,经济效益和货币计量。(　　)

(14) 会计的对象是社会再生产过程中的资金运动。(　　)

(15) 会计以货币作为唯一计量单位。(　　)

(16) 会计的基本职能是核算。(　　)

(17) 凡是特定对象能够以货币表现的经济活动,都是会计核算与监督的内容。(　　)

(18) 会计核算基本前提之所以又称为会计假设,是由于其缺乏客观性及人们无法对其进行证明。(　　)

(19) 企业集团不是一个独立的法人,但也可以作为一个会计主体。(　　)

(20) 企业对其所使用的机器设备、厂房等固定资产,只有在持续经营的前提下才可以在机器设备的使用年限内,按照其价值和使用情况,确定采用某一折旧方法计提折旧。(　　)

(21) 资产是指由于过去、现在、将来的事项和交易形成并由企业拥有的经济资源。该资源预期会给企业带来经济利益。(　　)

(22) 会计要素就是会计报表构成的基本单位。(　　)

(23) 会计主体与法律主体不完全对等,法律主体可作为会计主体,但会计主体不一定是法律主体。(　　)

(24) 收入-费用=利润,这一会计等式,是复式记账法的理论基础,也是编制资产负债表依据(　　)。

(25) 会计核算以人民币为记账本位币,业务收支以外币为主的企业,也可以选择某种外币作为记账本位币,但编报的财务会计报告应当折合为人民币反映。(　　)

(26) 会计核算的基本前提包括会计主体、资料完整,经济效益和货币计量。(　　)

(27) 随着经济的发展和会计活动范围及内容的不断扩大,会计的职能也在不断改变。(　　)

(28) 会计的计量单位只有一种,即货币量度。(　　)

(29) 会计主要以货币计价进行监督，不必进行实物监督。（　　）

(30) 会计核算的是企业的经济活动而非投资者的经济活动。（　　）

(31) 所有者权益等于实收资本加上未分配利润。（　　）

(32) 会计主体假设确定了会计核算的空间范围，会计分期假设确定了会计核算的时间范围。（　　）

(33) 会计监督不仅体现在过去的经济业务，还体现在业务发生过程之中和尚未发生之前，包括事前、事中和事后监督。（　　）

(34) 收入要素包括主营业务收入、其他业务收入、营业外收入。（　　）

(35) 会计的对象是价值运动或资金运动。（　　）

(36) 企业会计的对象就是企业发生的各种经济活动。（　　）

(37) 一般来讲，法人应该是会计主体，但是会计主体不一定是法人。（　　）

(38) 凡是特定对象能用货币表现的经济活动，都是会计核算和监督的内容。（　　）

(39) 费用是企业所实际发生的各项开支和损失。（　　）

(40) 我国会计计量涉及的计量属性有历史成本、现行成本、现行市价、可变现净值、可收回金额、公允价值等。（　　）

(41) 任何经济业务的发生都不会改变"资产=负债+所有者权益"的恒等关系。（　　）

(42) 我国的所有的企业都只能以人民币作为记账本位币。（　　）

(43) 所有者权益，也称为净资产。其金额等于资产总额减去负债总额。（　　）

(44) 企业会计的记账基础应采用收付实现制。（　　）

(45) 款项是作为支付手段的货币资金；有价证券是指表示一定财产拥有权或支配权的证券。款项和有价证券不是流动性最强的资产。（　　）

(46) 费用和成本是同一个概念。（　　）

(47) 会计记录的文字可以使用中文，也可以使用外文。（　　）

(48) 设立会计科目和账户是保证会计核算系统性的必要措施和专门方法。（　　）

(49) 经济业务是单位内部部门之间发生的具有经济影响的各类事件。（　　）

(50) 在民族自治地方，会计记录使用中文的同时，可以同时使用当地任何一种民族文字。（　　）

(51) 会计核算的对象是会计主体。（　　）

(52) 款项是指作为支付手段的货币资金，主要包括现金、银行存款以及其他视同现金、银行存款使用的外埠存款、银行汇票存款、银行本票存款、信用卡存款等。（　　）

2 会计科目与账户

知识目标

- 了解会计科目的概念和设置的原则;
- 熟悉会计账户的结构。

能力目标

- 能正确划分经济类别所对应的会计科目;
- 能正确理解会计科目与子目、总分类账户和明细分类账户的关系;
- 能熟练掌握会计账户、"T"字形账户的结构和内容。

2.1 会计科目

2.1.1 会计科目的概念

会计科目是对每类经济活动所取的会计专用名称,也称专用术语,因而会计科目一般由财政部统一规定,会计科目是组织会计核算、设置账户的基础。账户是进行记账的手段,是记录和汇集经济业务活动数据、计算其变动金额的载体,是提供会计信息的重要来源库。

企业在生产经营过程中要发生各种各样的经济业务,经济业务的发生又必然引起各项会计要素的增减变动。为了全面、系统地反映和监督各项会计要素的增减变动情况,分门别类地为经济管理提供会计核算资料,就需要设置会计科目。

会计科目是对会计要素的具体内容进行分类核算的项目。会计科目可简称为科目。例如,为了反映和监督各项资产的增减变动,设置了"库存现金"、"原材料"、"库存商品"、"固定资产"等科目;为了反映和监督负债和所有者权益的增减变动,设置了"短期借款"、"应付账款"、"长期借款"、"实收资本"和"资本公积"等科目。

2.1.2 会计科目的分类

2.1.2.1 按会计要素分类

会计科目按其所归属的会计要素不同,分为资产类、负债类、共同类、所有者权益类、成本类、损益类等六大类,每一大类会计科目可按一定标准再分为各个具体科目。一般企业所设置的基本会计科目,见表2.1。

1) 资产类科目

按资产的流动性分为反映流动资产的科目和反映非流动资产的科目。

(1) 反映流动资产的科目有"库存现金"、"银行存款"、"交易性金融资产"、"应收利息"、"应收账款"、"应收票据"、"原材料"、"库存商品"等科目。

(2) 反映非流动资产的科目有"固定资产"、"累计折旧"、"无形资产"等科目。

2) 负债类科目

按负债的偿还期限分为反映流动负债和反映长期负债的科目。

(1) 反映流动负债的科目有"短期借款"、"交易性金融负债"、"应付账款"、"应付票据"、"应付职工薪酬"、"应交税费"、"其他应付款"等科目。

(2) 反映长期负债的科目有"长期借款"、"应付债券"、"长期应付款"等科目。

3) 共同类科目

2006《企业会计准则——应用指南》将一般企业和金融企业的会计科目作了统一规定,共同类科目的特点需要从其期末余额所在方向界定其性质。一般企业的共同类科目包括"衍生工具"、"套期工具"、"被套期项目"等科目。

4) 所有者权益类科目

按权益的形成和性质分为反映资本的科目和反映留存收益的科目。

(1) 反映资本的科目有"实收资本"和"资本公积"等科目。

(2) 反映留存收益的科目有"盈余公积"、"本年利润"、"利润分配"等科目。

5) 成本类科目

成本类科目包括"生产成本"、"劳务成本"、"制造费用"等科目。

6) 损益类科目

损益类科目又称为收支类科目,分为收入性科目和费用支出性科目。

(1) 收入性科目包括"主营业务收入"、"其他业务收入"、"投资收益"、"营业外收入"等科目。

表 2.1　会计科目参照表

一、资产类	固定资产	专项应付款
库存现金	累计折旧	递延所得税负债
银行存款	固定资产减值准备	三、所有者权益类
其他货币资金	在建工程	实收资本
交易性金融资产	工程物资	资本公积
应收票据	固定资产清理	盈余公积
应收账款	无形资产	本年利润
预付账款	累计摊销	利润分配
应收股利	无形资产减值准备	库存股
应收利息	商誉	四、成本类
其他应收款	长期待摊费用	生产成本
坏账准备	递延所得税资产	制造费用
材料采购	待处理财产损溢	劳务成本
在途物资	二、负债类	研发支出
原材料	短期借款	五、损益类
材料成本差异	交易性金融负债	主营业务收入
库存商品	应付票据	其他业务收入
发出商品	应付账款	公允价值变动损益
商品进销差价	预收账款	投资收益
委托加工物资	应付职工薪酬	营业外收入
周转材料	应交税费	主营业务成本
存货跌价准备	应付利息	其他业务成本
持有至到期投资	应付股利	营业税金及附加
持有至到期投资减值准备	其他应付款	销售费用
可供出售金融资产	专项应付款	管理费用
长期股权投资	递延收益	财务费用
长期股权投资减值准备	长期借款	资产减值损失
投资性房地产	应付债券	营业外支出
长期应收款	长期应付款	所得税费用
未实现融资收益	未确认融资费用	以前年度损益调整

(2) 费用支出性科目包括"主营业务成本"、"其他业务成本"、"营业税金及附加"、"其他业务支出"、"销售费用"、"管理费用"、"财务费用"、"营业外支出"、

"所得税费用"等科目。

2.1.2.2 按提供信息的详细程度及其统驭关系分类

会计科目按提供信息的详细程度及其统驭关系不同，可以分为总分类科目和明细分类科目。

总分类科目亦称总账科目或一级科目，是对会计对象的具体内容进行总括分类的，提供总括信息的会计科目。

明细分类科目亦称子目或二级科目，是对总分类科目作进一步分类提供更详细更具体会计信息的科目。如果某一总分类科目所属的明细分类科目较多，可以对明细分类科目进一步设置二级科目或三级科目。下面以原料为例说明总分类科目与各级明细科目之间的关系，见表2.2。

表2.2 原材料总分类科目与其明细分类科目的关系

总分类科目(一级科目)	明细分类科目	
	二级科目	三级科目
原材料	原料及主要材料	甲材料
		乙材料
	辅助材料	A辅助材料
		B辅助材料
	燃料	汽油
		柴油

2.1.3 会计科目的设置原则

为了适应宏观经济管理和对外提供信息的需要，在我国，基本的会计科目由财政部统一制定。由于各单位经济业务活动的具体内容不同和规模大小、业务繁简不同，企业在不违反会计准则中确认、计量和报告规定的前提下，可以根据本单位的实际情况自行增设、分拆、合并会计科目。因此，具体设置会计科目时应考虑各自的特点和具体情况。但无论是什么样的单位，在设置会计科目时，都应遵循以下原则：

(1) 合法性原则。为了保证会计信息的可比性，所设置的会计科目应当符合国家统一的会计制度的规定。对于国家统一会计制度规定的会计科目，企业可以根据自身的生产经营特点，在不影响会计核算要求和会计报表汇总，以及对外提供统一的财务会计报表的前提下，可以适当自行增设、减少或合并某些会计科目。

(2) 相关性原则。会计科目的设置，应为有关各方提供所需要的会计信息服务，满足对外报告与对内管理的要求。因此，设置会计科目，要充分考虑会计信息的使用者对本企业会计信息的需要，以提高会计核算所提供的会计信息相关性，满足相关各方的信息需求。

(3) 实用性原则。会计科目的设置应符合单位自身特点，满足单位实际需要。企业的组织形式、所处行业、经营内容及业务种类等不同，在会计科目的设置上亦应有所区别。在合法性的基础上，应根据企业自身特点，设置符合企业需要的会计科目。对于会计科目的名称，在不违背会计科目使用原则的基础上，确定适合本企业的会计科目名称。

2.2　会计账户

2.2.1　会计账户的概念

会计账户简称为账户，是根据会计科目开设的，具有一定格式和结构，用于分类反映会计要素增减变化情况及其结果的载体。设置账户是会计核算的一种专门方法。

设置会计科目只是对会计对象的具体内容进行科学分类，但是，如果只有分类的项目，而没有具有一定格式和结构的会计账户，还是不能把发生的经济业务连续、系统、完整地记录下来。因此，还必须根据设置的会计科目开设相应的会计账户，在会计账户上记录会计要素的增减变化情况。

账户能够分别记录各项经济业务引起的会计要素的每一具体项目的增减变化。从会计资料的储存、传递过程来看，账户是对会计信息资料进行分类、整理、归集、储存和传递的场所。因此，账户的主要作用在于将会计数据进行科学的归类和记录，为进一步进行算账、报账等提供基础条件。

2.2.2　会计账户的分类

会计账户是根据会计科目开设的，因此，会计账户与会计科目的分类是一致的。按核算经济内容不同分类，会计账户一般分为资产类、负债类、共同类、所有者权益类、成本类、损益类等六类。

按提供信息的详细程度及统驭关系不同分类，会计账户一般分为总分类账户和明细分类账户两类。

总分类账户是指根据总分类科目设置的、用于对会计要素具体内容进行总括分类核算的账户，简称总账账户。根据账户所反映的经济内容，可将其分为资产类账户、负债类账户、共同类、所有者权益类账户、成本类账户、损益类账户六类。

明细分类账户是根据明细分类科目设置的、用来对会计要素具体内容进行明细分类核算的账户，简称明细账户。

总账账户称为一级账户，总账以下的账户称为明细分类账户。

2.2.3　账户的基本结构

账户的结构是指账户的格式。为了全面、清晰地记录各项经济业务，每一个账户既要有明确的经济内容，又必须有一定的结构。各项经济业务引起的资金变动，尽管错综复杂，但从数量上看，不外是增加和减少两种情况。因此，账户的结构也应相应地划分为两个基本部分：一部分反映数额的增加，另一部分反映数额的减少。因而，账户也划分左方、右方两个方向，一方登记增加，另一方登记减少。至于哪一方登记增加，哪一方登记减少，取决于所记录经济业务和账户的性质以及所采用的记账方法。在借贷记账法下，账户的左方称为"借方"，账户右方称为"贷方"。

登记本期增加的金额，称为本期增加发生额；登记本期减少的金额，称为本期减少发生额；增减相抵后的差额，称为余额，余额按照表示的时间不同，分为期初余额和期末余额，一定会计期间结束时的期末金额，在下一个会计期间开始时就成为期初余额，因此，期初余额和期末余额是相对于一定的会计期间来说的。其基本关系如下：

期末余额＝期初余额＋本期增加发生额－本期减少发生额

上式中的四个部分称为账户的四个金额要素。

账户的格式尽管有各种各样，但一般来说，账户的基本结构具体包括以下内容：

(1) 账户的名称(即会计科目)。

(2) 记录经济业务的日期。

(3) 所依据的记账凭证编号。

(4) 经济业务摘要。

(5) 增加和减少的金额。

(6) 余额(包括期初余额和期末余额)。

由于所使用的记账方法的不同，账户左右两方具体反映的内容也不相同。我国《企业会计准则》规定采用借贷记账法。借贷记账法账户的基本格式见表2.3。

表 2.3 账户名称(会计科目)

年		凭证字号	摘要	借方	贷方	借或贷	余额
月	日						

为了便于说明，会计手工结转账中、教学中，可将上列账户左右两方略去有关栏次，简化为"T"字形，称为"T"字形账户。如表 2.4 所示。

表 2.4

借方	账户名称	贷方

2.2.4 会计账户与会计科目的联系和区别

在实际工作中，人们常常将会计账户和会计科目混为一谈，视为同义语，但他们毕竟是两个不同的概念，既有联系，又有区别。

它们的相互联系在于：会计科目与账户都是对会计对象具体内容的科学分类，两者口径一致，性质相同，会计科目是账户的名称，也是设置账户的依据，账户是会计科目的具体运用。没有会计科目，账户便失去了设置的依据；没有账户，会计科目就无法发挥作用。

两者的区别是：会计科目仅仅是账户的名称，不存在结构；而账户则具有一定的格式和结构。会计科目仅说明反映的经济内容是什么，而账户不仅说明反映的经济内容是什么，而且能够记录其增减变化及结余情况。

在实际工作中，对会计科目和账户往往不加严格区分，而是相互通用。

复习思考题

(1) 什么是会计科目？

(2) 设置会计科目有什么意义？

(3) 设置会计科目的原则是什么？

(4) 会计科目与子目有什么关系？

(5) 什么是账户？

(6) 账户与会计科目是什么关系？

(7) 账户的基本结构是什么？

(8) 账户的四项金额之间的关系怎样？

练习题

(1) 目的：掌握资产、负债和所有者权益所对应的会计科目和子目的确定。

(2) 资料：长江公司有下列资产、负债和所有者权益事项。

① 生产车间大楼价值 27 560 000 元，行政办公楼价值 8 570 000 元。

② 一年内需要归还的银行借款为 800 000 元。

③ 企业在银行里的存款为 890 000 元。

④ 企业出纳员保障日常开支用的现金为 1 256 元。

⑤ 库存低值易耗品的原始价值为 30 000 元。

⑥ 国家投资资本额为 3 000 000 元。

⑦ 库存的产成品价值为 230 000 元。其中甲产品价值为 150 000 元，乙产品价值为 80 000 元。

⑧ 库存原材料的采购成本 420 000 元。其中 A 材料为 15 000 万元，B 材料为 270 000 元。

⑨ 购买原材料欠外单位的款项为 51 256 元。其中欠宏达公司材料款为 21 256 元，欠维达公司材料款为 30 000 元。

⑩ 因销售商品未收回的款项为 80 000 元。其中致远公司欠款为 50 000 元，富通公司欠款为 30 000 元。

⑪ 企业投入资本总额为 30 000 000 元。

⑫ 企业已形成的资本公积总额为 3 300 000 元。

⑬ 企业已形成的未分配利润总额为 630 000 元。

(3) 要求：

① 根据资料确定资产、负债及所有者权益项目所运用的账户，并计算资产、负债及所有者权益各项的总额。

② 有明细账的会计事项，确定明细账账户，检验明细账与所属总账的平衡关系。

会计从业资格证训练题

1) 单项选择题

(1) 会计科目是对(　　)的具体内容进行分类核算的项目。

　　A. 经济业务　　　　B. 会计账户　　　　C. 会计要素　　　D. 会计对象

(2) 下列不属于账户基本结构的是(　　)。

　　A. 借方　　　　　　B. 贷方　　　　　　C. 余额　　　　　D. 账户类别

(3) 会计科目的设置原则不包括(　　)。

　　A. 真实性　　　　　B. 合法性　　　　　C. 相关性　　　　D. 实用性

(4) "物资采购"账户按其所反映的经济内容应属于(　　)账户。

　　A. 资产类　　　　　B. 负债类　　　　　C. 所有者权益类　D. 成本类

(5) 下列属于资产类科目的是(　　)。

　　A. 预收账款　　　　B. 应收账款　　　　C. 制造费用　　　D. 实收资本

(6) 下列属于成本类科目的是(　　)。

　　A. 销售费用　　　　B. 财务费用　　　　C. 制造费用　　　D. 管理费用

(7) 属于损益类科目的是(　　)。

　　A. 待处理财产损溢　B. 主营业务成本　C. 制造费用　　　D. 盈余公积

(8) "累计折旧"账户按其所反映的经济内容属于(　　)账户。

　　A. 资产类　　　　　B. 负债类　　　　　C. 所有者权益类　D. 成本类

(9) 下列属于负债类科目的是(　　)。

　　A. 预付账款　　　　B. 预收账款　　　　C. 长期待摊费用　D 累计折旧

(10) 下列属于损益类科目的是(　　)。

　　A. 待处理财产损溢　B. 本年利润　　　　C. 生产成本　　　D. 所得税费用

(11) 会计科目与会计账户之间的关系是(　　)。

　　A. 两者的分类口径一致和性质相同

　　B. 两者的分类口径一致，但性质不完全相同

　　C. 两者完全不相关

　　D. 两者没有区别，是同义语

(12) "利润分配"账户按其所反映的经济内容属于(　　)账户。

　　A. 资产类　　　　　B. 负债类　　　　　C. 所有者权益类　D. 损益类

(13) 以下(　　)，不属于企业财务成果的计算与分配。

　　A. 计算本年利润　　　　　　　　B. 提取盈余公积

　　C. 向国家计算缴纳所得税　　　　D. 向国家缴纳增值税

(14) 会计科目是指对(　　)的具体内容进行分类核算的项目。

　　A. 会计主体　　　　B. 会计要素　　　　C. 会计科目　　　D. 会计信息

(15) 账户是根据(　　)设置的，具有一定格式和结构，用于分类反映会计要素增减变动情况及其结果的载体。

　　A. 会计要素　　　　B. 会计科目　　　　C. 会计主体　　　D. 会计信息

(16) 明细分类账户是根据( )设置,用来对会计要素具体内容进行明细分类核算的账户。

    A. 总分类科目   B. 会计科目

    C. 会计主体   D. 明细分类科目

(17) 企业的本期增加发生额是指( )。

    A. 本期某一增加的数额

    B. 本期增加金额合计减本期减少金额合计

    C. 本期期初余额加本期增加合计

    D. 本期增加金额合计

(18) 假如某账户本期期初余额为 5 600 元,本期期末余额为 5 700 元,本期减少发生额为 800 元,则该账户本期增加发生额为( )元。

    A. 900   B. 10 500   C. 700   D. 12 100

(19) 假如某账户本期增加发生额为 1 200 元,减少发生额为 1 500 元,期初余额为 1 300 元,则该账户本期期末余额为( )元。

    A. 4 000   B. 1 600   C. 1 200   D. 1 000

(20) 总分类科目和明细类科目之间有密切的关系,即( )的关系。

    A. 相等   B. 名称一致   C. 统驭和从属   D. 相互依存

(21) 下列属于所有者权益类科目的是( )。

    A. 银行存款   B. 短期借款   C. 应收账款   D. 利润分配

(22) 会计科目按( )不同,分为资产类、负债类、所有者权益类、成本类、损益类等五大类。

    A. 会计要素   B. 会计对象

    C. 核算的经济内容   D. 提供核算指标的详细程度

(23) 会计科目按( )不同,可以分为总分类科目和明细分类科目。

    A. 会计要素   B. 用途和结构

    C. 核算的经济内容   D. 提供核算指标的详细程度

(24) 下列属于总分类科目的是( )。

    A. 甲材料   B. 应交增值税   C. 累计折旧   D. 股票投资

(25) 下列属于明细分类科目的是( )。

    A. 销售费用   B. 其他应收款   C. 盈余公积   D. 差旅费

(26) 下列不属于账户基本结构的栏目是( )。

    A. 借方   B. 贷方   C. 余额   D. 内容

(27) 下列可以作为总分类科目的有( )。

    A. 钢材   B. 现金   C. 汽油   D. 票据

(28) "利润分配"账户按其所反映的经济内容属于(　)账户。

　　A. 资产类　　　　B. 负债类　　　　C. 所有者权益类　D. 成本类

(29) 某企业资产总额80万元,如果发生下列经济业务:①收到外单位投资8万元存入银行;②用银行存款偿还企业的应付债券2万元;③收到到期兑现的商业汇票5万元,并存入银行后企业资产总额应该是(　)。

　　A. 87万元　　　　B. 86万元　　　　C. 91万元　　　　D. 9万元

(30) 若一项经济业务发生后,引起银行存款减少5 000元,则不可能引起(　)。

　　A. 固定资产增加5 000元　　　　　　B. 短期借款增加5 000元

　　C. 预付账款减少5 000元　　　　　　D. 应付账款减少5 000元

(31) 下列各项经济业务中,仅引起所有者权益有关项目一增一减的是(　)。

　　A. 收到政府投资的设备一台　　　　B. 将银行借款40万元存入银行

　　C. 将资本公积转增资本　　　　　　D. 向投资者分配利润

(32) (　)是按经济内容不同对会计要素的分类。

　　A. 会计科目　　　　B. 会计账户　　　C. 会计凭证　　　D. 会计报表

(33) 下列科目中,可能出现借方余额的是(　)。

　　A. 其他业务收入　　　　　　　　　　B. 实收资本

　　C. 应收账款　　　　　　　　　　　　D. 主营业务收入

(34) 银行汇票存款属于(　)。

　　A. 库存现金　　　　　　　　　　　　B. 银行存款

　　C. 应收票据　　　　　　　　　　　　D. 其他货币资金

(35) 能对会计要素增减变动进行全面、连续、系统地记录的方法是(　)。

　　A. 会计科目　　　　B. 会计账户　　　C. 会计凭证　　　D. 会计报表

(36) 账户左右两方具体如何记录业务增加或减少,主要由(　)决定。

　　A. 金额大小　　　　　　　　　　　　B. 业务发生时间先后

　　C. 账户的性质　　　　　　　　　　　D. 记账人员

(37) 下列期末一定无余额的账户是(　)。

　　A. 在建工程　　　B. 应付股利　　　C. 盈余公积　　　D. 销售费用

(38) 反映企业投资者初始投资的账户是(　)。

　　A. 实收资本　　　B. 本年利润　　　C. 资本公积　　　D. 利润分配

(39) 会计科目的设置应当满足提供会计信息的需要,指的是(　)。

　　A. 合法性原则　　B. 相关性原则　　C. 实用性原则　　D. 准确性原则

(40) 科目与账户的关系中下列说法不正确的是(　)。

　　A. 两者口径一致,性质相同

　　B. 账户是设置科目的依据

C. 账户具有一定的格式和结构，而会计科目不具有格式和结构

D. 没有账户，科目就无法发挥作用

(41) 所得税费用属于( )类科目。

A. 资产　　　　　B. 负债　　　　　C. 所有者权益　　D. 损益

(42) 下面不属于账户的四个金额要素之一的是( )。

A. 期初余额　　　　　　　　B. 期末余额

C. 本期发生额　　　　　　　D. 本期增加发生额

(43) 下面不属于账户的基本结构具体内容的是( )。

A. 账户名称　　　　　　　　B. 余额

C. 经济业务摘要　　　　　　D. 原始凭证编号

2) 多项选择题

(1) ( )是对会计科目正确的认识。

A. 会计科目是由财政部统一制定的

B. 除《企业会计制度》的规定外，企业可根据需要自行确定有关明细会计
科目

C. 企业某些会计科目之间留有空号，目的是为了供以后增设会计科目之用

D. 由于会计科目具有统一性，所以任何企业不得自行增设、减少某些会计
科目，但可以合并有关会计科目

(2) 在借贷记账法下，账户的基本结构包括( )等。

A. "借方"栏　　B. "贷方"栏　　C. "摘要"栏　　D. "余额"栏

(3) 下列科目中，属于所有者权益类科目的有( )。

A. 应收账款　　　B. 固定资产　　　C. 本年利润　　　D. 利润分配

(4) 下列科目中，属于成本类科目的有( )。

A. 制造费用　　　B. 主营业成本　　C. 管理费用　　　D. 生产成本

(5) 下列说法中，正确的是( )。

A. 会计科目是根据账户开设的

B. 会计科目就是账户名称

C. 会计科目和账户所反映的经济内容是相同的

D. 账户是分类核算经济业务的工具

(6) 会计科目按其所归属的会计要素不同，可分为( )。

A. 所有者权益类　B. 负债类　　　　C. 损益类　　　　D. 成本类

(7) 产品生产成本包括( )。

A. 直接人工　　　B. 直接材料　　　C. 制造费用　　　D. 管理费用

(8) 期间费用包括( )。

A. 销售费用　　　B. 财务费用　　　C. 管理费用　　　D. 制造费用

(9) 债权是企业收取款项的权利，一般包括各种(　　)等。

A. 预付款项　　　B. 预收款项　　　C. 应付款项　　　D. 应收款项

(10) 下列科目中，属于收入性科目的有(　　)。

A. 预收账款　　　B. 其他业务收入　　C. 投资收益　　　D. 营业外收入

(11) 下列科目中，不属于总分类科目的有(　　)。

A. 其他应付款　　B. 长期待摊费用　　C. 股票投资　　　D. 未分配利润

(12) 下列科目中，属于损益类科目的有(　　)。

A. 主营业务收入　B. 销售费用　　　C. 管理费用　　　D. 制造费用

(13) (　　)不是企业所使用的会计科目(总分类科目)。

A 机器设备　　　B. 库存现金　　　C. 产品　　　　　D. 短期借款

(14) (　　)的说法是正确的。

A. 本期的期末余额即为下期的期初余额

B. 如果账户在左方记录增加额，则在右方记录减少额

C. 账户的余额一般与记录增加额在同一方向

D. 会计科目仅仅是对会计要素进行具体分类的项目名称

(15) (　　)的说法是错误的。

A. 账户不一定必须分左右两方

B. 会计科目与账户并存体现了重复性的缺点

C. 会计科目的编号作用不大

D. 我国会计科目及核算内容由经贸委员会制定

(16) 在会计工作中，账户的格式设计一般包括以下内容(　　)。

A. 账户的名称　　B. 日期　　　　　C. 摘要　　　　　D. 凭证字号

(17) 下列各项属于资产类项目的有(　　)。

A. 库存现金　　　B. 固定资产　　　C. 无形资产　　　D. 银行存款

(18) 设置会计科目的原则有(　　)。

A. 权责发生制原则　B. 合法性原则　C. 相关性原则　　D. 实用性原则

(19) 会计账户反映的内容包括(　　)。

A. 会计要素的增加额　　　　　　B. 会计要素的减少额

C. 会计要素的期初余额　　　　　D. 会计要素的期末余额

(20) 下列项目中，属于所有者权益的会计科目是(　　)。

A. 实收资本　　　B. 资本公积　　　C. 盈余公积　　　D. 利润分配

(21) 会计账户的各项金额的关系可用(　　)表示。

A. 期末余额=期初余额+本期增加发生额-本期减少发生额

B. 期末余额-期初余额=本期增加发生额-本期减少发生额

C. 期末余额-期初余额=本期增加发生额=本期减少发生额

D. 期末余额+本期减少发生额=期初余额+本期增加发生额

(22) 在下列描述中，正确的有(　　)。

A. 总分类科目对明细科目具有统驭和控制作用

B. 总分类科目和明细科目都是财政部统一制定的

C. 总分类科目提供的是总括信息

D. 明细科目提供的是详细信息

(23) 会计科目的设置应当(　　)。

A. 符合国家经济政策的有关规定　　　B. 符合会计制度的规定

C. 满足管理者的需要　　　D. 根据企业情况的不同, 会计科目
　　　　　　　　　　　　　　　　有所区别

(24) 下列各项中，属于总分类科目的是(　　)。

A. 原材料　　　B. 应收账款　　　C. 应交税费　　　D. 库存商品

(25) 下列项目中属于会计科目的有(　　)。

A. 流动资产　　　B. 固定资产　　　C. 短期借款　　　D. 长期应付款

(26) 工业企业会计中的"原材料"账户属于(　　)

A. 总分类账户　　　B. 明细分类账户　　C. 资产类账户　　　D. 一级账户

3) 判断题

(1) 会计科目和会计账户的分类口径和核算内容并不完全一致。(　　)

(2) 在借贷记账法下，账户的基本结构包括"借方"、"贷方"和"余额"等栏目。(　　)

(3) "累计折旧"账户属于资产类账户。(　　)

(4) "预收账款"账户属于资产类账户。(　　)

(5) 对于明细科目较多的会计科目，可在总分类科目下设置二级或多级明细科目。(　　)

(6) 会计科目与账户都是对会计对象具体内容的科学分类，两者口径一致，性质相同，具有相同的格式和结构。(　　)

(7) 经济业务的发生只涉及会计基本等式的一方时，必然会引起相反方向的运动；如涉及两方时，必然会引起相同方向的运动。(　　)

(8) 权益是指企业全部资产的所有权，它是所有者权益的简称。(　　)

(9) 同一时期的收入抵减费用的结果，即形成这一时期的利润。(　　)

(10) 期间费用不记入产品成本，而直接记入当期损益。(　　)

(11) 会计科目是对会计要素的具体内容进行科学分类的项目。(　　)

(12) 为满足会计核算质量的要求，会计科目的设置越多越好。（　　）

(13) 所有的账户都是依据会计科目开设的。（　　）

(14) 会计科目仅仅是名称而已，若要体现会计要素的增减变化及变化后的结果则要借助于账户。（　　）

(15) 会计科目按其经济内容分类，可以分为总分类科目和明细分类科目。（　　）

(16) 账户中的本期增加发生额，是增减相抵后的净增加额。（　　）

(17) 会计账户是以会计科目为名称的，两者反映的内容是一致的。（　　）

(18) 所有会计账户都是根据会计科目开设的。（　　）

(19) "所得税费用"是属于负债类账户。（　　）

(20) 所有者权益类账户的期末余额=期初余额+本期贷方发生额-本期借方发生额。（　　）

(21) 一级账户又称总分类账户或总账账户。（　　）

(22) 对任何一个账户来说，期末余额都等于期初余额+本期借方发生额-本期贷方发生额。（　　）

(23) 损益类账户一般无期末余额。（　　）

(24) 会计科目按其所提供的信息的详细度及其统驭关系不同，分为总分类科目和明细分类科目。（　　）

(25) 会计科目设置的实用性原则是指在符合国家统一会计制度的基础上，所设置的科目应符合单位自身特点，满足单位实际需要并且操作性强。（　　）

3 借贷记账法

知识目标

- 了解单式记账法；
- 熟悉复式记账的原理；
- 掌握借贷记账法的原理、特点及其具体操作，会计分录和试算平衡，总账与明细账户的平行登记。

能力目标

- 能熟练进行会计分录的编写；
- 能处理简单的经济业务；
- 能进行试算平衡及总账与明细账户的平行登记。

3.1 复式记账法

3.1.1 记账方法

记账方法是根据一定的记账原理和规则，运用特定的计量手段，利用文字和数字记录经济业务的专门方法。记账是会计核算的基础，是从记账为起点开始会计核算工作的，离开了记账会计核算就无法进行了。记账方法一般应包括记账符号、账户设置、记账原理和规则、试算平衡方法等要素。

3.1.2 记账方法的种类

记账方法在会计史上经历了由单式记账法发展到复式记账法的过程。现代会计出现以前的记账方法属于单式记账法，现代会计一律采用复式记账法。

　　单式记账法是指对发生的每一项经济业务，往往只在一个账户中进行记录的记账方法。例如，用现金100元购买材料的业务，按照单式记账法，就只需要在现金账中记录减少100元，而不需要在其他账户中记录。

　　复式记账法是以资产与权益的平衡关系作为记账基础，对于每一笔经济业务，都要在两个或两个以上相互联系的账户中进行登记，系统地反映资金运动变化结果的一种记账方法。复式记账法正是为了克服单式记账法的缺点而形成的一种现代会计的记账方法。

　　例如，用现金100元购买材料的业务，按照复式记账法，就要一方面在现金账中记录减少100元，另一方面在材料账中记录增加100元。

　　由于任何一项经济业务的发生，都会引起会计要素的至少两个具体项目的增减变化，而且变化金额相等，因此，为了全面、系统地反映和监督经济活动过程，对发生的每一笔经济业务，都应该以相等的金额同时在两个或两个以上的账户中进行登记，复式记账法正好满足了这一要求。

3.1.3　复式记账法的优点

　　由于复式记账法对于每项经济业务要在两个或两个以上的账户中进行相互联系的记录，这样不仅可以通过账户记录完整、系统地反映经济活动的过程和结果，还能清楚地反映资金运动的来龙去脉；由于复式记账法对于每项经济业务都以相等的金额进行对应记录，这样，对账户记录结果，就可以进行核对和检查，防止和纠正错误记录。综上所述，复式记账法与单式记账法相比，具有两个显著的优点：

　　(1) 能够全面反映经济业务内容和资金运动的来龙去脉。

　　(2) 能够进行试算平衡，便于查账和对账。

　　从复式记账法的优点可见，复式记账法是一种科学的记账方法。借贷记账法是历史上第一种复式记账法，也是当前世界各国普遍采用的、最具科学性和代表性的一种复式记账方法。为了同国际惯例一致，适应我国对外开放的需要，我国《企业会计准则》第11条规定："企业应当采用借贷记账法记账。"

3.2　借贷记账法

　　借贷记账法是以"借"和"贷"为记账符号的一种复式记账方法。其理论依据是"资产=负债＋所有者权益"这一基本会计等式。借贷记账法作为一种科学的记账方法，它包括记账符号、账户设置、记账规则，试算平衡等基本内容。

3.2.1 借贷记账法的记账符号及含义

为了便于记账，采用复式记账法时，对所设立的账户，都要固定记账方向。表示记账方向的记号，就是记账符号。记账符号是区分各种复式记账法的重要标志。借贷记账法是以"借"和"贷"为记账符号。借贷记账法下，作为记账符号的"借"、"贷"两字具有两层含义：

(1) 表示资金的增减。"借"表示资金运动时，一方面表示资产、成本、费用支出增加，另一方面表示负债、所有者权益、收入成果减少；"贷"表示资金运动时，一方面表示负债、所有者权益、收入成果增加，另一方面表示资产、成本、费用支出减少。

(2) 表示记账的方向或栏目。"借"表示账户的左方，"贷"表示账户的右方。

综上所述，"借"、"贷"含义取决于账户的性质及结构。可归纳如表 3.1 所示。

表 3.1　账户的借贷结构

借方　　　××账户	贷方
资产的增加	资产的减少
成本、费用支出的增加	成本、费用支出的减少
负债的减少	负债的增加
所有者权益的减少	所有者权益的增加
收入成果的减少	收入成果的增加

3.2.2 借贷记账法的账户结构特点

借贷记账法一般设置资产、负债、所有者权益、成本、损益等五类账户。

3.2.2.1 资产类账户

1) 资产类账户的结构

资产类账户的结构如表 3.2 所示。

表 3.2　资产类账户的结构

借方　　　资产账户	贷方
期初余额	
本期增加发生额	本期减少发生额
期末余额	

2) 资产账户的结构特点

(1) "借"表示增加,"贷"表示减少。

(2) 余额一般在借方。

(3) 期末余额=期初余额+本期借方发生额-本期贷方发生额。

以"原材料"账户为例,说明资产账户的结构和登记方法,如表 3.3 所示。

表 3.3 原材料账户

账户名称:原材料

年		凭证字号	摘 要	借方	贷方	借或贷	余额
月	日						
	1	略	期初余额			借	4 000
	5	略	购进	2 000		借	6 000
	16	略	领用		3 000	借	3 000
	18	略	购进	5 000		借	8 000
	29	略	领用		3 500	借	4 500
	31	略	本期发生额及期末余额	7 000	6 500	借	4 500

上述"原材料"账户可简化如表 3.4 所示。

表 3.4 原材料账户

借方		原材料	贷方	
期初余额	4 000			
本期增加发生额	2 000	本期减少发生额		3 000
	5 000			3 500
期末余额	4 500			

3.2.2.2 负债类账户

1) 负债类账户的简化结构

负债类账户的简化结构如表 3.5 所示。

表 3.5 负债类账户的结构

借方	负债账户	贷方
		期初余额
本期减少发生额		本期增加发生额
		期末余额

2) 负债类账户的结构特点

(1) "贷"表示增加,"借"表示减少。

(2) 余额一般在贷方。

(3) 期末余额=期初余额＋本期贷方发生额－本期借方发生额。

3.2.2.3 所有者权益类账户

1) 所有者权益类账户的简化结构

所有者权益类账户的简化结构如表3.6所示。

表3.6 所有者权益类账户的结构

借方	所有者权益账户	贷方
		期初余额
本期减少发生额		本期增加发生额
		期末余额

2) 所有者权益账户的结构特点

(1) "贷"表示增加,"借"表示减少。

(2) 余额一般在贷方。

(3) 期末余额=期初余额＋本期贷方发生额－本期借方发生额。

3.2.2.4 成本类账户

1) 成本类账户的简化结构

成本类账户的简化结构如表3.7所示。

表3.7 成本类账户的结构

借方	成本账户	贷方
期初余额		
本期增加发生额		本期减少发生额
期末余额		

2) 成本类账户的结构特点

(1) "借"表示增加,"贷"表示减少。

(2) 余额一般在借方。

(3) 期末余额=期初余额＋本期借方发生额－本期贷方发生额。

3.2.2.5 损益类账户

损益类账户包括收入账户和费用支出账户,由于它们的性质不同,账户的结构也不同。

1) 收入账户

(1) 收入账户的简化结构,如表3.8所示。

表 3.8　收入账户的结构

借方	收入账户	贷方
本期减少发生额		本期增加发生额
		(期末无余额)

(2) 收入账户的结构特点："贷"表示增加，"借"表示减少；期末一般无余额。

2) 费用支出账户

(1) 费用支出账户的简化结构，如表 3.9 所示。

表 3.9　费用支出账户的结构

借方	费用支出账户	贷方
本期增加发生额		本期减少发生额
		(期末无余额)

(2) 费用支出账户的结构特点："借"表示增加，"贷"表示减少；期末一般无余额。

综上所述，各类账户结构的特点可表述为：在资产、成本、费用支出等资金运用账户中，一般"借方"记增加发生额，"贷方"记减少发生额，若有余额，余额一般在"借方"；在负债、所有者权益、收入成果等资金来源账户中，一般"贷方"记增加发生额，"借方"记减少发生额，若有余额，余额一般在"贷方"。

3.2.3　借贷记账法的记账规则

借贷记账法的记账规则是"有借必有贷，借贷必相等"。

在运用借贷记账法记账时，对每项经济业务，既要记录一个(或几个)账户的借方，又必然要记录另一个(或几个)账户的贷方，即"有借必有贷"；记录一个(或几个)账户的借方的金额必然等于记录另一个(或几个)账户的贷方的金额，即"借贷必相等"。

3.2.4　借贷记账法的会计分录

3.2.4.1　会计分录的含义

会计分录是教学中的术语，是指明每项经济业务应借、应贷账户的名称及其金额的记录教学文字表达式，简称分录。会计分录在实际工作中是根据每项经济业务的原始凭证——发票、收据等来填制记账凭证的过程，填制记账凭证时会计分录只需存在思维中。

3.2.4.2 会计分录的种类

会计分录有简单分录和复合分录。

简单分录是一借一贷的分录。不论经济业务的类型如何，在运用借贷记账法时，每项经济业务发生后，都要在两个账户中进行登记，而且要按照相等的金额登记在一个账户的借方和另一个账户的贷方。

复合分录是指一借多贷、多借一贷或多借多贷的分录。对于有些比较复杂的经济业务，在运用借贷记账时，则需要在一个账户的借方和几个账户的贷方进行登记，或者在一个账户的贷方和几个账户的借方进行登记，借贷双方的金额也必须相等。其运用的记账规则，仍然是"有借必有贷，借贷必相等"。

复合分录实际上是由若干简单分录复合而成的。一笔复合分录可以分解为若干简单分录，而若干简单分录又可复合为一笔复合分录。

3.2.4.3 会计分录的编制步骤

(1) 分析经济业务事项涉及的是资产(费用、成本)，还是权益(收入)。

(2) 确定涉及哪些账户，是增加，还是减少。

(3) 确定记入哪个(或哪些)账户的借方，哪个(或哪些)账户的贷方。

(4) 确定应借应贷账户是否正确，借贷方金额是否相等。

3.2.4.4 借贷记账法的运用

1) 简单会计分录涉及的经济业务

【例 3.1】 用银行存款购入一批材料，价款 1 500 元。

分析经济业务事项：

(1) 确定应采用的账户。这项经济业务的发生，使企业的材料增加 1 500 元，同时使企业银行存款减少 1 500 元，它涉及"原材料"和"银行存款"这两个资产类账户。

(2) 账户是记增加还是减少。材料购入了，表明企业库存材料是增加；用银行存款支出了货物的款项，表明银行存款减少。

(3) 确定各账户记录的借贷方向。材料的增加是资产增加，应记入"原材料"账户的借方，银行存款的减少是资产减少，应记入"银行存款"账户的贷方。

(4) 确定应借、应贷账户的金额是否相等。借记"原材料"账户 1 500 元，贷记"银行存款"账户 1 500 元。符合"有借必有贷，借贷必相等"的记账规则。

会计分录如下：

借：原材料   1 500

 贷：银行存款   1 500

【例3.2】 向银行借入短期借款9 000元，偿还应付账款。

分析经济业务事项：

(1) 确定应采用的账户。这项经济业务的发生，使企业的短期借款增加9 000元，同时使企业应付供货单位账款减少9 000元，它涉及"短期借款"和"应付账款"这两个负债类账户。

(2) 账户是记增加还是减少。企业向银行借了款项，表明短期借款增加；用短期借款归还了所欠外单位的款项，表明应付账款减少。

(3) 确定各账户记录的借贷方向及金额。短期借款的增加是负债的增加，应记入"短期借款"账户的贷方，应付账款的减少是负债的减少，应记入"应付账款"账户的借方。

(4) 确定应借、应贷账户的金额是否相等。借记"应付账款"账户9 000元，贷记"短期借款"账户9 000元。符合"有借必有贷，借贷必相等"的记账规则。

会计分录如下：

借：应付账款   9 000

 贷：短期借款   9 000

【例3.3】 收到投资者投入资本金10 000元，款项存入银行。

分析经济业务事项：

(1) 确定应采用的账户。这项经济业务的发生，使企业的银行存款增加10 000元，同时所有者对企业的投资增加10 000元，它涉及"银行存款"这个资产类账户和"实收资本"这个所有者权益类账户。

(2) 账户是记增加还是减少。收到投资者投入资本金，表明企业资本金是增加；将投资者投入的资本金存入银行，表明银行存款也增加了。

(3) 确定各账户记录的借贷方向及金额。银行存款的增加是资产的增加，应记入"银行存款"账户的借方，实收资本的增加是所有者权益的增加，应记入"实收资本"账户的贷方。

(4) 确定应借、应贷账户的金额是否相等。借记"银行存款"账户10 000元，贷记"实收资本"账户10 000元。符合"有借必有贷，借贷必相等"的记账规则。

会计分录如下：

借：银行存款   10 000

 贷：实收资本   10 000

【例3.4】以银行存款10 000元，偿还到期的长期借款。

分析经济业务事项：

(1) 确定应采用的账户。这项经济业务的发生，使企业的银行存款减少 10 000 元，同时使企业长期借款减少 10 000 元，它涉及"银行存款"这个资产类账户和"长期借款"这个负债类账户。

(2) 账户是记增加还是减少。用银行存款偿还了到期的长期借款，表明企业银行存款减少；将到期的长期借款偿还了，表明企业长期借款也减少了。

(3) 确定各账户记录的借贷方向及金额。银行存款的减少是资产的减少，应记入"银行存款"账户的贷方，长期借款的减少是负债的减少，应记入"长期借款"账户的借方。

(4) 确定应借、应贷账户的金额是否相等。借记"长期借款"账户 10 000 元，贷记"银行存款"账户 10 000 元。符合"有借必有贷，借贷必相等"的记账规则。

会计分录如下：

| 借：长期借款 | 10 000 |
| 贷：银行存款 | 10 000 |

2) 复合会计分录涉及的经济业务

【例 3.5】 企业购入材料一批，价款 60 000 元，其中 50 000 元用银行存款支付，10 000 元尚未支付。

会计分录如下：

借：原材料	60 000
贷：银行存款	50 000
应付账款	10 000

【例 3.6】 企业用现金 1 000 元支付购置办公用品的费用，其中 600 元办公用品为公司管理部门所领用，400 元办公用品为生产车间管理部门所领用。

会计分录如下：

借：管理费用	600
制造费用	400
贷：库存现金	1 000

3) 复合分录可以分解为若干简单分录

如例 3.5 的复合分录可分解为以下两个简单分录：

(1) 借：原材料	50 000
贷：银行存款	50 000
(2) 借：原材料	10 000
贷：应付账款	10 000

如例 3.6 的复合分录可分解为以下两个简单分录：

| (1) 借：管理费用 | 600 |

　　　　　贷：库存现金　　　　　　　　　　　　　　　　　　　　600
　　(2) 借：制造费用　　　　　　　　　　　　　　　　　　　　400
　　　　　贷：库存现金　　　　　　　　　　　　　　　　　　　　400

3.2.5　借贷记账法的账户试算平衡

　　所谓试算平衡，是指根据借贷记账法的记账规则和资产与权益的平衡关系，通过对所有账户的发生额和余额的汇总计算和比较，来检查账户记录是否正确的一种方法。借贷记账法的试算平衡方法包括发生额平衡法和余额平衡法。

3.2.5.1　发生额平衡法

　　发生额平衡法是根据本期所有账户的借方发生额合计与贷方发生额合计之间的恒等关系来检查账户记录是否正确的方法。发生额试算平衡直接根据借贷记账法的记账规则来确定，由于每项经济业务都是按照"有借必有贷，借贷必相等"记账规则登记入账的，因而将一定时期(如 1 个月)所有经济业务登记入账后，全部账户的借方本期发生额合计与全部账户的贷方本期发生额合计必定相等。

　　发生额试算平衡公式为：

$$全部账户本期借方发生额合计＝全部账户本期贷方发生额合计$$

3.2.5.2　余额平衡法

　　余额平衡法就是根据本期所有账户借方余额合计与贷方余额合计之间的恒等关系来检查账户记录是否正确的方法。余额试算平衡是以资产与权益的平衡关系为依据进行的试算平衡。根据"资产＝负债＋所有者权益"这一基本会计等式，由于资产的余额表现为各资产账户的期末借方余额，而负债和所有者权益的余额表现为各负债和所有者权益账户的期末贷方余额

　　余额试算平衡公式为：

$$全部账户借方期初余额合计＝全部账户贷方期初余额合计$$
$$全部账户借方期末余额合计＝全部账户贷方期末余额合计$$

　　在实际工作中，试算平衡是通过编制试算平衡表来进行的。试算平衡表通常是在期末结出各账户的本期发生额合计和期末余额后编制的，试算平衡表中一般应设置"期初余额"、"本期发生额"和"期末余额"三大栏，每一大栏分设"借方"和"贷方"两小栏。各大栏中的借方合计与贷方合计应该平衡相等，否则，

便是记账错误。为了简化表格,试算平衡表也可只根据各个账户的本期发生额编制,不填列各账户的期初余额和期末余额。试算平衡表的一般格式如表 3.10 所示。

表 3.10 试算平衡表

账户名称	期初余额		本期发生额		期末余额	
	借方	贷方	借方	贷方	借方	贷方
合计						

通过编制试算平衡表,如果试算不平衡,即借方发生额(余额)合计不等于贷方发生额(余额)合计,则账户记录或计算肯定有误;如果试算平衡,即借方发生额(余额)合计等于贷方发生额(余额)合计,可大体上推断账户记录或计算正确,但不能绝对肯定记账无误,因为有的错误是不影响借贷平衡关系的。

发生这类不影响账户平衡关系的错误通常有以下几方面:

(1) 一项经济业务在有关账户中全部重记、全部漏记或多记、少记,且金额一致。

(2) 某项经济业务记错账户,而方向无误。

(3) 某项经济业务记录的应借应贷账户相互颠倒。

(4) 记录某账户的错误金额一多一少,恰好互相抵消。

由于账户记录可能存在这些不能由试算平衡表来发现的错误,所以需要对一切会计记录进行日常或定期的复核,以保证账面记录的正确性。

3.2.5.3 试算平衡的应用

长江公司 1 月份发生以下经济业务。

(1) 某投资者投入货币资金 30 000 元,存入银行。会计分录如下:

借:银行存款   30 000

    贷:实收资本   30 000

(2) 以银行存款归还前欠某公司货款 20 000 元。会计分录如下:

借:应付账款   20 000

    贷:银行存款   20 000

(3) 从银行提取现金 600 元备用。会计分录如下:

| 借：库存现金 | 600 |
| 贷：银行存款 | 600 |

(4) 公司按规定将 20 000 元盈余公积转增为实收资本。会计分录如下：

| 借：盈余公积 | 20 000 |
| 贷：实收资本 | 20 000 |

(5) 公司向银行借入短期借款 40 000 元存入银行。会计分录如下：

| 借：银行存款 | 40 000 |
| 贷：短期借款 | 40 000 |

(6) 根据甲工厂的要求，将本公司欠甲工厂的货款 60 000 元转作该厂对本公司的投资。

会计分录：

| 借：应付账款 | 60 000 |
| 贷：实收资本 | 60 000 |

(7) 仓库发出材料一批，价值 10 000 元。其中 8 000 元用于产品生产，2 000元用于公司管理部门的一般性耗用。

会计分录：

借：生产成本	8 000
管理费用	2 000
贷：原材料	10 000

(8) 职工王某报销差旅费 280 元，扣去原借款 250 元后补付现金 30 元。会计分录如下：

借：管理费用	280
贷：库存现金	30
其他应收款	250

以上会计分录，登记账户，如表 3.11～表 3.24 所示。

表 3.11　"银行存款"账户

借方	银行存款	贷方	
期初余额	100 000		
①	30 000	②	20 000
⑤	40 000	③	600
本期发生额	70 000	本期发生额	20 600
期末余额	149 400		

表 3.12 "实收资本"账户

借方	实收资本		贷方
		期初余额	1 220 000
		①	30 000
		④	20 000
		⑥	60 000
本期发生额		本期发生额	110 000
		期末余额	1 330 000

表 3.13 "应付账款"账户

借方	应付账款		贷方
		期初余额	80 000
②	20 000		
⑥	60 000		
本期发生额	80 000	本期发生额	—
		期末余额	—

表 3.14 "库存现金"账户

借方	库存现金		贷方
期初余额	1 000		
③	600	⑧	30
本期发生额	600	本期发生额	30
期末余额	1 570		

表 3.15 "盈余公积"账户

借方	盈余公积		贷方
		期初余额	1 300 000
④	20 000		
本期发生额	20 000	本期发生额	—
		期末余额	110 000

表 3.16 "短期借款"账户

借方	短期借款		贷方
		期初余额	50 000
		⑤	40 000
本期发生额	—	本期发生额	40 000
		期末余额	90 000

表 3.17　"生产成本"账户

借方	生产成本		贷方
期初余额	668 000		
⑦	8 000		
本期发生额	8 000	本期发生额	—
期末余额	676 000		

表 3.18　"管理费用"账户

借方	管理费用		贷方
⑦	2 000		
⑧	280		
本期发生额	2 280	本期发生额	—
期末余额	2 280		

表 3.19　"原材料"账户

借方	原材料		贷方
期初余额	150 000		
		⑦	10 000
本期发生额		本期发生额	10 000
期末余额	140 000		

表 3.20　"其他应收款"账户

借方	其他应收款		贷方
期初余额	1 000		
		⑧	250
本期发生额	—	本期发生额	250
期末余额	750		

表 3.21　"固定资产"账户

借方	固定资产		贷方
期初余额	1 000 000		
本期发生额	—	本期发生额	
期末余额	1 000 000		

表 3.22 "累计折旧"账户

借方		累计折旧	贷方
		期初余额	400 000
本期发生额	—	本期发生额	—
		期末余额	400 000

表 3.23 "本年利润"账户

借方		本年利润	贷方
		期初余额	120 000
本期发生额	—	本期发生额	—
		期末余额	120 000

表 3.24 "利润分配"账户

借方		利润分配	贷方
期初余额	80 000		
本期发生额	—	本期发生额	—
期末余额	80 000		

根据上述各账户记录，编制试算平衡表如表 3.25 所示。

表 3.25 本期发生额及余额试算平衡表

×× 年 1 月 31 日

账户名称	期初余额		本期发生额		期末余额	
	借方	贷方	借方	贷方	借方	贷方
库存现金	1 000		600	30	1 570	
银行存款	100 000		70 000	20 600	149 400	
其他应收款	1 000			250	750	
原材料	150 000			10 000	140 000	
固定资产	1 000 000				1 000 000	
累计折旧		400 000				400 000
短期借款		50 000		40 000		90 000
应付账款		80 000	80 000			—

(续表)

账户名称	期初余额		本期发生额		期末余额	
	借方	贷方	借方	贷方	借方	贷方
实收资本		1 220 000		110 000		1 330 000
盈余公积		130 000	20 000			110 000
本年利润		120 000				120 000
利润分配	80 000				80 000	
生产成本	668 000			8 000	676 000	
管理费用			2 280		2 280	
合计	2 000 000	2 000 000	180 880	180 880	2 050 000	2 050 000

3.3 总账与明细账的平行登记

3.3.1 总分类账户与明细分类账户的关系

3.3.1.1 为什么要设置明细分类账户

    会计账户按其所提供会计核算指标的详细程度来分，可分为总分类账户和明细分类账户。企业生产经营管理所需的会计核算资料是多方面的，不仅要求会计核算能够提供总括的会计核算资料，而且要求会计核算能够提供详细的经济指标。因此，企业既要设置总分类账户，进行总分类核算，又要设置明细分类账户，进行明细分类核算。如"应付账款"账户的核算，如果只设"应付账款"总分类账户就只能提供企业应付账款总额为多少，而并不能反映应该付给谁，即债主是谁，以及欠每个债主多少款项。因而在设"应付账款"总分类账户的同时要按债主分设明细账户，具体核算所欠各债主的债务。同时在有关总分类账户下设置若干明细分类账户，可以减少总分类账户的数量，有利于会计人员分工记账和及时提供管理所需要的各种资料。

3.3.1.2 怎样设置总账

    总分类账户是根据总分类科目设置的，用来对会计要素具体内容进行总分类核算的账户，如应收账款、原材料、固定资产等都可以设置为总分类账户。总分类账户又称为总账账户，总分类账户提供总括核算指标。在我国，为了保证会计核算口径的一致性、可比性，便于一个部门或一个行业的会计资料的汇总、检查，企事业单位总分类账户常常是根据会计准则规定的会计科目设置的。

3.3.1.3　怎样设置明细账

明细分类账户是根据明细分类科目设置的，用来对会计要素的具体内容进行明细分类核算的账户。明细分类账户又可称为明细账户。明细分类账户是企业会计部门根据本单位经济业务的具体内容、管理上的要求及方便会计核算等而自行设置的。

如果某些总分类账户所属的明细分类账户较多，为了便于控制和核算，还可增设置二级账户。二级账户的核算口径比总分类账户的稍细，比明细分类账户稍粗，是介于总分类账户与明细分类账户之间的账户。二级账户也是由企业根据经营管理及会计核算的具体需要和经济业务内容繁简自行设置的。设置二级账户时，总分类账户又称为一级账户。在日常工作中，人们有时习惯将二级账户也作为明细分类账户的一部分看待，这时明细分类账户实际上已经分为子目和细目即二级账户和三级账户两个层次。如根据某实际情况，"原材料"账户下可设置"原材料及主要材料"、"辅助材料"和"燃料"等二级账户，其中"原料及主要材料"下又设置"甲材料"和"乙材料"两个明细账户；"辅助材料"下又设置"A辅助材料"和"B辅助材料"两个明细账户，"燃料"下又设置"汽油"、"柴油"等明细账户。

3.3.1.4　总账与明细账的关系

总分类账户与明细分类账户是对同一经济业务内容进行分层次核算而设置的账户，因而总分类账户与明细分类账户是相互联系、相互制约的关系。

(1) 总分类账户是对所属明细分类账户的总括，对明细分类账户起着统驭和控制作用。

(2) 明细分类账户是对其总分类账户的细分，起着补充说明的作用。

(3) 总分类账户登记的金额与它所属的明细分类账户中所登记的金额应当相等。若有不符，说明记录有误，就应查明更正。总分类账户与明细分类账户这种在金额上必然相等的关系，称为勾稽关系，通过勾稽关系可以进行账账核对，以保证提供数据资料的准确性。

总分类账户与明细分类账户之间的关系，实质上是一种控制与被控制的关系，故有时人们也将总分类账户称为控制账户或统驭账户，而把明细分类账户称为被控制账户或被统驭账户。

3.3.2   总分类账户与明细分类账户的平行登记

3.3.2.1   什么是平行登记

总分类账户与明细分类账户,两者登记的经济业务内容是相同的,只是详细程度不一样。因此,在会计核算中,要采取平行登记的方法。

所谓平行登记,是指对所发生的每一笔经济业务,要以会计凭证为依据,一方面记入有关总分类账户,另一方面记入总分类账户所属的有关明细分类账户。采用平行登记,不仅可以满足经营管理者对总括资料及详细核算资料的需要,同时,通过总分类账户与明细分类账户的勾稽关系,可以检查账务记录的正确性。可见平行登记是企业内部牵制制度在会计核算上的具体运用。

如公司购入购进 A 材料 2 000 千克,单价 10 元,计 20 000 元;B 材料 2 500千克,单价 8 元,计 20 000 元,全部货款尚未支付,材料验收入库。一方面在总分类账户——原材料上,登记增加 40 000 元;另一方面同时需要登记两个明细,在明细分类账户——A 材料上,登记增加 20 000 元,在明细分类账户——B 材料上,登记增加 20 000 元。

3.3.2.2   平行登记的四要点

(1) 同依据登记。对于发生的经济业务事项,要依据相同的会计凭证,既登记总账,又登记总账所属的明细账。

(2) 同时期登记。又称双重登记,指对同一笔经济业务,在同一会计期间内(如月度内),既要记入有关的总分类账户,又要记入其所属的有关明细分类账户,不能漏记或重记。在实际工作中,对于同一笔经济业务,总分类账户与明细分类账户的具体登记的时间可能有先有后,但在同一会计期间内(如一个月度内),必须全部登记入账。

(3) 同方向登记。指对同一笔经济业务,在登记总分类账户和所属的明细分类账户时,其各自的记账方向必须一致。即总分类账户登记在借方,明细分类账户也应登记在借方;总分类账户登记在贷方,明细分类账户也应登记在贷方。

(4) 同金额登记。指将同一笔经济业务记入总分类账户和所属的明细分类账户时,记入总分类账户的金额应与记入所属明细分类账户的金额(或金额之和)相等。

3.3.2.3   平行登记法举例

长江公司某年 1 月份“原材料”账户和“应付账款”账户的期初余额如下:

"原材料"总账期初额为 200 000 元,其中明细分类账户情况如表 3.26 所示。

表 3.26 原材料明细分类账户

名 称	数 量	单 价	金 额
A 材料	10 000 千克	12 元	120 000 元
B 材料	8 000 千克	10 元	80 000 元
合计			200 000 元

"应付账款"总账期初额为 80 000 元,其中明细分类账户情况如表 3.27 所示。

表 3.27 应付账款明细分类账户

供应单位名称	金 额
乙公司	20 000 元
丙公司	60 000 元
合计	80 000 元

本月发生有关业务如下:

(1) 1 月 1 日,甲公司购进 A 材料 1 000 千克,单价 12 元,货款以银行存款支付,材料验收入库。会计分录如下:

借:原材料——A 材料   12 000

贷:银行存款   12 000

(2) 1 月 3 日,甲公司向乙公司购进 A 材料 2 000 千克,单价 12 元,计 24 000 元,向丙公司购进 B 材料 2 500 千克,单价 10 元,计 25 000 元,全部货款尚未支付,材料验收入库。会计分录如下:

借:原材料——A 材料   24 000

原材料——B 材料   25 000

贷:应付账款——乙公司   24 000

应付账款——丙公司   25 000

(3) 1 月 6 日,甲公司以银行存款 20 000 元,归还前欠丙公司材料款。会计分录如下:

借:应付账款——丙公司   20 000

贷:银行存款   20 000

(4) 1 月 7 日,甲公司向乙公司购入 A 材料 3 000 千克,单价 12 元,计 36 000 元,货款尚未支付,同时向丙公司购入 B 材料 3 750 千克,单价 10 元,计 37 500

元，货款以银行存款支付。会计分录如下：

	借：原材料——A材料	36 000
	原材料——B材料	37 500
	贷：应付账款——乙公司	36 000
	银行存款	37 500

将上述经济业务的发生额分别记入"原材料"、"应付账款"两个总分类账户及其所属明细分类账户，如表 3.28～表 3.33 所示。

表 3.28　总分类账户 1

账户名称：原材料　　　　　　　　　　　　　　　　　　　　　　　　单位：千克

××年		凭证		摘要	借方	贷方	借或贷	余额
月	日	字	号					
	1			期初余额			借	200 000
	1		①	购进	12 000		借	212 000
1	3		②	购进	49 000		借	261 000
	7		④	购进	73 500		借	334 500

表 3.29　原材料明细分类账户 1

账户名称：A材料　　　　　　　　　　　　　　　　　　　　　　　　单位：千克

××年		凭证		摘要	收入			发出			结存		
月	日	字	号		数量	单价	金额	数量	单价	金额	数量	单价	金额
	1			期初结存							10 000	12	120 000
	1		①	购进	1 000	12	12 000				11 000	12	132 000
1	3		②	购进	2 000	12	24 000				13 000	12	156 000
	7		④	购进	3 000	12	36 000				16 000	12	192 000

表 3.30　原材料明细分类账户 2

账户名称：B材料　　　　　　　　　　　　　　　　　　　　　　　　单位：千克

××年		凭证		摘要	收入			发出			结存		
月	日	字	号		数量	单价	金额	数量	单价	金额	数量	单价	金额
	1			期初结存							8 000	10	80 000
1	3		②	购进	2 500	10	25 000				10500	10	105 000
	7		④	购进	3 750	10	37 500				14250	10	142 500

表 3.31 总分类账户 2

账户名称：应付账款 第　页

××年		凭证		摘要	借方	贷方	借或贷	余额
月	日	字	号					
	1			期初余额			贷	80 000
1	3		②	购进材料未付款		49 000	贷	129 000
1	6		③	归还丙公司材料款	20 000		贷	109 000
	7		④	购进材料未付款		36 000	贷	145 000

表 3.32 应付账款明细分类账 1

账户名称：乙公司

××年		凭证		摘要	借方	贷方	借或贷	余额
月	日	字	号					
	1			期初余额			贷	20 000
1	3		②	购进材料未付款		24 000	贷	44 000
	7		④	购进材料未付款		36 000	贷	80 000

表 3.33 应付账款明细分类账 2

账户名称：丙公司

××年		凭证		摘要	借方	贷方	借或贷	余额
月	日	字	号					
	1			期初余额			贷	60 000
1	3		②	购进材料未付款		25 000	贷	85 000
	6		③	归还材料款	20 000		贷	65 000

从上述平行登记的结果可以看出："原材料"总分类账户与其所属明细分类账户所登记的方向是一致的，期初 200 000 元(120 000 元+80 000 元)、期末 334 500 元(192 000 元＋142 500 元)金额是相等的；"应付账款"总分类账户与其所属的明细分类账户所登记的方向也是一致的，期初 80 000 元(20 000 元＋60 000 元)、期末 145 000 元(80 000 元＋65 000 元)金额也是相等的。

复习思考题

(1) 什么是复式记账法？其优点是什么？

(2) 什么是借贷记账法？其特点是什么？

(3) 什么是会计分录？编写会计分录一般分为哪些步骤？

(4) 什么是试算平衡？如何编制试算平衡表？

(5) 造成试算不平衡的原因有哪些？

(6) 总分类账户与明细分类账户联系和区别是什么？

练习题

习题 1

(1) 目的：练习借贷记账法。

(2) 资料：长江公司××年 6 月有如下经济业务发生。

① 1 日，从银行取回现金 1 500 元备用。

② 2 日，从宏达公司购入 1 140 千克 A 材料，单价为 55 元，计价 62 700 元，货款未付。

③ 2 日，购入新设备一台，价值 80 000 元，设备款作银行存款支付。

④ 3 日，采购员王永民预借差旅费 800 元，用现金支付。

⑤ 5 日，收到致远公司欠款 50 000 元，存入银行。

⑥ 6 日，用银行存款归还半年期借款 100 000 元。

⑦ 7 日，收到甲公司投资 200 000 元，存入银行。

⑧ 8 日，购入 2 160 千克 B 材料，单价为 25 元，计价 54 000 元，货款用存款支付。

⑨ 8 日，从银行借款 30 000 元，直接归还所欠维达公司材料款为 30 000 元。

⑩ 9 日，销售甲产品 70 000 元，货款存入银行。

(以上业务不考虑税金)

(3) 要求：根据以上业务编制会计分录。

习题 2

(1) 目的：熟悉账户的试算平衡。

(2) 资料：长江公司××年×月总分类账户发生额及余额如表 3.34 所示。

表 3.34　长江公司××年×月总分类账户

账户名称	期初余额		本期发生额		期末余额	
	借方	贷方	借方	贷方	借方	贷方
库存现金	（　）		26 000	8 000	19 100	
银行存款	75 000		（　）	35 000	52 000	
原材料	86 000		46 000	8 000	（　）	
应收账款	80 000			（　）	60 000	

（续表）

账户名称	期初余额		本期发生额		期末余额	
	借方	贷方	借方	贷方	借方	贷方
其他应收款	1 500				（ ）	
库存商品	69 000		48 000	48 900	（ ）	
固定资产	68 000		23 000		（ ）	
短期借款		50 000	20 000			（ ）
应付账款		15 000	10 000			（ ）
其他应付款		6 000	（ ）			3 100
应交税费		（ ）		8 000		9 600
实收资本		308 000		（ ）		368 000
合计	380 600	（ ）	（ ）	（ ）	（ ）	（ ）

（3）要求：

① 根据表中资料，填写括号中的数据。

② 进行试算平衡。

③ 分析期初余款、本期发生额、期末余款三大平衡账户的特点，并简要说明。

习题 3

（1）目的：熟悉试算平衡表的编制。

（2）资料：

① 长江公司××年6月初账户余额如下。

月初账户余额：库存现金1 256元、银行存款89万元、原材料42万元（其中A材料为15万元、数量为3 000千克、单价为50元；B材料为27万元、数量为13 500千克、单价为20元）、低值易耗品3万元、应收账款8万元（其中致远公司欠款为50 000元，富通公司欠款为30 000元）、库存商品23万元（其中甲产品价值为15万元，乙产品价值为8万元）、固定资产3 613万元（生产车间大楼价值2 756万元，行政办公楼价值857万元）、应付账款51 256元（其中欠宏达公司材料款为21 256元，欠维达公司材料款为30 000元）、短期借款80万元、实收资本3300万元、资本公积330万元、未分配利润63万元。

② 长江公司××年6月发生的经济业务见习题1。

（3）要求：

① 练习填制丁字形账。

② 编制试算平衡表。

③ 登记原材料的总账及A材料和B材料的明细账。

会计从业资格证训练题

1) 单项选择题

(1) 销售费用属于期间费用，按月归集，月末全部转入"(　　)"账户，以确定当期经营成果。

　　A. 生产成本　　　　B. 本年利润　　　C. 期间费用　　　D. 管理费用

(2) 借贷记账法的记账规则是(　　)。

　　A. 有借必有贷，借贷必相等　　　　B. 有增必有减，增减必相等

　　C. 有收必有付，收付必相等　　　　D. 以上均对

(3) 运用借贷记账法的记账规则记账时形成的相关账户之间的借贷对应关系，称为(　　)。

　　A. 会计分录　　　　　　　　　　　B. 账户对应关系

　　C. 对应账户　　　　　　　　　　　D. 平行登记关系

(4) 在借贷记账法下，"应付账款"账户的贷方发生额表示(　　)。

　　A. 企业债权的产生　　　　　　　　B. 企业债务的产生

　　C. 企业债权的收回　　　　　　　　D. 企业债务的偿还

(5) 发生额试算平衡公式为(　　)。

　　A. 某账户借方本期发生额合计=该账户贷方本期发生额合计

　　B. 资产类账户借方本期发生额合计=资产类账户贷方本期发生额合计

　　C. 权益类账户借方本期发生额合计=权益类账户贷方本期发生额合计

　　D. 全部账户借方本期发生额合计=全部账户贷方本期发生额合计

(6) 账户余额试算平衡公式是根据(　　)确定的。

　　A. 借贷记账法的记账规则

　　B. 经济业务的内容

　　C. "资产=负债+所有者权益"的会计等式

　　D. "收入-费用=利润"的会计等式

(7) 我国《企业会计准则》规定，会计记账采用(　　)。

　　A. 复式记账法　　　B. 单式记账法　　C. 借贷记账法　　D 以上均可

(8) 期末余额一般在借方的账户是(　　)。

　　A. 累计折旧　　　　B. 制造费用　　　C. 所得税费用　　　D. 盈余公积

(9) 存在着借贷对应关系的账户，称为(　　)。

　　A. 账户对应关系　　　　　　　　　B. 对应账户

　　C. 账户的平衡关系　　　　　　　　D. 勾稽关系

(10) 本月原材料入库 80 000 元，各部门领用 50 000 元，月末领用部门退回

2 000 元。月末结存原材料 46 000 元，则"原材料"账户上月末结存额为(　　)元。

　　A. 14 000　　　　　B. 18 000　　　　　C. 94 000　　　　　D. 86 000

(11) 借贷记账法余额试算平衡公式(　　)。

　　A. 权益类账户本期期末贷方余额合计＝权益类账户下期期初贷方余额合计

　　B. 资产类账户本期期末借方余额合计＝资产类账户下期期初借方余额合计

　　C. 总分类账户期末余额＝所属明细期末余额之和

　　D. 全部账户期末借方余额合计＝全部账户期末贷方余额合计

(12) 下列错误中，能通过试算平衡查找的有(　　)。

　　A. 某项经济业务未入账　　　　　B. 某项经济业务重复记账

　　C. 应借应贷账户中借贷方向颠倒　　D. 应借应贷账户中借贷金额不相等

(13) 借贷记账法的理论依据是(　　)。

　　A. 复式记账法　　　　　　　　B. 资产＝负债+所有者权益

　　C. 有借必有贷，借贷必相等　　D. 借贷平衡

(14) 期末余额一般在贷方的账户是(　　)。

　　A. 应收账款　　　B. 预付账款　　　C. 主营业务收入　D. 实收资本

(15) 职工李某报销差旅费 480 元，退回余款 20 元，该项业务应编制的会计
分录是(　　)。

A. 借：管理费用	480		B. 借：管理费用	500
贷：库存现金		480	贷：其他应收款	500
C. 借：管理费用	480		D. 借：管理费用	480
贷：其他应收款		460	库存现金	20
库存现金		20	贷：其他应收款	500

(16) 某企业资产总额为 100 万元，当发生下列三笔经济业务后：①向银行借
款 20 万元存入银行；②用银行存款偿还付款 5 万元；③收回应收账款 4 万元存入
银行，其资产总额为(　　)。

　　A. 115 万元　　　　　B. 119 万元　　　　　C. 111 万元　　　　　D. 71 万元

(17) 在借贷记账法下，"应收账款"账户的贷方发生额表示(　　)。

　　A. 企业债权的发生　　　　　B. 企业债务的产生

　　C. 企业债权的收回　　　　　D. 企业债务的偿还

(18) 资产类账户的借方登记(　　)。

　　A. 增加发生额　　　　　　　B. 减少发生额

　　C. 增加或减少发生额　　　　D. 以上都不对

(19) (　　)是指根据借贷记账法的记账规则和资产权益的平衡关系，通过对全
部账户的发生额和余额的汇总计算和比较，来检查账户记录是否正确的一种方法。

A. 试算平衡 　　　　　　　　　B. 发生额平衡法

C. 余额平衡法 　　　　　　　　D. 平行登记法

(20) 账户发生额试算平衡公式是根据(　　)确定的。

A. 借贷记账法的记账规则

B. 经济业务的内容

C. "资产=负债+所有者权益"的会计等式

D. "收入-费用=利润"的会计等式

(21) 所有者权益类账户的借方记录(　　)。

A. 增加发生额 　　　　　　　　B. 减少发生额

C. 增加或减少发生额 　　　　　D. 以上都不对

(22) 某企业本期期初资产总额为 260 000 元，本期期末负债总额比期初减少 20 000 元，期末所有者权益比期初增加 50 000 元。则该企业本期期末资产总额为(　　)元。

A. 260 000　　　　B. 290 000　　　　C. 230 000　　　　D. 190 000

(23) 我国的法定记账方法是(　　)。

A. 增减记账法　　　B. 收付记账法　　　C. 借贷记账法　　　D. 单式记账法

(24) 复式记账法，是对每一笔经济业务事项都要在(　　)相互联系的账户中进行登记。

A. 两个 　　　　　　　　　　　B. 三个

C. 一个 　　　　　　　　　　　D. 两个或两以上

(25) 负债类账户的期末余额一般在(　　)。

A. 借方 　　　　　　　　　　　B. 贷方

C. 借方或贷方 　　　　　　　　D. 一般无期末余额

(26) "应付账款"账户的期末余额等于(　　)

A. 期初余额+本期借方发生额-本期贷方发生额

B. 期初余额-本期借方发生额-本期贷方发生额

C. 期初余额+本期借方发生额+本期贷方发生额

D. 期初余额-本期借方发生额+本期贷方发生额

(27) 某企业月初有短期借款 40 万元，本月向银行借入短期借款 45 万元，以银行存款偿还短期借款 20 万元，则月末"短期借款"账户的余额为(　　)。

A. 借方 65 万元　　　B. 贷方 65 万元　　　C. 借方 15 万元　　　D. 贷方 15 万元

(28) 某企业月末编制的试算平衡表中，全部账户的本月借方发生额合计为 900 000 元，除"应付账款"以外其他账户的本月贷方发生额合计为 895 000 元。则应付账款账户(　　)

A. 本月借方发生额为 5 000 元 B. 本月贷方发生额为 5 000 元

C. 月末借方余额为 5 000 元 D. 月末贷方余额为红字 5 000 元。

(29) 费用(成本)类账户的借方登记( )。

A. 增加发生额 B. 减少发生额

C. 增加或减少发生额 D. 以上都不对

(30) 借贷记账法的理论依据是( )。

A. 复式记账 B. 资产=负债+所有者权益

C. 有借必有贷 D. 借贷平衡

(31) 某账户的记录如下:

借方		××账户	贷方
		期初余额	80 000
①	80 000	②	20 000
		③	( )
		期末余额	50 000

则该账户括号栏中应为( )

A. 150 000 B. 30 000 C. 20 000 D. 5 000

(32) 某资产类账户,借方期初余额为 8 700 元,贷方本期发生额为 13 000 元,借方期末余额为 14 000 元,该账户的借方本期发生额应为( )。

A. 18 300 B. 9 700 C. 7 700 D. 35 700

(33) 某项经济业务的会计分录为借:资本公积 5 000;贷:实收资本 5 000,该分录表示( )

A. 一个资产项目减少 5 000 元,一个所有者权益项目增加 5 000 元

B. 一个所有者权益项目增加 5 000 元,另一个所有者权益项目减少 5 000 元

C. 一个资产项目增加 5 000 元,一个所有者权益项目增加 5 000 元

D. 一个所有者权益项目增加 5 000 元,另一个所有者权益项目也增加

(34) 某账户的有关记录如下:

借方		××账户	贷方
期初余额	8 000		
①	3 000	②	1 500
③	2 500	④	( )
期末余额	5 000		

则该账户括号栏中应为( )

A. 5 500 B. 6 000 C. 7 000 D. 3 500

(35) 某企业期末余额试算平衡表的资料如下:

账户名称	期末借方余额	期末贷方余额
H 账户	15000	
I 账户	75000	
J 账户	( )	( )
K 账户		20000
L 账户		35000

则 J 账户(   )。

A. 有借方余额 900 000   B. 有贷方余额 550 000

C. 有借方余额 35 000   D. 有贷方余额 35 000

(36) 明细分类账户对总分类账户具有(   )作用。

A. 统驭控制   B. 补充说明   C. 指导   D. 辅助

(37) 某企业材料总分类账户本期借方发生额为 16 000 元,本期贷方发生额为 15 000 元。其有关明细分类账户的发生额分别为:甲材料本期借方发生额 3 500 元,贷方发生额 4 500 元;乙材料本期借方发生额 10 500 元,贷方发生额 9 000 元;则丙材料本期为(   )。

A. 借方发生额 13 500 元,贷方发生额 14 000 元

B. 借方发生额 2 000 元,贷方发生额 1 500 元

C. 借方发生额 1 000 元,贷方发生额 2 000 元

D. 因不知各账户期初余额,故无法计算

(38) 某企业应收账款总分类账户期初借方余额为 8 000 元,明细账分别为:甲厂借方 4 000 元,乙厂借方 2 500 元,则丙厂为(   )。

A. 借方 1 500 元   B. 贷方 1 500 元   C. 借方 6 500 元   D. 贷方 6 500 元

(39) 期末一般应结平的账户是(   )

A. 资本公积   B. 应收账款   C. 盈余公积   D. 销售费用

(40) (   )是对每一笔经济业务都以相等的金额在两个或两个以上的账户中进行相互联系地登记的一种记账方法。

A. 单式记账法   B. 复式记账法   C. 借贷记账法   D. 平行登记法

(41) 所谓试算平衡,就是根据资产和权益的(   )关系来检查各类账户的记录是否正确。

A. 对应关系   B. 平衡关系   C. 制约关系   D. 从属关系

(42) 某企业从银行借入 3 年到期借款 50 万元,则该经济业务会计分录的贷方为(   )。

A. 短期借款 50　　B. 长期借款 50　　C. 应付账款 50　　D. 银行存款 50

(43) 车间管理部门使用的固定资产提取折旧费时，应借记"（　）"账户，贷记"累计折旧"。

A. 制造费用　　　　B. 管理费用　　　　C. 财务费用　　　　D 折旧费用

(44) 期末余额一般在借方的账户是（　）。

A. 累计折旧　　　　B. 长期待摊费用　　C. 管理费用　　　　D. 财务费用

(45) 某企业本月销售产品取得收入 200 万元，因质量不符，对方退回部分产品，价值 50 万元，月末应结平"主营业务收入"账户，则该账户本月借方结转额为（　）。

A. 0　　　　　　　B. 150 万元　　　　C. 250 万元　　　　D. 50 万元

(46) 某项经济业务发生后，借记"主营业务成本"，则贷方可能是（　）。

A. 银行存款　　　　B. 库存商品　　　　C. 主营业务收入　D. 应付账款

(47) 下列的对应关系，错误的是（　）。

A. 资产增加——权益增加　　　　　　B. 资产增加——资产减少

C. 资产减少——权益减少　　　　　　D. 权益减少——权益减少

(48) 业务员小李出差，向财务科预借差旅费 500 元，该业务应（　）。

A. 借记"管理费用"500 元　　　　　B. 借记"预付账款"500 元

C. 贷记"其他应收款"500 元　　　　D. 借记"其他应收款"500 元

(49) A 公司采购材料一批，货款未付，此项业务会使（　）。

A. 资产和权益双方同时等额增

B. 资产和权益双方同时等额减

C. 资产内部有增有减，增加和减少的金额相等

D. 资产和负债双方同时等额增加

(50) 某账户有关记录如下：

借方		××账户	贷方	
期初余额	（　）	期初余额		（　）
③	4 000	①		6 000
		②		2 000
		期末余额		5 000

则该账户期初余额为（　）。

A. 借方 5 000　　　　　　　　　　B. 贷方 5 000

C. 贷方 9 000　　　　　　　　　　D. 贷方 8 000

(51) 某企业月末编制的试算平衡表资料如下：

账户名称	月末借方余额	月末贷方余额
库存现金	50 000	
银行存款	110 000	
应付职工薪酬		60 000
应收账款		80 000
实收资本	( )	( )

则实收资本账户( )。

    A. 月末借方余额 20 000 元   B. 月末贷方余额 20 000 元

    C. 月末借方余额 160 000 元   D. 月末贷方余额 140 000 元

(52) 某企业"应收账款"总分类账户的本月月初借方余额为 28 000 元,其所属明细分类账有三个,其中:"甲公司"明细分类账户月初借方余额为 6 000 元,"乙公司"明细分类账户月初借方余额为 9 000 元,则"丙公司"明细分类账户月初余额为( )。

    A. 借方 15 000   B. 贷方 15 000

    C. 借方 13 000 元   D. 贷方 13 000 元

(53) 某公司 6 月份计算应发放职工工资 15 000 元,其中:营业人员工资 10 000 元,管理人员工资 5 000 元,其会计分录为( )。

    A. 借:销售费用 10 000,管理费用 5 000;贷:应付职工薪酬 15 000

    B. 借:销售费用 15 000;贷:应付职工薪酬 15 000

    C. 借:管理费用 15 000;贷:应付职工薪酬 15 000

    D. 借:主营业务成本 15 000;贷:应付职工薪酬 15 000

(54) 对于应收账款账户来说,说法不正确的是( )。

    A. 借方反映由于销售或提供劳务应收而未收的款项

    B. 贷方反映收到的客户付款

    C. 余额表示期末应收的款项

    D. 贷方反映应付的购货款

(55) 有关实收资本账户的说法错误的是( )。

    A. 属于所有者权益的账户   B. 借方登记按规定减少的资本

    C. 贷方登记增加的资本   D. 期末无余额

(56) 在商品购进时,货款已付尚未验收入库的商品应记入( )账户。

    A. 材料采购   B. 原材料   C 在途物资   D. 库存商品

(57) 在借贷记账法下,"借"表示( )。

    A. 资产的减少或权益的增加   B. 资产的增加或权益的增加

C. 资产的减少或权益的减少   D. 资产的增加或权益的减少

(58) 在复式记账法下，记录每项经济业务通过(   )。

    A. 一个账户   B. 两个账户

    C. 两个或两个以上有联系的账户   D. 一个或一个以上有联系的账户

(59) 企业向银行借入 9 个月的借款 80 000 元,存入银行。正确的会计分录是(   )。

    A. 借：短期借款   80 000   B. 借：银行存款   80 000

           贷：银行存款   80 000   贷：长期借款   80 000

    C. 借：银行存款   80 000   D. 借：银行存款   80 000

           贷：短期借款   80 000   贷：应付账款   80 000

(60) 企业购入材料一批，买价 30 000 元，运杂费 600 元，材料已经验收入库，款项已用银行存款支付。正确的分录是(   )。

    A. 借：在途物资   30 600   B. 借：在建工程   30 600

           贷：银行存款   30 600   贷：银行存款   30 600

    C. 借：原材料   30 000   D. 借：原材料   30 600

           贷：银行存款   30 000   贷：银行存款   30 600

2) 多项选择题

(1) 总分类账户与明细分类账户的平行登记的要点是(   )。

    A. 所依据的会计凭证相同

    B. 借贷方向相同

    C. 所属会计期间相同

    D. 计入总分类账户的金额与计入其所属明细分类账户的合计金额相等

(2) 不影响账户借贷平衡关系的会计错误有(   )。

    A. 一项经济业务在有关账中全部重记、漏记或多记、少记，且金额一致

    B. 某项经济业务记错账户，而方向无误

    C. 某项经济业务记录的应借应贷账户相互颠倒

    D. 记录某账户的错误金额一多一少，恰好相互抵消

(3) 会计分录的基本要素包括(   )。

    A. 记账的时间   B. 记账符号   C. 记账金额   D. 账户名称

(4) 某企业月末编制试算平衡表时，因漏算一个账户，计算的月末借方余额合计为 150 000 元，月末贷方余额合计为 180 000 元，则漏算的账户(   )。

    A. 为借方余额   B. 为贷方余额

    C. 余额为 15 000 元   D 余额为 30 000 元

(5) 有关借贷记账法说法正确的是(   )。

    A. 采用"借"、"贷"作为记账符号

B. 以"资产=负债+所有者权益"这一会计等式作为理论依据

C. 记账规则是"有借必有贷，借贷必相等"

D. 是我国会计核算的法定记账方法

(6) A 公司采购材料一批，开出商业承兑汇票支付全部货款，此项业务会使( )。

    A. 资产总额增加   B. 资产总额不变

    C. 负债总额不变   D. 所有者权益总额不变

(7) 有关资产类账户说法正确的有( )。

    A. 借方登记资产金额的增加   B. 贷方登记资产金额的减少

    C. 期来余额一般在借方   D. 借方登记资产的减少

(8) 某企业本月份生产完工甲产品 100 件，生产成本 20 000 元，则结转生产成本的会计处理是( )。

    A. 借记"库存商品"20 000 元   B. 借记"主营业务成本"20 000 元

    C. 贷记"生产成本"20 000 元   D. 贷记"制造费用"20 000 元

(9) 某项经济业务发生后，若只涉及两个账户，一个资产账户记借方，则有可能( )。

    A. 另一个资产账户记贷方   B. 另一个负债账户记贷方

    C. 另一个所有者权益账户记贷方   D. 另一个资产账户记借方

(10) 借贷记账法的试算平衡方法包括( )。

    A. 借贷平衡法   B. 发生额平衡法 C. 余额平衡法   D. 差额平衡法

(11) 某项经济业务发生后，若只涉及两个账户，一个负债账户记贷方，则不可能( )。

    A. 另一个资产账户记贷方   B. 另一个负债账户记贷方

    C. 另一个所有者权益账户记贷方   D. 另一个资产账户记借方

(12) 试算平衡表无法发现的错误( )

    A. 用错账户名称   B. 漏记某项经济业务

    C. 重记某项经济业务   D. 记账方向颠倒

(13) 收到投资人投入固定资产 20 万元，正确的说法有( )。

    A. 借记"固定资产"20 万元   B. 贷记"实收资本"20 万元

    C. 贷记"固定资产"20 万元   D. 借记"实收资本"20 万元

(14) 有关总分类账户和明细分类账户的关系，以下说法正确的有( )。

    A. 总分类账户对明细分类账户具有统驭控制作用

    B. 明细分类账户对总分类账户具有补充说明作用

    C. 总分类账户与其所属明细分类账户在总金额上应当相等

D. 总分类账户与明细分类账户所起的作用不同

(15) 某企业月末编制试算平衡表时，因"库存现金"账户的余额计算不正确，导致试算平衡中月末借方余额合计为 168 000 元，而全部账户月末贷方余额合计为 160 000 元。则"库存现金"账户( )

    A. 为借方余额   B. 为贷方余额

    C. 借方余额为 8 000 元   D. 借方余额多记 8 000 元

(16) ( )属于资产与负债同时增加的经济业务。

    A. 购买材料 8 000 元，货款暂欠

    B. 向银行借入长期借款 10 万元，存入银行

    C. 以存款 6 000 元偿还前欠货款

    D. 向外单位投资机器 1 合，价值 10 万元

(17) 允许出现的会计分录形式有( )。

    A. 一借一贷   B. 一借多贷   C. 多借一贷   D. 多借多贷

(18) 关于"从银行提取现金 500 元"这项经济业务，下列说法中正确的是( )

    A. "库存现金"和"银行存款"两个账户互为对应账户

    B. 在"库存现金"账户借方登记 500 元的同时在"银行存款"账户贷方登记 500 元

    C. 在"银行存款"账户借方登记 500 元的同时在"库存现金"账户贷方登记 500 元

    D. 它不会引起资产和权益总额发生增减变化

(19) 平行登记的要点包括( )。

    A. 同时登记   B. 同方向登记

    C. 同金额登记   D. 同一个入登记

(20) ( )属于资产中有关项目有增有减的经济业务。

    A. 收到某单位还来欠款 800 元存入银行

    B. 向银行借入短期借款 10 000 元

    C. 以存款 20 000 元购买机器 1 台

    D. 以现金 500 元购入原材料

(21) 可以记入账户借方的情况有( )。

    A. 资产和费用的增加   B. 负债的减少

    C. 收入的减少   D. 所有者权益的减少

(22) 在下列项目中，属于期间费用账户的是( )。

    A. 销售费用   B. 制造费用   C. 财务费用   D. 管理费用

(23) 下列错误中，不能通过试算平衡发现的是( )。

 A. 某项经济业务重复入账或未入账

 B. 应借应贷的账户中借贷方向颠倒

 C. 借贷双方同时多计了相等金额

 D. 借贷双方一方多计金额，另一方少记金额

(24) 总分类账户与其所属的明细分类账户平行登记的结果，必然是(　　)。

 A. 总分类账期初余额=所属明细分类账户期初余额之和

 B. 总分类账期末余额=所属明细分类账户期末余额之和

 C. 总分类账户本期借方发生额=所属明细分类账户本期借方发生额之和

 D. 总分类账户本期贷方发生额=所属明细分类账户本期贷方发生额之和

(25) 有关"主营业务收入"账户的说法正确的是(　　)。

 A. 账户期末结转后无余额

 B. 其借方登记期末结转到"本年利润"账户的数额

 C. 其贷方登记销售商品带来的经济利益的流入数额

 D. 期末结转后余额在借方

(26) 某企业用银行存款5万元偿还以前欠其他单位的货款4万元和1个月前从银行取得的借款1万元。在借贷记账法下，这笔经济业务涉及(　　)等账户。

 A. 长期投资   B. 银行存款   C. 短期借款   D. 应付账款

(27) 在编制试算平衡表时，应该注意(　　)。

 A. 必须保证所有账户的余额均已记入试算平衡表

 B. 如果试算平衡，说明账户记录正确无误

 C. 如果试算不平衡，账户记录肯定有错误，应该认真查找，直到平衡为止

 D. 即使试算平衡，也不能说明账户记录绝对正确

(28) 有关总分类账户明细分类账户的关系，以下说法正确的有(　　)。

 A. 总分类账户对明细分类账户具有统驭控制作用

 B. 明细分类账户对总分类账户具有补充说明作用

 C. 总分类账户与其所属明细分类账户在总金额上应当相等

 D. 总分类账户与明细分类账户提供信息的详细程度不同

(29) 下列账户中，期末结转后无余额的账户有(　　)。

 A. 应收账款 B. 主营业务成本 C. 库存商品 D. 销售费用

(30) 会计分录的基本要素包括(　　)。

 A. 会计科目 B. 记账符号 C. 金额   D. 日期

(31) 期末一般应该结平(无余额)的账户有(　　)

 A. 投资收益   B. 其他业务收入

 C. 管理费用   D. 营业税金及附加

(32) 借贷记账法下,"借"可以表示( )。

  A. 资产的增加   B. 成本、费用支出的增加

  C. 负债、所有者权益的减少   D. 收入成果的减少

(33) 借贷记账法的基本内容包括( )。

  A. 记账符号   B. 记账规则   C. 账户设置   D. 试算平衡

3) 判断题

(1) 某项经济业务记错账户,而方向无误,这类错误可以通过试算平衡发现。( )

(2) 总分类账户登记在借方,其所属的明细分类账户一般登记在贷方。( )

(3) 通过编制试算平衡表, 如果试算不平衡, 则账户记录或计算肯定有误; 如果试算平衡, 可大体推断账户记录正确, 但不能绝对肯定记账无误。( )

(4) "借"、"贷"两字不仅是记账符号, 其本身的含义也应考虑, "借"只能表示债权增加, "贷"只能表示债务增加。( )

(5) 总分类账户与明细分类账户在金额上必然相等的关系,称为勾稽关系。( )

(6) 通过试算平衡能够绝对保证记账没有错误。( )

(7) 一个复合分录可以分解为几个简单分录。( )

(8) 不应将反映不同类型的经济业务,合并编成多借多贷的会计分录。( )

(9) 通过试算平衡,并不能保证全部记账工作完全正确。( )

(10) 由于账户记录可能存在不能由试算平衡发现的错误,所以需要对一切会计记录进行日常或定期地复核。( )

(11) 费用(成本)类账户结构与资产类账户结构相同,收入类账户结构与权益类账户相同。( )

(12) 复式记账法是以资产与权益平衡关系作为记账基础,对于每一笔经济业务,都要在两个或两个以上相互联系的账户中进行登记,系统地反映资金运动变化结果的一种记账方法。( )

(13) 一般的资产类账户登记借方金额,表示该账户金额的增加,登记贷方金额。表示该账户金额减少。( )

(14) 对每一个账户来说,期初余额只可能在账户的一方:借方或贷方。( )

(15) 借贷记账法是世界上通用的记账方法,也是我国的法定记账方法。( )

(16) 企业只能编制一借一贷、一借多贷、多借一贷的会计分录,而不能编制多借多贷的会计分录。( )

(17) 所有者权益类账户期末余额=期初余额+本期贷方发生额-本期借方发生额。( )

(18) 任何账户都是借方表示增加,贷方表示减少。( )

(19) 任何只在借方或贷方登记,而无对应的贷方或借方记录,或者借贷金额

不相等的记录，都是错误的会计记录。（ ）

(20) 一个会计主体一定时期内的全部账户的借方发生额合计与贷方发生额合计一定相等。（ ）

(21) 按照"有借必有贷，借贷必相等"的记账规则，经济业务的发生可能要以同样金额记录一个账户的借方和同一个账户的贷方。（ ）

(22) 实际工作中，试算平衡通过编制试算平衡表进行。（ ）

(23) 资产类账户与权益类账户的结构相同。（ ）

(24) 总分类账户本期发生额与其所属明细分类账户本期发生额合计相等。（ ）

(25) 试算平衡表中借贷发生额合计如果平衡，说明记账肯定正确。（ ）

(26) 累计折旧是资产类账户，故计提折旧应记入该账户的借方。（ ）

(27) 在借贷记账法下，"借"表示增加、"贷"表示减少。（ ）

(28) 复式记账法是对每一笔经济业务要在两个或两个以上的账户中进行相对独立地登记的一种记账方法。（ ）

(29) 收回以前的货款存入银行将使企业资产总额增加。（ ）

(30) 复合会计分录仅指账户的对应关系属于多借多贷的会计分录。（ ）

(31) 总分类账户、二级账户和明细分类账户之间，存在统驭与被统驭、控制与被控制的关系。（ ）

(32) 企业不可以编制多借多贷的会计分录。（ ）

(33) 根据账户记录编制试算平衡表后，如果所有账户的借方发生额同所有贷方发生额相等，则说明会计分录的编制和账户的登记是正确的。（ ）

(34) 总分类账和明细分类账的平行登记，是指对每项经济业务，既要记入总分类账户，又要记入所属的明细类账户。

(35) 试算平衡包括期初余额试算平衡法和期末余额试算平衡法。（ ）

(36) 若漏记了一笔业务，则会造成发生额试算不平衡。（ ）

(37) 权益类账户发生增加额时登记在该账户的贷方，发生减少额时登记在该账户的借方，其余额一般出现在账户的借方。（ ）

4 企业主要经营过程的核算

知识目标

- 了解企业经济业务的活动过程;
- 熟悉企业经济业务与会计账户的对应关系;
- 掌握企业生产经营过程的账务处理, 成本计算的基本原理及应用。

能力目标

- 能熟练运用会计科目, 编制每一项经济业务的会计分录;
- 能进行经济业务的成本计算及较简单的财务成果的核算。

4.1 资金筹集的核算

4.1.1 企业资金筹集业务简介

企业从事生产经营活动, 就必须拥有一定数量的经营资金, 作为生产经营活动的物质基础, 也是企业生产经营的必要条件。

企业资金主要来自两个方面: 一是企业的所有者; 二是企业的债权人。从企业所有者处筹集的资金, 是所有者投入的资金, 通常称为实收资本(股份制企业称股本)。从企业债权人处筹集的资金, 是企业向银行或其他金融机构等债权人处借入的资金, 属于企业的负债。如: 银行借款、短期借款等。

4.1.1.1 所有者投入的资金

实收资本是指企业实际收到的投资者投入的资本, 它是企业所有者权益中的主要部分。所有者投入企业的资本金, 按照投资主体的不同, 分为国家投入资本、法人投入资本、个人投入资本和外商投入资本等。按照投入资本的不同形态, 一般分为货币资金投资、实物投资、证券投资和无形资产投资等。投资者投入的资本金，可以一次或分次注入企业，除了法律、法规另有规定者外，投入的资本金一般不得抽回。

4.1.1.2 企业借入的资金

企业在生产经营过程中，为了弥补生产周转资金的不足，经常需要向银行或其他金融机构等债权人借入资金。

期限在 1 年以下(含 1 年)的各种借款为短期借款。期限在 1 年以上的各种借款为长期借款。企业借入的各种款项必须按照规定的用途使用，按期支付利息和到期归还本金。

4.1.2 资金筹集核算的账户设置

4.1.2.1 "实收资本"账户

"实收资本"账户是所有者权益类账户，用来核算所有者投入资本的增减变动情况及其结果的账户。贷方登记所有者投入资金的增加额，借方登记所有者投入资金的减少额，期末余额在贷方，表示期末所有者投入资金的实有数额。该账户按照投资者设置明细账，进行明细分类核算。"实收资本"账户的结构如表 4.1 所示。

表 4.1　"实收资本"账户的结构

借方	实收资本	贷方
	期初余额：期初资本金的实有数额	
本期发生额：资本金的减少额	本期发生额：资本金的增加额	
	期末余额：资本金的实有数额	

4.1.2.2 "短期借款"账户

"短期借款"账户是负债类账户，是用来核算企业向银行或其他金融机构借入的期限在 1 年以内(含 1 年)的各种借款的账户。取得短期借款表明流动负债增加，应记入"短期借款"账户的贷方。归还借款时，表明流动负债的减少，应记入"短期借款"账户的借方。期末余额在贷方，表示尚未归还的短期借款，该账户按照债权人设置明细账，并按借款的种类进行明细分类核算。"短期借款"账户的结构如表 4.2 所示。

表 4.2   "短期借款"账户的结构

借方	短期借款	贷方
	期初余额：期初尚未归还的短期借款	
本期发生额：短期借款的归还数额	本期发生额：短期借款的借入数额	
	期末余额：尚未归还的短期借款	

4.1.2.3   "长期借款"账户

"长期借款"账户是负债类账户，是用来核算企业向银行或其他金融机构借入的期限在 1 年以上(不含 1 年)的各种借款的账户。贷方登记企业借入的各种长期借款的本金及计提的利息，借方登记归还的各种长期借款的本金及利息，期末余额在贷方，表示尚未归还的长期借款的本息。该账户按照债权人设置明细账，并按借款的种类进行明细账分类核算。"长期借款"账户的结构如表 4.3 所示。

表 4.3   "长期借款"账户的结构

借方	长期借款	贷方
	期初余额：期初未归还长期借款本息	
本期发生额：归还长期借的本金和利息数额	本期发生额：借入的长期借款本金和计提的	
	期末余额：尚未归还的长期借款本金和利息	

4.1.2.4   "库存现金"账户

"库存现金"账户是资产类账户，是用来核算企业库存现金的增减变动情况及其结果的账户。借方登记库存现金的增加，贷方登记库存现金减少，期末余额在借方，表示库存现金的结余额。"库存现金"账户的结构如表 4.4 所示。

表 4.4   "库存现金"账户的结构

借方	库存现金	贷方
期初余额：期初库存现金实有数额		
本期发生额：库存现金的增加额	本期发生额：库存现金的减少额	
期末余额：库存现金的实有数额		

4.1.2.5   "银行存款"账户

"银行存款"账户是资产类账户，是用来核算企业银行存款的增减变动情况及其结果的账户。借方登记银行存款的增加，贷方登记银行存款减少，期末余额在借方，表示银行存款的结余额。"银行存款"账户的结构如表 4.5 所示。

表 4.5　"银行存款"账户的结构

借方	银行存款	贷方
期初余额：期初银行存款实有数额 本期发生额：银行存款的增加额		本期发生额：银行存款的减少额
期末余额：银行存款的实有数额		

4.1.2.6　"固定资产"账户

"固定资产"账户是资产类账户，是用来核算企业固定资产原始价值的增减变动情况及其结果的账户。借方登记增加的固定资产原始价值，贷方登记减少的固定资产原始价值，期末余额在借方，表示固定资产账面资产原始价值的结存额。该账户按照固定资产的类别设置明细账，进行明细账分类核算。"固定资产"账户的结构如表 4.6 所示。

表 4.6　"固定资产"账户的结构

借方	固定资产	贷方
期初余额：期初固定资产原始价值的结存额 本期发生额：银行资产原始价值的增加数额		本期发生额：固定资产原始价值的减少数额
期末余额：固定资产原始价值的结存额		

4.1.3　资金筹集的账务处理

4.1.3.1　所有者投入资金的账务处理

1) 以货币资金投入

以货币资金投入应按实际收到的款项作为投资者的投资入账。

【例 4.1】　企业收到某投资者投入现金 100 万元，款项已存入银行。

这项经济业务的发生，一方面使企业的银行存款增加了 100 万元，另一方面使投资者对企业的投资增加了 100 万元。因此，这项经济业务涉及"银行存款"和"实收资本"两个账户。银行存款增加是资产的增加，应记入"银行存款"账户的借方；投资者对企业投资的增加是所有者权益的增加，应记入"实收资本"账户的贷方。这项业务应编制的会计分录如下：

　　借：银行存款　　　　　　　　　　　　　　　　　　　　1 000 000
　　　　贷：实收资本　　　　　　　　　　　　　　　　　　　　　1 000 000

2) 以实物资产投入

以实物资产投入应按双方认可的公允价值作为实际投资额入账。

【例4.2】 企业收到某投资者投入的设备一台，该项设备确认的价值为100 000元。

这项经济业务的发生，一方面使企业的固定资产增加了100 000元，另一方面使某投资者对企业的投资也增加了100 000元，因此，这项经济业务涉及"固定资产"和"实收资本"两个账户。固定资产增加是资产的增加，应记入"固定资产"账户的借方；某投资者对企业投资的增加是所有者权益的增加，应记入"实收资本"账户的贷方。这项业务应编制的会计分录如下：

借：固定资产 100 000
　贷：实收资本 100 000

4.1.3.2　向债权人借入资金的账务处理

1) 短期借款

【例4.3】 企业从银行取得借款100 000元，期限为6个月，年利率为6%，利息每季结算一次，所得借款已存入银行。

这项经济业务的发生，一方面使银行存款增加了100 000元，另一方面使企业的短期借款增加了100 000元，因此这项业务涉及"银行存款"和"短期借款"两个账户，银行存款增加是资产的增加，应记入"银行存款"账户的借方；短期借款增加是负债的增加，应记入"短期借款"账户的贷方。这项业务应编制的会计分录如下：

借：银行存款 100 000
　贷：短期借款 100 000

企业从银行借入的短期借款，应支付的利息，一般采用按季计算的方法。有关这方面的内容，将在本章第3节中具体说明。

2) 长期借款

【例4.4】 企业为了购入某项设备，从银行取得借款200 000元，期限为3年，年利率为8%，借款已存入银行。

这项经济业务的发生，一方面使银行存款增加了200 000元，另一方面使企业的长期借款增加了200 000元，因此这项业务涉及"银行存款"和"长期借款"两个账户，银行存款增加是资产的增加，应记入"银行存款"账户的借方；长期借款增加是负债的增加，应记入"长期借款"账户的贷方。这项业务应编制的会计分录如下：

借：银行存款 200 000
　贷：长期借款 200 000

4.2 供应过程的核算

为了进行生产经营活动,企业必须建造厂房、建筑物、购置机械设备和进行材料采购。因此,固定资产购建业务和材料采购业务的核算就构成了供应过程核算的主要内容。

4.2.1 固定资产购建业务的核算

4.2.1.1 固定资产购建业务概述

固定资产一般是指使用期限较长、单位价值较高,能在若干个生产周期中发挥作用,并保持其原有实物形态的劳动资料。

(1) 固定资产的特征:使用期限在 1 年以上;单位价值在规定的限额以上;原有的实物形态不发生改变。

(2) 固定资产的类别:固定资产包括:房屋及建筑物、机器设备、运输设备、工具器具等。

(3) 固定资产购建形式:固定资产购建形式,一般分为两种情况:一种是不需要安装即可投入生产使用的固定资产;另一种则需要经过安装、调试以后才能投入生产使用的固定资产。

(4) 固定资产购建成本计算:与其他资产一样,固定资产也应按取得时的实际成本(即原始价值)入账。实际成本是指企业为购建某项固定资产,使其达到可使用状态所发生的一切合理、必要的支出。其构成包括:买价、税金(仅指购买房屋、建筑物等不动产时所交纳的增值税,其他记入进项税额)、运杂费、包装费和安装费等。

固定产购建成本=买价+增值税+运杂费+包装费+安装费

4.2.1.2 固定资产核算的账户设置

(1) "固定资产"账户。是资产类账户,是用来核算企业固定资产的增减变动和结存情况的账户。借方登记固定资产增加的原始价值,贷方登记减少固定资产的原始价值,期末余额在借方,表示期末结存固定资产的原始价值。

(2) "在建工程"账户。是资产类账户,是用来核算企业进行基建工程、设备安装工程和其他工程等活动所发生的实际支出的账户。借方登记建造和安装固定资产工程所发生的实际支出，包括：买价、税金(指购买的时候所交纳的增值税)、运杂费、包装费和安装费等，贷方登记工程完工结转的实际成本，期末余额在借方，表示期末尚未完工的建造和安装工程已经发生的实际支出。该账户按在建工程的项目设置明细账，进行明细分类核算。"在建工程"账户的结构如表4.7所示。

表 4.7　"在建工程"账户的结构

借方	在建工程	贷方
期初余额：期初在建工金额 本期发生额：建造的买价、税金、运杂费、 　　　　　　包装费和安装费等		本期发生额：工程完工结转的实际成本
期末余额：尚未完工的建造、安装工程所发 　　　　　　生的实际支出		

4.2.1.3　固定资产购建业务的账务处理

1) 购建不需要安装的固定资产

【例 4.5】　某企业购入机器设备一台，买价为 10 万元，增值税额为 17 000元，包装费和运杂费共计 1 200 元，全部款项已用银行存款支付，设备随即投入使用。

这项经济业务的发生，固定资产的购建成本=买入价＋运杂费＋包装费=100 000＋1 200=101 200(元)作为固定资产的原始价值，一方面使企业的固定资产增加了 118 200 元，应交增值税(进项税额)增加了 17 000 元，另一方面使企业的银行存款减少了 118 200 元。因此，这项经济业务涉及"固定资产"、"应交税费"和"银行存款"三个账户。固定资产的增加是资产的增加，应按其原始价值记入"固定资产"账户的借方。银行存款的减少是资产的减少，应按照购置该项固定资产的全部支出，记入"银行存款"账户的贷方。

该项业务应编制的会计分录如下：

借：固定资产　　　　　　　　　　　　　　　　　　　　　101 200
　　应交税费——应交增值税(进项税额)　　　　　　　　　　17 000
　贷：银行存款　　　　　　　　　　　　　　　　　　　　118 200

2) 购建需要安装的固定资产

购入需要安装的设备，需要通过"在建工程"账户。这个账户借方登记购进时支付的价款、包装费、运杂费、安装费等各项费用。在安装完工交付使用时，再将购进和安装时所发生的全部支出，从"在建工程"账户的贷方转入"固定资产"账户的借方。

【例 4.6】企业购入需要安装的机器设备一台,买价 20 万元,增值税额 34 000 元,包装费和运杂费共计 7 420 元,全部款项已用银行存款支付,设备投入安装。

该经济业务的发生,一方面,发生了 241 420 元的费用,使企业的在建工程增加了 207 420 元,进项税额增加了 34 000 元;另一方面使企业银行存款减少了 241 420 元。购建固定资产费用的增加,应记入"在建工程"账户的借方,进项税额的增加,应记入"应交税费——应交增值税(进项税额)"账户的借方;银行存款的减少是资产的减少,应记入"银行存款"账户的贷方。

该项业务应编制的会计分录如下:

借:在建工程 207 420
　　应交税费——应交增值税(进项税额) 34 000
　贷:银行存款 241 420

【例 4.7】 安装过程中耗用材料 7 000 元;用现金支付安装工人工资 800 元。

该经济业务的发生,一方面,使库存材料减少了 7 000 元;另一方面,使现金减少了 800 元。材料的消耗和工资费用的发生是购建固定资产费用的增加,应记入"在建工程"账户的借方。现金和库存材料的减少是资产的减少,应分别记入"库存现金"和"原材料"账户的贷方。

该项业务应编制的会计分录如下:

借:在建工程 7 800
　贷:原材料 7 000
　　库存现金 800

【例 4.8】 一个月后机器设备安装完毕,经过验收合格交付车间使用。

工程安装完毕,经过验收合格以后交付使用时,应按照该项工程的实际成本 215 220 元(固定产购建成本=买价+运杂费+包装费+安装费=200 000+7 420+7 000+800=215 220)作为固定产的原始价值,借记"固定资产"账户,贷记"在建工程"账户。

该项业务应编制的会计分录如下:

借:固定资产 215 220
　贷:在建工程 215 220

4.2.2　材料采购业务的核算

4.2.2.1　材料采购经济业务简介

企业为了进行正常的生产经营活动,就必须购买和储备一定种类和数量的材料。在材料采购过程中，一方面是企业从供应单位购进各种材料物资，另一方面是企业要支付材料的买价、增值税额和各种采购费用，并与供应单位发生货款的结算。

1) 材料采购成本计算

企业购进的材料，经过验收入库以后，成为可供生产领用的库存材料。购入材料的成本一般包括：材料的买价和各种采购费用。

(1) 材料的买价是指企业在采购材料时，供应单位发票上所记录的购入价格。

(2) 采购费用是指企业在采购材料过程中所支付的各项费用，包括材料的运输费、装卸费、保险费、包装费、仓储费等。按《企业会计准则》规定企业材料的采购费用应计入材料采购成本。

(3) 增值税是指材料在采购过程中根据材料买价和税率计算的数额。按《企业会计准则》规定企业材料的采购增值税不计入材料采购成本。

材料采购成本=买价＋运输费＋装卸费＋保险费＋包装费＋仓储费

2) 材料采购的业务方式

由于支付方式不同，材料的入库时间和付款时间也可能不一致，主要有以下几种情况：

(1) 货款支付的同时，材料入库。

(2) 货款支付，但材料没入库。

(3) 材料入库，货款尚未支付，形成企业的应付账款。

4.2.2.2 材料采购业务核算的账户设置

(1) "原材料"账户。是资产类账户，用来核算企业库存材料的增减变动和结存情况的账户，借方登记已验收入库材料的实际采购成本，贷方登记发出材料的实际成本，该账户期末余额在借方，表示库存材料的实际成本。"原材料"账户应按照材料的保管地点或者材料的类别、品种和规格设置明细账，进行明细核算。"原材料"账户的结构如表 4.8 所示。

表 4.8　"原材料"账户的结构

借方	原材料	贷方
期初余额：期初库存材料的成本		
本期发生额：入库材料的实际成本		本期发生额：发出材料的实际成本
期末余额：库存材料的实际成本		

(2) "材料采购"账户。是资产类账户，用来核算企业外购材料的买价和采购费用的账户，借方登记购入材料发生的实际支出，贷方登记已验收入库材料的

实际成本，如有余额一定在借方，表示材料款已付，尚未运达企业，或者已经运达企业，但是还没有验收入库的在途材料的实际成本。"材料采购"账户应按照材料的品种设置明细账，进行明细核算。"材料采购"账户的结构如表4.9所示。

表4.9　　"材料采购"账户的结构

借方	材料采购	贷方
期初余额：期初在途材料成本		
本期发生额：购入材料各项支出		本期发生额：入库材料的实际成本
期末余额：在途材料的实际成本		

(3) "应付账款"账户。是负债类账户，是用来核算企业因采购材料物资而与供应单位发生的结算债务资金的增减变动情况的账户。贷方登记应付供应单位的款项，包括买价和代垫运杂费，借方登记已偿还供应单位的款项，期末余额在贷方，表示尚未偿还的应付款项。"应付账款"账户应按供应单位设置明细账，进行明细核算。"应付账款"账户的结构如表4.10所示。

表4.10　　"应付账款"账户的结构

借方	应付账款	贷方
		期初余额：期初尚未偿还的款项
本期发生额：已偿还单位的款项		本期发生额：应付供应单位的款项
		期末余额：期末尚未偿还的应付款项

(4) "应付票据"账户。是负债类账户，是用来核算企业因采购材料等业务而开出的承兑汇票的账户(包括商业承兑汇票和银行承兑汇票)。贷方登记企业因采购材料等业务而开出的承兑汇票款，借方登记汇票到期，已偿还汇票款，期末如有贷方余额，表示尚未到期的应付票据本息。企业应设置应付票据备查簿，详细登记每一票据的种类、签发时期、票面金额、收款人、付款日期和金额等详细资料，应付票据到期付清的时候，应在备查簿中逐笔注销。"应付票据"账户应按债权单位设置明细账，进行明细核算。"应付票据"账户的结构如表4.11所示。

表4.11　　"应付票据"账户的结构

借方	应付票据	贷方
		期初余额：期初尚未到期汇票款
本期发生额：已偿还汇票款		本期发生额：开出的承兑汇票款
		期末余额：期末尚未到期的应付票据本息

(5) "应交税费"账户。是负债类账户，是用来核算企业与税务机关之间有

关各种税费的应交和实交的结算情况的账户，贷方登记应交纳的各种税费，借方登记实际上交的各种税费，期末贷方余额为未交的税费。该账户应按照税费名称设置明细账，进行明细分类核算。

如在材料采购业务中：涉及的主要是"应交增值税"，是"应交税费"的一个明细账户，该账户是用来反映和监督企业应交和实交增值税情况的账户。在材料采购时，将购入物资已支付的进项税额记入"应交税费——应交增值税"账户的借方；将销售产品所收取的销项税额记入"应交税费——应交增值税"账户的贷方。"应交税费"账户的结构如表 4.12 所示。

表 4.12 "应交税费"账户的结构

借方	应交税费	贷方
	期初余额：期初尚未交纳应交税款	
本期：(1) 购入货物已支付的进项税额；	本期发生额：(1) 按规定计算应交纳的各种确税费；	
(2) 企业交纳的税费	(2) 销售产品收取的销项税额	
	期末余额：期末尚未交纳的各种税费	

4.2.2.3 材料采购业务的账务处理

材料的购入业务由于支付购料款、材料入库和运费等的情况不同，将材料采购业务分为以下几种情况：

1) 购进材料的同时，支付购料款

这是材料采购时最基本的经济业务，其他业务是在该项业务的基础上变化而来的。

【例 4.9】 企业从宏达公司购进 A、B 两种材料。A 材料买价为 30 000 元，增值税额为 5 100 元；B 材料买价为 40 000 元，增值税额为 6 800 元，上述款项已用银行存款支付，材料已运达企业，并已验收入库。

这项经济业务发生，一方面使库存材料增加，其实际成本为买价 70 000 元，库存材料的增加是资产增加，应记入"原材料"账户的借方，增值税进项税额增加 11 900 元，应记入"应交税费——应交增值税"账户的借方。另一方面，企业的银行存款减少了 81 900 元，是资产的减少，应记入"银行存款"账户的贷方。

该项业务应编制会计分录如下：

借：原材料——A 材料	30 000
原材料——B 材料	40 000
应交税费——应交增值税(进项税额)	11 900
贷：银行存款	81 900

这项经济业务的完成，企业的资金从货币资金形态转变为储备资金形态。

2) 材料已购进并已验收入库，但是材料货款尚未支付

这项经济业务发生，一方面表现为企业库存材料的增加；另一方面，由于未付货款，就形成了企业的债务，所以企业的债务同时增加，由于采取不同的结算方式，又可以分为两种形式：第一种形式为商业汇票结算方式，即在取得材料的同时开出在以后某一时间支付款项的商业汇票。第二种形式是形成企业的债务，通过"应付账款"账户进行结算。

【例4.10】企业从维达公司购买A材料2 000千克，单价50元，计价100 000元，增值税额17 000元，采用商业承兑汇票结算方式，企业就开出了半年期的商业承兑汇票一张，A材料已经运达企业并已验收入库。

这项经济业务的发生，一方面使企业材料的增加，其买价100 000元，应记入"原材料"账户的借方，增值税额17 000元，是进项税额的增加，应记入"应交税费——应交增值税"账户的借方；另一方面，使企业的应付票据款增加117 000元，是企业的债务增加，应记入"应付票据"账户的贷方。

该项业务应编制会计分录如下：

借：原材料——A材料 100 000
　　应交税费——应交增值税(进项税额) 17 000
　　贷：应付票据——维达公司 117 000

【例4.11】企业从宏达公司购进B材料3 000千克，单价20元，计价60 000元，增值税额10 200元，材料已运达企业并验收入库。但是由于暂时的资金紧张，材料款项尚未支付。

这项经济业务的发生，一方面使企业库存材料增加了，增加的总成本是60 000元，应记入"原材料"账户的借方，增值税进项税款增加10 200元，应记入"应交税费——应交增值税"账户的借方；另一方面，是欠供应单位的货税款增加了70 200元，企业的债务增加，应记入"应付账款"账户的贷方。

该项业务应编制会计分录如下：

借：原材料——B材料 60 000
　　应交税费——应交增值税(进项税额) 10 200
　　贷：应付账款——宏达公司 70 200

3) 款已经支付，但材料尚未验收入库

这类业务的发生需要经过"材料采购"账户，购入材料发生的实际支出先记入"材料采购"账户的借方，待材料验收入库时，再转入"原材料"账户，此时"材料采购"账户成为一个过渡账户。

【例4.12】企业从维达公司购买A材料3 000千克，单价50元，计价150 000

元，增值税额 25 500 元，企业用银行存款支付，材料尚未验收入库。

这项经济业务的发生，一方面使企业在途材料增加，增加的总成本是 150 000 元，应记入"材料采购"账户的借方，增值税进项税额增加 25 500 元，应记入"应交税费——应交增值税"账户的借方，另一方面使企业的银行存款减少，共计减少 175 5000 元，应记入"银行存款"账户的贷方。

(1) 材料采购业务发生后，应编制会计分录为：

借：材料采购——A 材料 150 000

  应交税费——应交增值税(进项税额) 25 500

  贷：银行存款 175 500

(2) 上述材料验收入库时，应编制会计分录为：

借：原材料——A 材料 150 000

  贷：材料采购——A 材料 150 000

4) 采购费用的核算

(1) 采购费用的账务处理方式。采购费用(包括运输费、装卸费、保险费、包装费等)一般分为两种情况处理：一种是材料直接入库，则采购费用直接记入"原材料"账户的借方；另一种是材料尚未入库，则采购费用先记入"材料采购"账户的借方，待材料入库时，再将所采购物资的实际成本总额转入"原材料"账户的借方。

(2) 采购费用的成本计算方式。计算材料采购成本时，一般分为两种情况处理：一是各项费用凡是能够分清为采购哪种材料所支付的费用，可以根据原始凭证直接计入该种材料的采购成本；二是凡是不能分清是为某一种材料所支付的费用，就应采用合理的分配标准，在各种材料之间进行分配，再计入各种材料成本。

【例 4.13】 企业购买 B 材料 3 000 千克，单价 20 元，计价款 60 000 元，增值税额 10 200 元，运费 600 元，各项费用已用银行存款支付，材料已经运达企业并已验收入库。

这项经济业务的发生，一方面使企业材料增加，增加的买价为 60 000 元，运费 600 元，总成本是 60 600 元，应记入"原材料"账户的借方。增值税进项税款增加 10 200 元，应记入"应交税费——应交增值税"账户的借方。另一方面使企业的银行存款减少了 70 800 元，应记入"银行存款"账户的贷方。

该项业务应编制会计分录如下：

借：原材料——B 材料 60 600

  应交税费——应交增值税(进项税额) 10 200

  贷：银行存款 70 800

【例 4.14】企业从维达公司购进 A 材料 2000 千克，单价 50 元，价款 100 000

元，购进 B 材料 3 000 千克，每千克 20 元，价款 60 000 元，增值税税率 17%，材料尚未运达企业，货税款项尚未支付。另用银行存款支付材料运费 500 元(按重量分配)。10 天后，A 材料和 B 材料运达企业并验收入库。

这项经济业务的发生，表明企业从维达公司购进的材料尚未入库，使企业在途材料增加了 160 000 元，应记入"材料采购"账户的借方，增值税额增加了 27 200 元，应记入"应交税费——应交增值税"账户的借方，欠供应单位的货税款增加了 187 200 元，企业的债务增加，应记入"应付账款"账户的贷方。

(1) 货税款业务应编制会计分录如下：

借：材料采购——A 材料	100 000
材料采购——B 材料	60 000
应交税费——应交增值税(进项税额)	27 200
贷：应付账款——维达公司	187 200

(2) 支付材料运费 500 元，按材料重量分配：

每吨应分配运费=500÷(3 000＋2000)=0.1 元/千克；

A 材料应分配运费=2 000×0.1=200 元；

B 材料应分配运费=500－200=300 元。

支付运费表示企业费用的增加，应记入"材料采购"账户的借方。运费业务应编制的会计分录如下：

借：材料采购——A 材料	200
材料采购——B 材料	300
贷：银行存款	500

上述两套会计分可合并处理：

借：材料采购——A 材料	100 200
材料采购——B 材料	60 300
应交税费——应交增值税(进项税额)	27 200
贷：应付账款——维达公司	187 200
银行存款	500

(3) 10 天后，A 材料和 B 材料运达企业并验收入库。其成本为买价与运费之和，应将其成本记入"原材料"账户的借方，记入"材料采购"账户的贷方。

该项业务应编制会计分录如下：

借：原材料——A 材料	100 200
原材料——B 材料	60 300
贷：材料采购——A 材料	100 200
材料采购——B 材料	60 300

4.3 生产过程的核算

4.3.1 生产过程业务简介

企业要生产产品就会发生各种耗费，包括生产资料中的劳动手段和劳动对象的耗费，以及劳动力等方面的耗费。企业在一定时期内发生的，用货币表现的生产耗费称为生产费用。这些费用最终都要归集、分配到一定种类的产品上去，形成各种产品的成本。我们将企业为生产一定种类、一定数量产品所支出的各种生产费用的总和称为产品的生产成本。

产品生产过程核算的主要内容包括生产过程中费用的发生、归集和分配以及产品生产成本的形成。

4.3.1.1 制造成本

制造成本是指产品在生产过程中发生的直接材料费、直接人工费和制造费用等，也称产品生产成本。

(1) 直接材料费用是指直接为生产某产品而消耗的各种原材料和辅助材料。

(2) 直接人工费用是指直接生产人员的工资和福利费。

(3) 制造费用是指企业生产单位为组织和管理生产经营活动所发生的各项费用。如：生产单位管理人员的工资、生产单位固定资产的折旧费、办公费等。

4.3.1.2 期间费用

期间费用是指不能直接归属于某个特定产品成本的费用，包括管理费用、财务费用和销售费用。期间费用不应计入产品的生产成本。

(1) 管理费用是指企业管理层为组织和管理整个企业的生产经营活动所发生的各项费用。如：企业管理人员的工资和福利费、办公费、业务招待费、企业固定资产修理费、管理用固定资产折旧费等。

(2) 财务费用是指企业为筹集生产经营所需资金而发生的费用。如：借款利息、银行手续费等。

(3) 销售费用是指企业为销售产品而发生的各项费用。如：企业为销售产品而发生的广告费用、包装费用、保险费用、销售人员的工资及福利费用等。

4.3.2　生产过程核算的账户设置

4.3.2.1　"生产成本"账户

"生产成本"账户是成本类账户，是用来归集和分配产品生产过程中所发生的各项生产费用，确定产品的实际成本的账户。借方登记为生产产品发生的直接材料费、直接人工费和期末分配转入的制造费用，完工入库产品的实际成本从其贷方转出，期末账户余额在借方，表示期末在产品的成本。该账户按产品的品种设置明细账，进行明细分类核算，以确定各产品的生产成本。"生产成本"账户的结构如表4.13所示。

表4.13　"生产成本"账户的结构

借方	生产成本	贷方
期初余额：期初在产品的成本		
本期发生额：为生产产品发生的各项制造 　　　　　　成本	本期发生额：生产完工验收入库产品的实际 　　　　　　成本	
期末余额：未完工产品的生产成本余额		

4.3.2.2　"制造费用"账户

"制造费用"账户是成本类账户，是用来归集和分配生产单位为生产产品和提供劳务而发生的各项间接费用及生产单位为组织和管理生产经营活动所发生的各项费用的账户。它包括生产单位管理人员的工资及福利费，生产单位固定资产的折旧费、办公费、水电费及物料消耗费等。借方登记实际发生的各项制造费用，贷方登记由借方归集各项制造费用，月末在、所生产的各种产品之间进行分配，分配后全部转入"生产成本"账户的借方，计入各种产品的成本。账户期末一般没有余额，该账户应按不同的生产单位设置明细账，进行明细分类核算。"制造费用"账户的结构如表4.14所示。

表4.14　"制造费用"账户的结构

借方	制造费用	贷方
本期发生额：生产单位发生的各项间接费用及为组 　　　　　　织和管理生产经营活动所发生的费用	本期发生额：月末分配的制造费用	
期末一般无余额		

4.3.2.3 "应付职工薪酬"账户

"应付职工薪酬"账户是负债类账户，是用来核算企业应付职工的各种薪酬的账户。包括应在工资总额内的各种工资、奖金、津贴、职工福利、社会保险费、住房公积金、工会经费、职工教育经费、非货币性福利、辞退福利、股份支付等。贷方登记本月结算的应付职工的各种薪酬，借方登记实际支付给职工的各种薪酬，期末余额一般在贷方，表示应付未付的职工薪酬。"应付职工薪酬"账户的结构如表 4.15 所示。

表 4.15　"应付职工薪酬"账户的结构

借方	应付职工薪酬	贷方
本期发生额：实际支付给职工的各种薪酬	期初余额：期初应付未付的职工薪酬 本期发生额：本月结算的应付职工的各种薪酬	
	期末余额：应付未付的工资	

4.3.2.4 "累计折旧"账户

"累计折旧"账户是资产类账户，属于"固定资产"账户的调整账户，核算企业固定资产的累计折旧。贷方登记每月提取的固定资产折旧，借方登记固定资产减少时冲减的折旧额，期末余额一般在贷方，表示现有固定资产累计提取的折旧额，账户一般不要求设置明细账户进行明细分类核算。"累计折旧"账户的结构如表 4.16 所示。

表 4.16　"累计折旧"账户的结构

借方	累计折旧	贷方
本期发生额：固定资产减少时冲减的折旧	期初余额：期初累计提取的折旧额 本期发生额：本月提取的固定资产折旧额	
	期末余额：现有固定资产累计提取的折旧额	

4.3.2.5 "预付账款"账户

"预付账款"账户是资产类账户，是用来企业按照合同规定预付的款项的账户。借方登记企业按照合同规定预付的货款、在建工程款和成本分摊费用等，贷方登记企业履行合同后的结算款和应由本月分摊的成本分摊费用，期末余额一般在借方，表示预付款项的余额或应分摊的成本分摊费用。该账户应按预付款单位名称和成本分摊费用名称设置明细账，进行明细分类核算。"预付账款"账户的结构如表 4.17 所示。

表 4.17　"预付账款"账户的结构

借方	预付账款	贷方
期初余额：期初已预付的款项和尚未摊销的 　　　　费用 本期发生额：本月新增加的预付款项和成本 　　　　分摊费用		本期发生额：本月已结算的预付款项和按 　　　　月待摊的成本分摊费用
期末余额：预付款项的余额和尚未摊销的费用		

成本分摊费用：是指企业已经支出或发生，能使若干个会计期间受益，为正确计算各个会计期间的盈亏，将这些支出在其受益的会计期间进行分配。如预付的保险费、报纸杂志费等。

4.3.2.6　"应付利息"账户

"应付利息"账户是负债类账户，是用来核算企业按照合同约定应支付的利息的账户。如：短期借款、长期借款、企业债券等应支付的利息。贷方登记本期企业按照合同约定预提但尚未支付的利息，借方登记实际支付的利息，期末余额一般在贷方，表示已经预提但尚未支付的利息。"应付利息"账户按费用的种类设置明细账，进行明细分类核算。"应付利息"账户的结构如表 4.18 所示。

表 4.18　"应付利息"账户的结构

借方	应付利息	贷方
本期发生额：本月实际支付的预提利息		期初余额：期初已预提但尚未支付的利息 本期发生额：本月预先提取，应由本月负担 　　　　的利息
		期末余额：已经预提但尚未支付的利息

4.3.2.7　"库存商品"账户

"库存商品"账户是资产类账户，是用来反映和监督企业库存商品实际成本的增减变动及其结存情况的账户。借方登记已完工并验收入库的产品的实际成本，贷方登记出库产品的实际成本，期末余额一般在借方，表示库存产品的实际成本。"库存商品"账户应按产品的品种、规格设置明细账，进行明细分类核算。"库存商品"账户的结构如表 4.19 所示。

表4.19   "库存商品"账户的结构

借方	库存商品	贷方
期初余额：期初库存产品实际成本 本期发生额：生产完工验收入产品的实际成本		本期发生额：出库产品的实际成本的转出
期末余额：库存产品的实际成本		

4.3.2.8 "管理费用"账户

"管理费用"账户是损益类账户，是用来核算企业为组织和管理生产经营活动所发生的各项费用的账户。借方登记当期发生的各项管理费用，贷方登记期末全部转入"本年利润"账户的金额，期末结转后，账户无余额。"管理费用"账户应按照费用的种类设置明细账，进行明细分类核算。"管理费用"账户的结构如表4.20所示。

表4.20   "管理费用"账户的结构

借方	管理费用	贷方
本期发生额：本月各项管理费用的发生额		本期发生额：期末将借方发生额全部转入本年利润账户
期末无余额		

4.3.2.9 "财务费用"账户

"财务费用"账户是损益类账户，是用来核算企业为筹集生产经营所需资金而发生的各项费用的账户。借方登记当期发生的各项财务费用，贷方登记期末全部转入"本年利润"账户的金额，期末结转后，账户无余额。"财务费用"账户应按照费用的种类设置明细账，进行明细分类核算。"财务费用"账户的结构如表4.21所示。

表4.21   "财务费用"账户的结构

借方	财务费用	贷方
本期发生额：本月为筹集资金发生的各项财务费用		本期发生额：期末借方发生额全部转入本年利润账户
期末无余额		

4.3.3 生产过程业务的账务处理

4.3.3.1 材料的领用

平时各部门领用材料，不编制会计分录，月末仓库将本月发出的材料进行汇总，编制"材料发出汇总表"，企业会计部门根据"材料发出汇总表"，每月一般只编制一个领用材料的会计分录。

【例4.15】 本月发出材料汇总表，如表4.22所示。

表4.22 材料发出汇总表

单位：元

项目	A材料	B材料	C材料	合计
甲产品	43 000	53 000	23 000	119 000
乙产品	25 000	35 000	36 000	96 000
车间一般消耗			5 000	5 000
厂部一般消耗			8 000	8 000
合计	68 000	88 000	72 000	228 000

根据"材料发出汇总表"，生产耗用材料表示成本费用的增加，甲产品和乙产品生产耗料，直接记入"生产成本"账户的借方，车间一般消耗材料，记入"制造费用"账户的借方，厂部一般消耗材料记入"管理费用"账户的借方，材料库存减少表示资产的减少，记入"原材料"账户的贷方。

该项业务应编制的会计分录如下：

```
借：生产成本——甲产品                                  119 000
    生产成本——乙产品                                   96 000
    制造费用                                            5 000
    管理费用                                            8 000
  贷：原材料——A材料                                    68 000
      原材料——B材料                                    88 000
      原材料——C材料                                    72 000
```

4.3.3.2 职工工资的核算

企业每月应进行工资核算，首先，计算每个职工的工资，编制"工资结算单"；然后，计算各部门的工资，编制"工资结算汇总表"；最后编制"工资分配表"，按部门分配本月工资。有关工资的核算，分为以下几个步骤：

1) 结算本月应付职工工资数额

【例 4.16】 结算本月应付职工工资 200 000 元,其中,生产工人工资 150 000 元,车间管理人员工资 20 000 元,厂部管理人员工资 30 000 元。生产工人工资按甲、乙两种产品的生产工时进行分配(甲产品为 80 000 工时,乙产品为 70 000 工时)。

生产工人因共同生产不同的产品,需要划分不同产品之间的工资数量,故共同性工资应在不同产品之间进行分配,以确定每种产品应承担的工资。分配标准有生产工时、产品的产量等,一般按产品的生产工时进行分配。分配方法如下:

本例题按甲、乙两种产品生产工时分配生产工人的工资。

分配率=生产工人工资总额÷生产工时总数;

某种产品应分配的生产工人工资=该产品生产工时数×分配率;

该企业工资分配率=150 000÷(80 000+70 000)=1;

甲产品应分配的工资=1×80 000=80 000(元);

乙产品应分配的工资=150 000-80 000=70 000(元)。

这项经济业务的发生,一方面使企业的费用增加,所涉及的生产工人工资应直接记入"生产成本"账户的借方,车间管理人员工资应先在制造费用中归集,记入"制造费用"账户的借方,厂部管理人员工资在管理费用中归集,记入"管理费用"账户的借方;另一方面形成一种负债,分配的工资应记入"应付职工薪酬"账户的贷方。

该项业务应编制的会计分录如下:

借:生产成本——甲产品	80 000
生产成本——乙产品	70 000
制造费用	20 000
管理费用	30 000
贷:应付职工薪酬——工资	200 000

2) 发放工资前到银行提取现金,准备发工资

【例 4.17】 企业从银行提取现金 200 000 元,准备发放工资。

这项经济业务的发生,一方面使现金增加 200 000 元,另一方面使银行存款减少 200 000 元。

该项业务应编制的会计分录如下:

借:库存现金	200 000
贷:银行存款	200 000

3) 发放工资

【例 4.18】企业以库存现金发放工资 200 000 元。

这项经济业务的发生,一方面使库存现金减少 200 000 元,另一方面支付工

资 200 000 元，使负债减少，记入"应付职工薪酬"账户的贷方。

该项业务应编制的会计分录如下：

借：应付职工薪酬——工资　　　　　　　　　　　　　　　　200 000

　　贷：库存现金　　　　　　　　　　　　　　　　　　　　　　200 000

4.3.3.3　社会保险费、住房公积金、工会经费和职工福利费的核算

(1) 企业应向社会保险经办机构缴纳的医疗保险费、养老保险费、失业保险费、工伤保险费、生育保险费等社会保险费，应向住房公积金管理部门缴存的住房公积金，以及应向工会管理部门缴纳的工会经费等，国家统一规定了计提基础和计提比例，应当按照国家规定标准计提。

【例 4.19】 根据国家规定的计提标准计算，某企业本月应向社会保险经办机构缴纳的职工基本养老保险费共计 40 000 元。其中，生产甲产品的工人计提额为16 000 元，生产乙产品的工人计提额为 14 000 元，车间管理人员计提额为 4 000元，厂部管理人员计提额为 6 000 元。

这项经济业务的发生，使企业的费用增加，所涉及的生产工人基本养老保险费，应直接记入"生产成本"账户的借方，车间管理人员基本养老保险费应先在制造费用中归集，记入"制造费用"账户的借方，厂部管理人员基本养老保险费在管理费用中归集，记入"管理费用"账户的借方；另一方面形成一种负债，计提的基本养老保险费，记入"应付职工薪酬"账户的贷方。

该项业务应编制的会计分录如下：

① 计提的基本养老保险费：

借：生产成本——甲产品　　　　　　　　　　　　　　　　16 000

　　　生产成本——乙产品　　　　　　　　　　　　　　　　14 000

　　　制造费用　　　　　　　　　　　　　　　　　　　　　4 000

　　　管理费用　　　　　　　　　　　　　　　　　　　　　6 000

　　贷：应付职工薪酬——社会保险费(基本养老保险)　　　　40 000

② 向社会保险经办机构缴纳基本养老保险时：

借：应付职工薪酬——社会保险费(基本养老保险)　　　　40 000

　　贷：银行存款　　　　　　　　　　　　　　　　　　　　　40 000

(2) 企业发生的职工福利费，应根据人员性质，计入相关成本费用科目的借方，同时计入应付职工薪酬的贷方。

【例 4.20】 某企业本月共发生职工福利费共计 28 000 元。其中，生产甲产品的工人共计 11 200 元,生产乙产品的工人共计 9 800 元,车间管理人员共计 2 800元，厂部管理人员共计 4 200 元。

这项经济业务的发生，使企业的职工福利费增加，所涉及的生产工人职工福利费，应直接记入"生产成本"账户的借方，车间管理人员职工福利费应先在制造费用中归集，记入"制造费用"账户的借方，厂部管理人员职工福利费在管理费用中归集，记入"管理费用"账户的借方；另一方面，计提的职工福利费在"应付职工薪酬"账户的贷方归集。

该项业务应编制的会计分录如下：

借：生产成本——甲产品   11 200

  生产成本——乙产品   9 800

  制造费用   2 800

  管理费用   4 200

  贷：应付职工薪酬——职工福利费   28 000

4.3.3.4　固定资产折旧的核算

固定资产在使用过程中，由于磨损而减少的那部分价值称为固定资产折旧。固定资产损耗的那部分价值，应按规定进行计算，将折旧费作为产品成本的重要组成部分，当产品销售后，从销售收入中得到补偿。"固定资产"账户按原始价值反映固定资产增减变动和结存情况，固定资产因磨损而减少的价值不直接记入"固定资产"账户，而是设置"累计折旧"账户核算固定资产磨损的价值。

【例 4.21】　月末，企业按规定计算的固定资产折旧额共计 32 000 元。其中，车间使用的厂房、机器设备等固定资产应提折旧额为 20 000 元，厂部使用的房屋、车辆等固定资产应提折旧额为 12 000 元。

这项经济业务的发生，一方面使车间的费用增加了 20 000 元，厂部的费用增加了 12 000 元，费用增加分别记入"制造费用"和"管理费用"账户的借方；另一方面使企业固定资产的折旧额增加了 32 000 元，应该记入"累计折旧"账户的贷方。

该项业务应编制的会计分录如下：

借：制造费用   20 000

  管理费用   12 000

  贷：累计折旧   32 000

4.3.3.5　成本分摊费用的核算

企业发生的保险费、报纸杂志费等往往要预付，这类费用企业已经支出或发生，能使若干个会计期间受益，按权责发生制基础要求，为正确计算各个会计期间的盈亏，要将这些支出在其各个受益的会计期间进行分配，会计上称这类费用为成本分摊费用。

【例 4.22】 本月用银行存款预订下半年报纸杂志费 1 500 元，分摊本月应承担的报纸杂志费 300 元。

这项经济业务的发生，一方面预付了下半年报纸杂志费 1 500 元，应记入"预付账款"账户的借方和"银行存款"账户的贷方；另一方面本月应分摊报纸杂志费 300 元，应记入"管理费用"账户的借方和"预付账款"账户的贷方。

该项业务应编制的会计分录如下：

(1) 预付下半年报纸杂志费：

借：预付账款——报纸杂志费   1 500

    贷：银行存款   1 500

(2) 分摊本月成本分摊费用：

借：管理费用——报纸杂志费   300

    贷：预付账款——报纸杂志费   300

4.3.3.6 预提借款利息的核算

银行借款的利息，按银行现行管理制度规定一个季度结算一次。而借款利息是企业为筹集资金而发生的一项费用，根据权责发生制原则要求，为了划清各个会计期间的费用界限，借款利息要根据受益情况，预先分期记入成本费用账户，根据合同或者有关规定，可以后支付的费用。

【例 4.23】 预提应由本月负担的短期借款利息 5 600 元。

这项经济业务的发生，一方面按照权责发生制原则，提取了应由本期负担的短期借款利息 5 600 元，短期借款利息是企业为筹集资金而发生的一项费用，应记入"财务费用"账户的借方；另一方面要增加预提利息 5 600 元，应记入"应付利息"账户的贷方。

该项业务应编制的会计分录如下：

借：财务费用   5 600

    贷：应付利息   5 600

4.3.3.7 管理费用核算

在企业实际工作中，企业会发生各种管理费用，如办公费、电话费、水电费、交通费等。根据发生的用途、地点不同，应分别记入不同账户，厂部的费用一般记入"管理费用"账户，生产单位发生的费用一般记入"制造费用"账户。

【例 4.24】用银行存款支付生产车间的办公费 800 元、电话费 500 元、水电费 960 元、交通费 300 元，共计 2 560 元；支付厂部行政管理部门的办公费 480 元、电话费 1 500 元、交通费 350 元、水电费 870 元，共计 3 200 元。

这项经济业务的发生，生产车间的费用项目都属于生产车间本月实际发生并负担的费用，直接记入"制造费用"账户的借方，厂部行政管理部门的费用项目属于厂部本月实际发生并负担的费用，直接记入"管理费用"账户的借方，该项业务使银行存款减少了 5 760 元，应记入"银行存款"账户的贷方。

该项业务应编制的会计分录如下：

借：制造费用   2 560
　　管理费用   3 200
　　贷：银行存款   5 760

4.3.3.8 差旅费核算

在实际工作中，企业发生差旅费业务较多。差旅费核算一般分为以下几步：首先是出差借款，然后是报销差旅费，最后是结算借款。

【例4.25】 企业采购员王永民出差借差旅费 3 500 元，用现金支付。

这项经济业务的发生，使企业的其他应收款增加，应记入"其他应收款"账户的借方，支付现金 3 500 元，使库存现金减少了 3 500 元，应记入"库存现金"账户的贷方。

该项业务应编制的会计分录如下：

借：其他应收款——王永民   3 500
　　贷：库存现金   3 500

【例4.26】 王永民出差归来，报销差旅费 3 320 元，退回现金 180 元。

差旅费作为企业管理工作中发生的一项费用，一般应记入"管理费用"账户的借方，退回现金，作为企业库存现金的增加，应记入"库存现金"账户的借方，两项合计 3 500 元，正好冲销原借款，应记入"其他应收款"账户的贷方。

该项业务应编制的会计分录如下：

借：管理费用   3 320
　　库存现金   180
　　贷：其他应收款——王永民   3 500

4.3.3.9 月末结转制造费用

制造费用本月发生时通过"制造费用"账户进行归集核算，月末，应根据"制造费用"账户借方登记的费用进行汇总。制造费用总额一般按产品的生产工时数在不同产品中进行分配，计入各种产品的生产成本。

制造费用分配率＝本月制造费用发生的总额÷各产品的生产工时总数
某产品分配的制造费用＝制造费用分配率×该产品的生产工时数

【例 4.27】 本月制造费用归集总额为 54 360 元，按甲、乙产品的生产工时分配本月制造费用(甲产品的生产工时为 8 万，乙产品的生产工时为 7 万)。

制造费用分配率=54 360÷(80 000＋70 000)=0.3624；

甲产品分配的制造费用=80 000×0.3624=28 992(元)；

乙产品分配的制造费用=54 360－28 992=25 368(元)。

该项业务应编制的会计分录为：

借：生产成本——甲产品		28 992
生产成本——乙产品		25 368
贷：制造费用		54 360

4.3.3.10　月末结转完工产品的生产成本

在实际工作中，平时产品完工入库不编制会计分录，只将生产产品发生的全部费用登记到"生产成本"账户的借方，按产品的品种设置各种产品生产成本明细账，月末归集发生的生产成本，按一定标准分配生产费用，计算出完工产品成本，从"生产成本"账户的贷方转入"库存商品"账户的借方。

【例 4.28】 本月生产的甲、乙产品全部完工，结转完工产品成本(生产成本月初无余额)。

通过"T"字形账归集甲产品的"生产成本"账户的借方发生额为 255 192 元，乙产品的"生产成本"账户的借方发生额为 215 168 元。

由于甲、乙产品全部完工，所以归集甲、乙产品的生产成本，全部转入"库存商品"账户。该项业务应编制的会计分录如下：

借：库存商品——甲产品		255 192
库存商品——乙产品		215 168
贷：生产成本——甲产品		255 192
生产成本——乙产品		215 168

4.4　销售过程的核算

4.4.1　销售过程经济业务简介

产品销售过程是产品价值的实现过程，在这一过程中，一方面企业要将产品销售给购买单位；另一方面要根据销售价格和销售合同向购买单位收取货款。这时，企业的生产经营资金就从成品资金形态转化为货币资金形态，完成了资金的一次循环。在产品销售过程中，核算的内容主要包括：确认产品销售收入的核算与购买单位办理款项结算、结转销售成本、支付销售费用、计算和交纳产品销售税金等五个方面的核算工作。

4.4.2 销售过程核算应设置的账户

4.4.2.1 "主营业务收入"账户

"主营业务收入"账户是损益类账户，是用来反映和监督企业销售产品和提供劳务所发生收入的账户。账户的贷方登记企业销售产品和提供劳务所实现的收入，借方登记发生销售退回时应冲减的本期收入和月末将本期所发生的销售收入全部转入"本年利润"账户的金额，期末结转后账户没有余额。该账户按产品品种或者劳务的类别开设明细账，进行明细分类核算。"主营业务收入"账户的结构如表 4.23 所示。

表 4.23　"主营业务收入"账户的结构

借方	主营业务收入	贷方
本期发生额：发生销售退回；贷方发生额全部转入"本年利润"账户		本期发生额：本月销售产品和提供劳务所实现的收入
		期末无余额

4.4.2.2 "应收账款"账户

"应收账款"账户是资产类账户，是用来反映和监督企业因销售产品向购买单位收取货款的账户。借方登记由于销售产品而发生的应收款项，贷方登记收回的应收款项，期末余额在借方，表示尚未收回的应收账款。该账户应按照不同的购买单位设置明细账，进行明细分类核算。"应收账款"账户的结构见表 4.24。

表 4.24　"应收账款"账户的结构

借方	应收账款	贷方
期初余额：期初账面的余额		
本期发生额：本月销售产品尚未收到的应收款		本期发生额：本月收回的应收款
期末余额：尚未收回的应收款		

4.4.2.3　"应收票据"账户

"应收票据"账户是资产类账户，是用来反映和监督企业因销售产品和提供劳务等而收到的商业汇票(包括商业承兑汇票和银行承兑汇票)的账户。企业销售产品收到商业汇票时，记入该账户的借方，票据到期收回款项，记入该账户的贷方，期末余额在借方，表示由于尚未到期未收到款项的商业汇票的金额。该账户应按付款单位设置明细账，进行明细分类核算。"应收票据"账户的结构见表4.25。

表4.25　"应收票据"账户的结构

借方	应收票据	贷方
期初余额：期初商业汇票的余额 本期发生额：本月销售产品收到的商业汇票的数额	本期发生额：商业汇票到期，收回的款项	
期末余额：尚未到期商业汇票金额		

4.4.2.4　"主营业务成本"账户

"主营业务成本"账户是损益类账户，是用来反映和监督企业已经销售产品或提供劳务等日常活动发生的实际成本的账户。借方登记本月已售的各种产品的生产成本，贷方登记月末全部转入"本年利润"账户的金额，期末结转后没有余额。该账户应按产品的品种或者劳务的类别设置明细账，进行明细分类核算。"主营业务成本"账户的结构如表4.26所示。

表4.26　"主营业务成本"账户的结构

借方	主营业务成本	贷方
本期发生额：本月已售出产品的生产成本	本期发生额：期末将借方发生额全部转入"本年利润"账户	
期末无余额		

4.4.2.5　"销售费用"账户

"销售费用"账户是损益类账户，是用来反映和监督企业为销售产品而发生的各种费用的账户。它包括应由企业负担的产品运输费、装卸费、包装费、广告费以及专设销售机构的经费等。各种销售费用发生时记入该账户的借方，贷方登记期末转入"本年利润"账户借方的金额，期末结转后没有余额。该账户应按照费用的类别设置明细账，进行明细分类核算。"销售费用"账户的结构，如表4.27

所示。

表 4.27　"销售费用"账户的结构

借方	销售费用	贷方
本期发生额：本月发生的各种销售费用		本期发生额：期末将借方发生额全部转入本年利润账户
期末无余额		

4.4.2.6　"营业税金及附加"账户

"营业税金及附加"账户是损益类账户，是用来反映和监督应由销售产品和提供劳务等业务所负担的各种销售税金的账户，如营业税、消费税、城市维护建设税、教育费附加等。借方登记企业按照规定应计提的各项税金及附加，贷方登记期末转入"本年利润"账户借方的金额，期末结转后没有余额。"营业税金及附加"账户的结构，如表 4.28 所示。

表 4.28　"营业税金及附加"账户的结构

借方	营业税金及附加	贷方
本期发生额：本月计提的消费税、城市维护建设税、教育费附加等		本期发生额：期末将借方发生额全部转入本年利润账户
期末无余额		

4.4.3　销售业务的账务处理

4.4.3.1　产品销售

企业产品销售，根据款项是否收到，分为三种情况。

1) 售出产品的同时收回货税款

【例 4.29】　企业销售甲产品 400 台，每台售价 1 000 元，计货款 400 000 元，增值税额定 68 000 元，款项已通过银行转账收讫。

这项经济业务的发生，使企业的银行存款增加了 468 000 元，银行存款的增加是资产的增加，应记入"银行存款"账户的借方；企业实现销售收入，收到 400 000 元，销售收入的增加是收入的增加，应记入"主营业务收入"账户的贷方，增值税销项税额 68 000 元，增值税销项税额的增加是负债的增加，应记入"应交税费"账户的贷方。

该项业务应编制的会计分录如下：

借：银行存款 468 000

　　贷：主营业务收入——甲产品 400 000

　　　　应交税费——应交增值税(销项税额) 68 000

2) 售出产品，货款尚未收到

【例 4.30】 企业向富通公司销售甲产品 20 台，每台售价 1 000 元，销售乙产品 100 台，每台售价 600 元，增值税税率 17%，款项尚未收到。

这项经济业务的发生，使企业应收款增加了 93 600 元，应收款增加是资产的增加，应记入"应收账款"账户的借方；企业取得的销售收入，应收价款合计 80 000 元，销售收入的增加是收入的增加，应记入"主营业务收入"账户的贷方，增值税销项税额 13 600 元，增值税销项税额的增加是负债的增加，应记入"应交税费"账户的贷方。

该项业务应编制的会计分录如下：

借：应收账款——富通公司 93 600

　　贷：主营业务收入——甲产品 20 000

　　　　主营业务收入——乙产品 60 000

　　　　应交税费——应交增值税(销项税额) 13 600

3) 售出产品，收到商业汇票

【例 4.31】 企业向致远公司销售 乙产品 320 台，每台售价 600 元，增值税税率 17%，收到致远公司签发的商业承兑汇票一张，汇票的期限为 6 个月。

这项经济业务的发生，一方面使企业的应收票据增加 224 640 元，应收票据的增加是资产的增加，应记入"应收票据"账户的借方；另一方面，企业的销售收入增加 192 000 元，销售收入的增加是收入的增加，应记入"主营业务收入"账户的贷方，销项税额增加 32 640 元，增值税销项税额的增加是负债的增加，应记入"应交税费"账户的贷方。

该项业务应编制的会计分录如下：

借：应收票据——致远公司 224 640

　　贷：主营业务收入——乙产品 192 000

　　　　应交税费——应交增值税(销项税额) 32 640

4.4.3.2 企业收回的应收款项

【例 4.32】6 个月后企业收到致远公司的商业承兑汇票款 224 640 元，款项存入银行；半个月后收到富通公司货税款 93 600 元，款项存入银行。

这项经济业务的发生，使企业的银行存款增加 318 240 元(224 640＋93 600)，银行存款的增加是资产的增加，应记入"银行存款"账户的借方；应收账款收回93 600元，应收账款的收回是资产的减少，应记入"应收账款"账户的贷方，应收票据收回224 640元，应收票据的收回是资产的减少，应记入"应收票据"账户的贷方。该项业务应编制的会计分录如下：

借：银行存款		318 240
贷：应收票据——致远公司		224 640
应收账款——富通公司		93 600

4.4.3.3　销售费用

销售费用是指企业在销售过程中发生的，应该由本企业负担的产品的运输费、装卸费、包装费、广告费、展销费以及专设销售机构的经费等。

【例4.33】　企业用银行存款支付产品广告费10 000元，用现金支付销货运费500元。

这项经济业务的发生，使销售费用发生10 500元，广告费和运费的增加是成本费用的增加，应记入"销售费用"账户的借方，现金支付运费500元，现金的减少是资产的减少，应记入"库存现金"账户的贷方，银行存款支付广告费10 000元，银行存款的减少是资产的减少，应记入"银行存款"账户的贷方。该项业务应编制的会计分录如下：

借：销售费用		10 500
贷：库存现金		500
银行存款		10 000

4.4.3.4　月末，结转已销售产品的生产成本

平时企业销售产品，不结转销售成本，月末，根据已销售产品的数量和单位生产成本，计算并结转本月已销售产品的成本。

【例4.34】　月末，结转本月销售成本，甲产品单位成本500元，乙产品单位成本200元。

根据以上业务计算本月已销售产品的生产成本：

甲产品的生产成本=(400+20)×500=210 000(元)；

乙产品的生产成本=(100+320)×200=84 000(元)。

结转已销售产品的生产成本，表示库存商品转化为主营业务成本，主营业务成本增加294 000元，主营业务成本的增加是成本费用的增加，应记入"主营业务成本"账户的借方；同时表示库存商品的减少，库存商品的减少是资产的减少，应记入"库存商品"账户的贷方。该项业务应编制的会计分录如下：

借：主营业务成本——甲产品 210 000

主营业务成本——乙产品 84 000

贷：库存商品——甲产品 210 000

库存商品——乙产品 84 000

4.4.3.5 月末，计提城市维护建设税和教育费附加

【例 4.35】 月末，根据规定的计提比例计算应由本企业负担的城市维护建设税 2 000 元和教育费附加 1 000 元。

这项经济业务的发生，使营业税金及附加增加 3 000 元，营业税金及附加的增加是成本费用的增加，应记入"营业税金及附加"账户的借方；同时，企业应交的城市维护建设税增加 2 000 元，城市维护建设税的增加是负债的增加，应记入"应交税费"账户的贷方，企业应交的教育费附加增加 1 000 元，教育费附加的增加是负债的增加，应记入"应交税费"账户的贷方。该项业务应编制的会计分录如下：

借：营业税金及附加 3 000

贷：应交税费——城市维护建设税 2 000

应交税费——教育费附加 1 000

4.5 财务成果的核算

4.5.1 财务成果的经济业务简介

财务成果又称为利润或亏损，利润是企业在一定会计期间的经营成果。通常情况下，如果企业实现了利润，表明企业的所有者权益将增加，业绩得到了提升；反之，如果企业发生了亏损，表明企业的所有者权益将减少，业绩下滑了。利润往往是评价企业管理层的一项重指标，也是投资者等财务报告使用者进行决策的重要参考。

4.5.1.1 利润的构成

利润包括收入减去费用后的净额以及直接计入当期利润的利得和损失等。

直接计入当期利润的利得和损失是指应当计入当期损益、最终会引起所有者权益发生增减变动的、与所有者投入资本或者向所有者分配利润无关的利得或者损失。企业只有严格地区别了收入和利得、费用和损失，才能更加全面地反映企

(2) 递延所得税费用=递延所得税负债增加额＋递延所得税资产减少额。

(3) 递延所得税收益=递延所得税负债减少额＋递延所得税资产增加额。

4.5.2 财务成果核算应的账户设置

4.5.2.1 "营业外收入"账户

"营业外收入"账户是损益类账户，是用来核算企业发生的与其日常活动无直接关系的各项利得的账户。贷方登记发生的各项营业外收入，借方登记月末将贷方发生额之和转入"本年利润"账户贷方的数额，期末结转后无余额。账户按营业外收入项目设置明细账，进行明细分类核算。"营业外收入"账户的结构如表4.29 所示。

表 4.29 "营业外收入"账户的结构

借方 营业外收入	贷方
本期发生额：期末将贷方发生额之和全部转入"本年利润"账户	本期发生额：本月发生的各项营业外收入
	期末无余额

4.5.2.2 "营业外支出"账户

"营业外支出"账户是损益类账户，是用来核算企业发生的与其日常活动无直接关系的各项损失的账户。借方登记发生的各项营业外支出，贷方登记月末将借方发生额之和转入"本年利润"账户借方的数额，结转后账户无余额。该账户应按营业外支出项目设置明细账进行明细分类核算。"营业外支出"账户的结构如表 4.30 所示。

表 4.30 "营业外支出"账户的结构

借方 营业外支出	贷方
本期发生额：本月发生的各项营业外支出	本期发生额：期末将借方发生额之和全部转入"本年利润"账户
期末无余额	

4.5.2.3 "所得税费用"账户

"所得税费用"账户是损益类账户，是用来核算企业根据应纳税所得额的一业的经营业绩。

4.5.1.2　利润的确认条件

利润反映的是收入减去费用、利得减去损失后的净额，因此，利润的确认主要依赖于收入和费用以及利得和损失的确认，其金额的确定也主要取决于收入、费用、利得、损失的计量。

4.5.1.3　利润的计算公式

1) 营业利润

$$营业利润 = 营业收入 - 营业成本 - 营业税金及附加 - 销售费用 - 管理费用 - 财务费用 - 资产减值损失 + 公允价值变动收益 + 投资收益$$

其中：

(1) 营业收入包括主营业务收入和其他业务收入。

(2) 营业成本包括主营业务成本和其他业务成本。

(3) 营业税金及附加包括主营业务销售和其他业务销售应缴纳的营业税、消费税、城市维护建设税、教育费附加等。

(4) 资产减值损失是指企业计提各项资产减值准备所形成的损失。

(5) 公允价值变动收益(或损失)是指企业交易性金融资产等公允价值变动形成的应计入当期损益的利得(或损失)。

(6) 投资收益(或损失)是指企业以各种方式对外投资的取得的收益(或损失)。

2) 利润总额

$$利润总额 = 营业利润 + 营业外收入 - 营业外支出$$

其中：

(1) 营业外收入是指企业发生的与其日常活动无直接关系的各项利得。营业外收入主要包括非流动资产处置利得、盘盈利得、罚没利得、捐赠利得、确实无法支付而按规定程序经批准后转作营业外收入的应付款项等。

(2) 营业外支出是指企业发生的与其日常活动无直接关系的各项损失。营业外支出主要包括非流动资产处置损失、盘亏损失、罚款支出、公益性捐赠支出、非常损失等。

3) 净利润

$$净利润 = 利润总额 - 所得税费用$$

其中：

(1) 所得税费用(或收益)=当期所得税＋递延所得税费用(－递延所得税收益)。

定比例上交的一种税金的账户。借方登记企业应计入本期损益的所得税费用额，贷方登记月末转入"本年利润"账户借方的所得税费用额，期末结转后无余额。"所得税费用"账户应设置"当期所得税费用"、"递延所得税费用"明细账，进行明细分类核算。"所得税费用"账户的结构如表 4.31 所示。

表 4.31　"所得税费用"账户的结构

借方	所得税费用	贷方
本期发生额：本月应计入本期损益的所得税费用		本期发生额：本月期末将借方发生额之和全部转入"本年利润"账户
期末无余额		

4.5.2.4　"本年利润"账户

"本年利润"账户是所有者权益类账户，是用来核算企业当期实现的净利润或发生的净亏损所设置的账户。贷方登记从各收入账户转入的本期发生的各种收入，借方登记从各费用账户转入的本期发生的各种费用，收入与费用相抵后，如果收入大于费用，"本年利润"账户为贷方余额，表示本年累计实现的利润。如果费用大于收入，"本年利润"账户为借方余额，表示本年累计发生的亏损。年末，将"本年利润"账户的余额转入"利润分配"账户，结转后"本年利润"账户年末无余额。"本年利润"账户的结构如表 4.32 所示。

表 4.32　"本年利润"账户的结构

借方	本年利润	贷方
		期初余额：期初本年已累计实现的利润
本期发生额：(1) 本月末各费用账户转入的本期发生的各项费用		本期发生额：(1) 本月末各收入账户转入的本期发生的各项收入
(2) 年末将全年累计实现的利润转入"利润分配"账户		(2) 年末将全年累计实现的亏损转入"利润分配"账户
期末余额：本年累计发生的亏损		期末余额：(1) 本年累计实现的利润
		(2) 年末无余额

4.5.2.5　"利润分配"账户

"利润分配"账户是所有者权益类账户，是用来核算企业利润分配情况和历年利润分配后的结余利润金额的账户。借方登记企业实际分配的利润，贷方平时一般不作登记，在年度中间该账户的期末余额一般为借方余额，表示截至本期企业累计已分配的利润。年末，企业将全年实现的净利润从"本年利润"账户的借方结转记入"利润分配"账户的贷方。结转后，"利润分配"账户如果为贷方余额，表示年末未分配的利润的数额；如果有借方余额，表示年末未弥补的亏损额。"利润分配"账户一般应设置"提取法定盈余公积"、"提取任意盈余公积"、"向投资者分配利润"、"未分配利润"等明细账户，进行明细分类核算。"利润分配"账户的结构如表 4.33 所示。

表 4.33　"利润分配"账户的结构

借方	利润分配	贷方
本期发生额：(1)本月实际分配的利润 (2)年末将全年累计实现的亏损转入		期初余额：期初未分配的利润数额 本期发生额：年末将全年累计实现的利润转入
		期末余额：未分配的利润数额

4.5.2.6　"盈余公积"账户

"盈余公积"账户是所有者权益类账户，是用来核算企业从净利润中提取的盈余公积金的增减变动和结余情况的账户。贷方登记从净利润中提取的盈余公积的数额，借方登记盈余公积金的支用数，期末余额在贷方，表示期末盈余公积金的结余数额。"盈余公积"账户应设置"法定盈余公积"、"任意盈余公积"等明细账户，进行明细分类核算。"盈余公积"账户的结构如表 4.34 所示。

表 4.34　"盈余公积"账户的结构

借方	盈余公积	贷方
本期发生额：本月盈余公积金的使用		期初余额：期初已计提的盈余公积金结余数 本期发生额：本月提取的盈余公积金
		期末余额：盈余公积金的结余数

4.5.2.7　"应付股利"账户

"应付股利"账户是负债类账户，是用来核算企业分配的现金股利或利润情况的账户。贷方登记企业计算出的应支付给投资者的股利或利润数额，借方登记实际支付给投资者的股利或利润数额，期末余额一般在贷方，表示应付而尚未支付的股利或利润额。应付股利账户应按投资者设置明细账户，进行明细分类核算。"应付股利"账户的结构如表 4.35 所示。

表 4.35　"应付股利"账户的结构

借方	应付股利	贷方
		期初余额：期初应支付给投资者的利润
本期发生额：本月实际支付给投资者的利润		本期发生额：计提的应支付给投资者的利润
		期末余额：尚未支付的利润额

4.5.2.8　"其他业务收入"账户

"其他业务收入"账户是损益类账户，是用来核算企业除主营业务活动以外的其他经营活动实现的收入的账户。贷方登记企业实现的其他业务收入，借方登记期末将本期贷方发生额之和全部转入"本年利润"账户的金额，期末结转后该账户没有余额。该账户应按其他业务的种类开设明细账，进行明细分类核算。"其他业务收入"账户的结构如表 4.36 所示。

表 4.36　"其他业务收入"账户的结构

借方	其他业务收入	贷方
本期发生额：期末将本月贷方发生额之和全部转入"本年利润"账户		本期发生额：本月发生的各项其他业务收入
		期末无余额

4.5.2.9　"其他业务成本"账户

"其他业务成本"账户是损益类账户，是用来核算企业除主营业务活动以外的其他经营活动所发生的支出的账户。借方登记其他销售或其他业务所发生支出，贷方登记将本期所发生其他业务成本转入的"本年利润"账户的金额。该账户应按其他业务的种类开设明细账，进行明细分类核算。"其他业务成本"账户的结构如表 4.37 所示。

表 4.37　"其他业务成本"账户的结构

借方	其他业务成本	贷方
本期发生额：本月其他业务所发生的支出		本期发生额：期末将本月借方发生额之和全部转入"本年利润"账户
期末无余额		

4.5.3　财务成果形成核算的账务处理

4.5.3.1　营业外收入核算的账务处理

营业外收入是指企业发生的与其日常活动无直接关系的各项利得。营业外收入主要包括非流动资产处置利得、盘盈利得、罚没利得、捐赠利得、确实无法支付而按规定程序经批准后转作营业外收入的应付款项等。

【例4.36】　企业将固定资产报废清理的净收益6 000元，转作营业外收入。

这项经济业务的发生，固定资产报废清理的净收益属于非流动资产处置利得，应计入营业外收入，营业外收入的增加是收入的增加，应记入"营业外收入"账户的贷方；同时，报废清理净收益的结转，使固定资产清理增加，固定资产清理增加是资产的增加，应记入"固定资产清理"账户的借方。

该项业务应编制的会计分录如下：

借：固定资产清理　　　　　　　　　　　　　　　　　　　6 000
　　贷：营业外收入　　　　　　　　　　　　　　　　　　　　6 000

4.5.3.2　营业外支出核算的账务处理

营业外支出是指企业发生的与其日常活动无直接关系的各项损失。营业外支出主要包括非流动资产处置损失、盘亏损失、罚款支出、公益性捐赠支出、材料等存货由于自然灾害的原因造成的非常损失等。

【例4.37】用银行存款向"希望工程"捐款5 000元，用现金向灾区捐款4 000元。

这项经济业务的发生，向"希望工程"捐款和灾区捐款都是费用的增加，应记入"营业外支出"账户的借方；银行存款支付5 000元和现金支付4 000元，银行存款和现金的减少是资产的减少，应分别记入"银行存款"和"库存现金"账户的贷方。应编制的会计分录如下：

借：营业外支出　　　　　　　　　　　　　　　　　　　　9 000
　　贷：银行存款　　　　　　　　　　　　　　　　　　　　　5 000
　　　　库存现金　　　　　　　　　　　　　　　　　　　　　4 000

4.5.3.3　其他业务收入核算的账务处理

其他业务收入是指企业除主营业务活动以外的其他经营活动实现的收入。包括销售的材料、包装物等存货实现的收入；出租包装物、商品、固定资产、无形资产等实现的收入;用材料进行非货币性交换或债务重组等实现的收入。

【例4.38】 企业出售A材料2 000千克,单价70元,增值税税率17%,款项已收存银行。

这项经济业务的发生,使企业银行存款增加了163 800元,银行存款的增加是资产的增加,应记入"银行存款"账户的借方;企业收到价款140 000元,实现其他业务收入是收入的增加,应记入"其他业务收入"账户的贷方;增值税销项税额23 800元,增值税销项税额的增加是负债的增加,应记入"应交税费"账户的贷方。应编制的会计分录如下:

借:银行存款	163 800
贷:其他业务收入	140 000
应交税费——应交增值税(销项税额)	23 800

4.5.3.4 其他业务成本核算的账务处理

其他业务成本是指企业除主营业务活动以外的其他经营活动所发生的支出。包括销售材料的成本、出租固定资产的折旧额、出租无形资产的摊销额、出租包装物的成本或摊销额等。

【例4.39】 结转上述出售A材料的成本。

计算出售材料的成本=出售材料的数量×出售材料的购买价格=2000×50=100 000(元)。

根据这项经济业务的发生,结转销售成本,其他业务成本增加100 000元,其他业务成本的增加是成本费用的增加,应记入"其他业务成本"账户的借方;同时表示原材料的减少,原材料的减少是资产的减少,应记入"原材料"账户的贷方。该项业务应编制的会计分录如下:

借:其他业务成本	100 000
贷:原材料	100 000

4.5.3.5 本年利润核算的账务处理

会计期末,应归集各损益账户的本期发生额合计数,将其全部转入"本年利润"账户,结转后,各损益账户期末应无余额。

(1) 将各收益类账户本期发生额,转入"本年利润"账户。会计期末,将各收益类账户的本期贷方发生额合计数,全部转入"本年利润"账户的贷方,形成当期利润的增加数额,同时分别借记这些账户。结转前,应先归集各收入、收益账户本期发生额合计数,结转后,各收益类账户期末应无余额。

【例4.40】根据以上经济业务,汇总各收入类账户的本期贷方发生额合计数分别为：主营业务收入 672 000 元(其中甲产品为 420 000 元，乙产品为 252 000 元)、其他业务收入 140 000 元、营业外收入 6 000 元。应将其转入"本年利润"账户的贷方，同时分别借记这些账户。应编制的会计分录如下：

借：主营业务收入——甲产品	420 000
主营业务收入——乙产品	252 000
其他业务收入	140 000
营业外收入	6 000
贷：本年利润	818 000

(2) 将各损益类账户本期发生额，转入"本年利润"账户。会计期末，将各损益类账户的本期借方发生额合计数，全部转入"本年利润"账户的借方，形成当期利润的抵消数额，同时分别贷记这些账户。结转前，应归集各成本、费用账户本期发生额合计数，结转后，各损益账户期末应无余额。

【例 4.41】根据以上经济业务，汇总各损益类账户的本期借方发生额合计数分别为：主营业务成本 294 000 元(其中甲产品为 210 000 元，乙产品为 84 000 元)、营业税金及附加 3 000 元、管理费用 67 020 元、财务费用 5 600 元、销售费用 10 500 元、其他业务成本 100 000 元、营业外支出 9 000 元，应将其转入"本年利润"账户的借方，分别贷记这些账户。应编制的会计分录如下：

借：本年利润	489 120
贷：主营业务成本——甲产品	210 000
主营业务成本——乙产品	84 000
营业税金及附加	3 000
管理费用	67 020
财务费用	5 600
销售费用	10 500
其他业务成本	100 000
营业外支出	9 000

4.5.3.6　所得税费用核算的账务处理

所得税费用是企业依照国家税法的规定，对企业经营所得按照规定的税率，计算并交纳的税款。基本公式是：

$$企业应交所得税费用=利润总额×适用税率$$

企业所得税费用是企业在生产经营过程中的耗费，是企业的一项费用支出。因此，所得税费用作为一项费用支出，应从当期利润总额中扣除，扣除了所得税费用后的利润称为净利润。

【例 4.42】 根据以上经济业务，计算企业当期实现的利润总额为 328 880 元 (818 000－489 120)，按 25%计提所得税费用。

计算当期应交所得税费用=328 880×25%=82 220(元)。

这项经济业务表明当期企业发生所得税费用,所得税费用的增加是费用的增加,应记入"所得税费用"账户的借方;同时,企业应交的所得税费用增加,应记入"应交税费"账户的贷方。该项业务应编制的会计分录如下:

(1) 计算当期应交所得税费用:

借:所得税费用	82 220
贷:应交税费——应交所得税费用	82 220

(2) 同时扣除当期利润总额:

借:本年利润	82 220
贷:所得税费用	82 220

4.5.4　财务成果分配的账务处理

财务成果分配即利润分配,包括盈余公积和未分配利润两个部分。

4.5.4.1　利润分配的顺序

企业实现的净利润,应该按照国家的有关规定,在投资者、企业和职工个人之间进行分配。企业利润分配按下列顺序进行:

(1) 提取法定盈余公积。

(2) 提取任意盈余公积。

(3) 向投资者分配利润。

4.5.4.2　盈余公积

盈余公积是指企业按规定从净利润中提取的企业积累资金。公司制企业的盈余公积包括法定盈余公积和任意盈余公积。

1) 计提比例

(1) 提取法定盈余公积。按照《中华人民共和国公司法》的规定,公司制企业应按照当期净利润(减弥补以前年度亏损)的 10%提取盈余公积,法定盈余公积累计额已达注册资本的 50%时可不再提取。非公司制企业的计提比例可超过 10%。

(2) 提取任意盈余公积。公司制企业根据股东大会决议的计提比例提取任意盈余公积,非公司制企业经类似权力机构批准,也可提取任意盈余公积。

2) 盈余公积的用途

企业提取的盈余公积经批准可用于弥补亏损、转增资本、发放现金股利及发放利润。

4.5.4.3　向投资者分配利润

向投资者分配利润。公司弥补亏损和提取盈余公积后所余税后利润，可按照股东实缴的出资比例分取红利，但全体股东有约定或者公司章程有规定的除外。

4.5.4.4　利润分配的账务处理

1) 提取法定盈余公积

【例 4.43】　企业根据规定按净利润的 10%提取法定盈余公积金。

根据上述业务，企业净利润为 246 660=(328 880－82 220)，应提取法定盈余公积 24 666 元（246 660×10%），提取法定盈余公积是企业的利润分配，是所有者权益的减少，应记入"利润分配"账户的借方；同时，企业的盈余公积增加，是所有者权益的增加，应记入"盈余公积"账户的贷方。应编制的会计分录如下：

　　借：利润分配——提取法定盈余公积　　　　　　　　　　　　　　　　24 666

　　　　贷：盈余公积——法定盈余公积　　　　　　　　　　　　　　　　　24 666

2) 向投资者分配利润

【例 4.44】企业根据股东大会决议确定向投资者分配利润的方案为按净利润的 30%提取向投资者分配利润。

企业净利润为 246 660 元，应提取向投资者分配利润 73 998 元（246 660×30%），提取向投资者分配利润是企业的利润分配，是所有者权益的减少，应记入"利润分配"账户的借方；同时，企业的应付投资者利润增加，是负债的增加，应记入"应付股利"账户的贷方。应编制的会计分录如下：

　　借：利润分配——向投资者分配利润　　　　　　　　　　　　　　　　73 998

　　　　贷：应付股利　　　　　　　　　　　　　　　　　　　　　　　　73 998

3) 年末结转全年实现的净利润

年末，企业应将"本年利润"余额全部转入"利润分配"账户，结转后"本年利润"账户年末无余额。

【例 4.45】年末，结转全年实现的净利润 246 660 元。

这项经济业务的发生，是将企业全年实现的净利润，从"本年利润"账户的借方，转入"利润分配"账户的贷方。应编制的会计分录如下：

　　借：本年利润　　　　　　　　　　　　　　　　　　　　　　　　　246 660

　　　　贷：利润分配——未分配利润　　　　　　　　　　　　　　　　　246 660

4) 年末结转"利润分配"明细账户

年末，根据规定，企业"利润分配"年末的明细账户中，只有"未分配利润"明细账可以有余额，其余明细账户的余额一律转入"未分配利润"明细账。

【例 4.46】 年末，结转"利润分配"各明细账户。

根据上述经济业务，"利润分配"各明细账账户的余额分别是："提取法定盈余公积" 24 666 元、"向投资者分配利润" 73 998 元，假定为年终余额。这些明细账户用贷方进行结转，再记入"未分配利润"明细账户的借方。应编制的会计分录如下：

借：利润分配——未分配利润　　　　　　　　　　　　98 664
　　贷：利润分配——提取法定盈余公积　　　　　　　24 666
　　　　利润分配——向投资者分配利润　　　　　　　73 998

4.6 资金退出核算

4.6.1 资金退出企业的经济业务简介

资金经过供应、生产、销售三个生产经营过程及财务成果的核算，完成了资金的一个循环，有的资金继续进行下一个循环，有的资金则退出企业。工业企业资金退出主要包括：上交各种税费、向投资者分配利润、归还银行的各种借款、职工福利费的使用等。

4.6.2 资金退出企业账户的设置

资金退出企业核算应设置的账户，在前面都已经学习过，主要包括：银行存款、短期借款、长期借款、应付股利、应交税费、应付职工薪酬、应付利息等。这些账户前面已经介绍过，这里不再进行详细讲解。

4.6.3 资金退出企业的账务处理

4.6.3.1 支付各种税费

企业支付各种税费通过"应交税费"账户核算，借方登记实际交纳的各种税费，贷方登记按照税法等规定计算应交纳的增值税、消费税、资源税、土地增值税、城市维护建设税、房产税、土使用值税、车船税、教育费附加、矿产资源补偿费、代扣代交的个人所得税等。

【例 4.47】 企业用银行存款支付本月应交的增值税额 36 000 元，所得税费用 108 530.40 元。

这项经济业务的发生，当期企业支付所得税费用和增值税是负债的减少，应记入"应交税费"账户的借方；同时，用银行存款支付税金，是资产的减少，应记入"银行存款"账户的贷方。该项业务应编制的会计分录如下：

　　借：应交税费——应交所得税费用　　　　　　　　　　　108 530.40
　　　　应交税费——应交增值税　　　　　　　　　　　　　　36 000.00
　　　　贷：银行存款　　　　　　　　　　　　　　　　　　144 530.40

【例 4.48】 企业用银行存款支付本月应交的城市维护建设税 2 000 元，教育费附加 1 000 元。

这项经济业务的发生，当期企业支付城市维护建设税和教育费附加是负债的减少，应记入"应交税费"账户的借方；用银行存款支付税费，是资产的减少，应记入"银行存款"账户的贷方。该项业务应编制的会计分录如下：

　　借：应交税费——应交城市维护建设税　　　　　　　　　　2 000
　　　　应交税费——教育费附加　　　　　　　　　　　　　　1 000
　　　　贷：银行存款　　　　　　　　　　　　　　　　　　　3 000

4.6.3.2　向投资者分配利润

【例 4.49】 企业通过银行向投资者发放股利 66 104.88 元。

这项经济业务，当期企业支付股利是负债的减少，应记入"应付股利"账户的借方；同时，用银行存款支付股利，是资产的减少，应记入"银行存款"账户的贷方。该项业务应编制的会计分录如下：

　　借：应付股利　　　　　　　　　　　　　　　　　　　66 104.88
　　　　贷：银行存款　　　　　　　　　　　　　　　　　　66 104.88

4.6.3.3　职工福利费用的使用

【例 4.50】 企业用现金支付职工王永民生活困难补助 600 元。

这项经济业务的发生，当期企业支付职工生活困难补助是负债的减少，应记入"应付职工薪酬"账户的借方；同时，用现金支付生活困难补助，是资产的减少，应记入"库存现金"账户的贷方。该项业务应编制的会计分录如下：

　　借：应付职工薪酬——职工福利费用　　　　　　　　　　　600

| 贷：库存现金 | 600 |

【例 4.51】 企业用现金支付职工福利费 800 元。

这项经济业务的发生，当期企业支付职工福利费，应记入"应付职工薪酬"账户的借方；同时，用现金支付，是资产的减少，应记入"库存现金"账户的贷方。该项业务应编制的会计分录如下：

| 借：应付职工薪酬——职工福利费用 | 800 |
| 贷：库存现金 | 800 |

4.6.3.4 归还银行借款和利息

【例 4.52】 企业一笔 3 年期借款到期，用银行存款归还 150 000 元。

这项经济业务的发生，归还银行借款是负债的减少，应分别记入"长期借款"账户的借方；同时，用银行存款归还借款，是资产的减少，应记入"银行存款"账户的贷方。该项业务应编制的会计分录如下：

| 借：长期借款 | 150 000 |
| 贷：银行存款 | 150 000 |

【例 4.53】 用银行存款支付本季度短期借款的利息 16 800 元(其中，前 2 个月已预提=5 600×2=11 200 元)。

这项经济业务的发生，支付本季度短期借款的利息是负债的减少，应记入"应付利息"账户的借方，其余 5 600 元，作为本月理财费用的增加，应记入"财务费用"账户的借方；用银行存款归还利息，是资产的减少，应记入"银行存款"账户的贷方。该项业务应编制的会计分录如下：

借：应付利息	11 200
财务费用	5 600
贷：银行存款	16 800

4.7 成本计算

4.7.1 成本计算的内容简介

成本计算是会计核算的主要内容之一，也是会计核算的一种专门方法。工业企业在供、产、销过程中，一般要计算三种成本：供应过程中的材料采购成本、生产过程中的产品生产成本及销售过程中的产品销售成本。

成本是为取得某种成果而耗费的价值，是费用对象的归集。进行产品成本计算就是将企业生产过程中为制造产品所发生的各种费用，按照成本计算对象进行归集和分配，以便计算出各成本计算对象的总成本和单位成本。

4.7.2 材料采购成本的计算

4.7.2.1 材料采购成本的内容

材料采购成本是以某种外购物资作为成本计算对象，归集和分配采购过程中发生的各项费用。材料采购成本一般包括：

(1) 材料的买价。是指企业在采购材料时，按照供应单位的发票价格支付的货款。不含增值税，增值税属价外税，要单独在应交税费中核算。

(2) 采购费用。是指企业在采购材料过程中所发生的各项费用，包括材料的运输费、装卸费、保险费、包装费、仓储费等。

(3) 入库前的整理挑选费用。是指物资在入库前，所发生的挑选、整理、晾晒、分等级等费用。

(4) 运输途中的合理损耗。是指在运输过程中发生的，在规定限额以内的损失费用。

(5) 可以计入成本的税金。是指可以计入材料采购成本的税金，不包括支付的增值税，一般指进口物资的关税等。

在实际业务中，还有一些其他的费用，按道理也应该属于材料的采购费用，例如：采购入员的差旅费、市内采购材料的运杂费、专设采购机构的经费等。但是为了简化会计的核算，这些费用就不计入材料采购成本，而是直接列作管理费用支出。简化的材料采购成本计算公式如下：

材料采购成本=材料的买价＋材料的采购费用＋整理挑选费用＋合理损耗＋税金

4.7.2.2 共同性采购费用的分配

对于材料采购费用的计算，一般分为两种情况：凡能分清应属于哪一种材料的采购费用，则直接计入该种材料的采购费用；凡是由几种材料共同耗用的采购费用，则按一定的标准进行分配，确定其采购成本。

【例 4.54】 企业采购 A 材料 3 000 千克，单价 50 元，价款 150 000 元，增值税额 25 500 元，运费 500 元。

A 材料的采购成本=150 000＋500=150 500(元)；

A 材料的单位成本=150 500÷3 000=50.17(元)。

运费可以直接计入 A 材料的成本，而增值税不得计入 A 材料的采购成本。

【例 4.55】 企业采购 A 材料 2 000 kg，单价 50 元，价款 100 000 元，增值税额 17 000 元；B 材料 3 000 kg，单价 20 元，价款 60 000 元，增值税额 10 200 元。该采购活动发生运费 1 000 元。

发生的采购费用，如果不能分清是为某一种材料所支付的费用，就应该采用合理的分配标准，在各种材料之间进行分配，计入该种材料的成本，分配标准可以按材料的重量比例、体积或者买价比例等。

首先，要将材料的运费 1 000 元按材料重量进行分配：

材料运费分配率=1 000÷(2 000＋3 000)=0.20；

A 材料分配的运费=2 000×0.20=400(元)；

B 材料分配的运费=1 000－400=600(元)。

然后，计算材料的采购成本：

A 材料的采购成本=100 000＋400 =100 400(元)；

B 材料的采购成本=60 000＋500=60 500(元)。

最后，计算材料的单位成本：

A 材料的单位成本=100 400÷2 000=50.20(元/kg)；

B 材料的单位成本=60 500÷3 000=20.17(元)。

4.7.3　产品生产成本的计算

4.7.3.1　产品生产成本的内容

产品生产成本的计算，是以生产产品的种类或品种作为成本计算对象，归集、分配各项生产费用，并按成本项目计算各种产品的总成本和单位成本。

产品生产成本的项目主要由三部分组成：

(1) 直接材料。是指直接用于产品生产并构成产品实体的原料、主要材料以及有助于产品形成的辅助材料费，包括原材料、辅助材料、燃料、外购半成品、包装材料等。

(2) 直接人工。是指直接参加产品生产工人的工资以及按生产工人工资比例计提的职工福利费等。

(3) 制造费用。是指企业生产单位为组织和管理生产所发生的各项费用，包括管理、服务人员的工资和职工福利费、生产单位的折旧费、办公费、物料消耗、水电费、劳动保护费等。

除以上成本项目外，企业根据需要还可以设置燃料动力、废品损失、其他费用等成本项目。

4.7.3.2　产品生产成本的计算程序

1) 制造费用的归集和分配

当企业生产一种产品时，所有的费用都是直接费用，发生的费用不需要进行分配，可以根据有关凭证直接计入该产品的成本。当企业生产多种产品时，应将费用分为直接费用和间接费用，能明确归属于某种产品的费用为直接费用，应根据有关凭证直接计入该产品的成本；为几种产品共同发生的费用，需要分配计入各种产品的成本，一般先通过"制造费用"账户进行归集，月末按一定的标准进行分配，分配标准有生产工人工时、机械工时、生产工人工资等。计算公式为：

$$制造费用分配率=发生的制造费用总额 \div 各产品的分配标准之和$$
$$某产品应分摊的制造费用＝该产品的分配标准 \times 制造费用分配率$$

【例 4.56】　根据本章例 4.15 至例 4.24 的经济业务，计算例 4.27 制造费用的归集和分配过程。

首先计算本月制造费用的发生额，通过费用的归集，计算出本月制造费用归集总额为 54 360 元；然后，按甲、乙产品的生产工时分配本月制造费用(甲产品的生产工时为 8 万，乙产品的生产工时为 7 万)。

制造费用分配率=54 360÷(80 000＋70 000)=0.3624；

甲产品分配的制造费用=80 000×0.3624=28 992(元)；

乙产品分配的制造费用=54 360－28 992=25 368(元)。

2) 产品生产成本的归集和分配

产品的生产成本主要由直接材料、直接人工、制造费用三部分组成，产品生产成本的归集和分配是通过生产成本明细账进行的。明细账按产品进行设置，按成本项目设置专栏，归集发生的生产费用，分别计算产品的总成本和单位成本。

【例 4.57】　根据本章第三节生产过程核算的内容，计算例 4.28 甲、乙产品的生产成本计算过程。

(1) 按产品设置"生产成本明细账"，并根据期初余额进行登记。本例题没有期初余额，则不进行登记。

(2) 根据本月发生的生产费用，按成本项目登记"生产成本明细账"，其格式如表 4.38、表 4.39 所示。

(3) 根据"生产成本明细账"和产品的数量资料，编制"完工产品成本计算表"，计算完工产品总成本和单位成本，本月甲产品完工 510 台，乙产品完工 1076

台。其格式如表 4.40 所示。

表 4.38　生产成本明细账 1

产品名称：甲产品　　　　　　　　　　　　　　　　　　　　　　　　单位：元

日期		凭证字号	摘　要	直接材料	直接人工	制造费用	合计
月	日						
×		15	领用材料	119 000			
		16	分配工资		80 000		
		19	计提养老保险金		16 000		
		20	发生福利费		11 200		
		27	分配转入的制造费用			28 992	
			生产费用合计	119 000	107 200	28 992	255 192
		28	结转完工产品成本	119 000	107 200	28 992	255 192

表 4.39　生产成本明细账 2

产品名称：乙产品　　　　　　　　　　　　　　　　　　　　　　　　单位：元

日期		凭证字号	摘　要	直接材料	直接人工	制造费用	合计
月	日						
×		15	领用材料	96 000			
		16	分配工资		70 000		
		19	计提养老保险金		14 000		
		20	发生福利费		9 800		
		27	分配转入的制造费用			25 368	
			生产费用合计	96 000	93 800	25 368	215 168
		28	结转完工产品成本	96 000	93 800	25 368	215 168

表 4.40　完工产品成本计算表

成本项目	甲 产 品		乙 产 品	
	总成本	单位成本	总成本	单位成本
直接材料	119 000	233.33	96 000	89.22
直接人工	107 200	210.20	93 800	87.17
制造费用	28 992	56.85	25 368	23.58
合计	255 192	500.38	215 168	199.97

4.7.4　产品销售成本的计算

4.7.4.1　产品销售成本的内容

产品销售成本的核算是企业完工产品(即库存商品)在销售过程中，销售部门销售产品，将产品的生产成本结转为销售成本的过程。由于本月销售的产品不一定是本月生产的产品，可能是几个月生产的产品，不同月份产品的生产成本并不一致，因此，还需要采用加权平均法、先进先出法等方法计算库存商品成本(即已销产品的成本)。产品销售成本是指本月已销售产品的生产成本，从数量上等于已销售产品的数量×单位生产成本。

4.7.4.2　产品销售成本的计算程序

1) 统计产品的销售数量

由销售部门提供本月实际产品的销售数量，或根据本月产品销售的凭据(销售发票)汇总得出本月实际产品的销售数量。

【例 4.58】根据例 4.29～例 4.31 的经济业务，汇总本月甲、乙产品销售数量。

甲产品的销售数量=400+20=420(台)；

乙产品的销售数量=100+320=420(台)。

2) 确定单位生产成本

根据库存商品的明细账，采用加权平均法、先进先出法等方法计算库存商品单位生产成本。

甲产品单位生产成本=500(元)；

乙产品单位生产成本=200(元)。

3) 计算产品销售成本

$$产品销售成本=已销售产品的数量×单位生产成本$$

【例 4.59】根据 4.3 中生产过程核算的内容，计算例 4.34 甲、乙产品销售成本计算过程。

甲产品销售成本=420×500=210 000(元)；

乙产品销售成本=420×200=84 000(元)。

复习思考题

(1) 简述材料采购成本的构成。

(2) 企业资金来源的渠道是什么？应设置哪些账户进行核算？

(3) 供应过程核算应设置哪些账户？如何进行账务处理？

(4) 生产过程核算应设置哪些账户？如何进行账务处理？

(5) 销售过程核算应设置哪些账户？如何进行账务处理？

(6) 财务成果核算应设置哪些账户？如何进行账务处理？

(7) 企业的利润如何进行分配？什么是利润？企业的利润由哪几项构成？它们的关系如何？

练习题

习题1

(1) 目的：练习资金筹集业务的核算。

(2) 资料：长江公司××年10月发生如下业务：

① 收到某投资人的现款投资200 000元，款项存入银行。

② 收到某单位投入机械设备一台，机械设备的公允价值为300 000元。机械设备不需安装，可投入使用。

③ 由于生产周转的需要，从银行取得期限10个月的借款100 000元，年利率6%，款项存入银行。

④ 因需要购置一条生产流水线机械设备，从银行取得4年期的借款100 000元，年利率5%，款项存入银行。

(3) 要求：根据以上业务编制会计分录。

习题2

(1) 目的：练习固定资产购建业务的核算。

(2) 资料：长江公司××年10月发生如下业务：

① 用银行存款购入不需要安装的设备一台,买价100 000元,增值税额17 000元，用现金支付运费500元，设备已交付车间使用。

② 购入一台需要安装的机械设备，买价300 000元，增值税额51 000元，款项已用银行存款支付。

③ 用现金支上述机械设备的运费5 000元。

④ 机械设备的安装耗用A材料8 000元，A材料的增值税额1 360元。

⑤ 机械设备的安装费15 000元，用银行存款支付。

⑥ 机械设备安装完工，已交付车间使用。

(3) 要求：根据以上业务编制会计分录。

习题3

(1) 目的：练习物资采购业务的核算。

(2) 资料：长江公司××年10月发生如下业务：

① 从宏达公司购入 A 材料 1 000 kg，单价 50 元，购入 B 材料 2 000 kg，单价 20 元，增值税税率 17%，货款尚未支付，A、B 材料已验收入库。

② 用银行存款支付上月欠维达公司货税款 38 000 元。

③ 从维达公司购入 A 材料 3 500 kg，单价 50 元，购入 B 材料 4 500 kg，单价 20 元，增值税税率 17%，企业用银行存款支付货税款，A、B 材料未入库。

④ 用现金支付从维达公司购入 A、B 材料运费 3 200 元(按材料的重量分配)。

⑤ 从维达公司购入的 A、B 材料已验收入库，结转实际采购成本。

⑥ 购入需安装设备一台，价款 158 000 元，增值税额 26 860 元，用银行存款支付价税款。另用现金支付运费 600 元，用银行存款支付安装费 6 800 元。该设备安装完工，交付生产车间使用。

⑦ 从宏达公司购入 B 材料 2 800 kg，单价 20 元，增值税税率 17%，企业用银行存款支付 30 000 元，其余货税款暂欠，B 材料已验收入库。

⑧ 从维达公司购入 A 材料 3800 kg，单价 50 元，增值税税率 17%，企业用银行存款支付，A 材料未入库。

(3) 要求：根据以上业务编制会计分录。

习题 4

(1) 目的：练习生产业务的核算。

(2) 资料：长江公司××年 10 月发生业务如下：

① 仓库发出 A 材料，甲产品耗用 150 000 元，乙产品耗用 80 000 元，生产车间一般耗用 2 000 元，行政管理部门耗用 1 000 元。

② 用银行存款支付下一年度保险费 8 000 元。

③ 摊销本月报刊费 600 元。

④ 从银行提取现金 84 000 元，准备发放工资。

⑤ 发放工资 84 000 元。

⑥ 用现金支付办公费 1 800 元，其中，车间 600 元，行政管理部门 1 200 元。

⑦ 仓库发出 B 材料，甲产品耗用 100 000 元，乙产品耗用 60 000 元，生产车间一般耗用 1 000 元，行政管理部门耗用 500 元。

⑧ 预提本月短期借款利息 8 600 元。

⑨ 计提本月固定资产折旧，车间固定资产折旧为 25 000 元，行政管理部门固定资产折旧为 7 800 元。

⑩ 分配本月工资 84 000 元，其中，生产工人工资 60 000 元(甲产品 40 000 元，乙产品 20 000 元)，车间管理人员工资 12 000 元，行政管理部门人员工资 12 000 元。

⑪ 结转本月制造费用 40 600 元，按生产工时分配。其中甲产品应分配 20 600 元，乙产品应分配 20 000 元。

⑫ 结转本月完工产品成本,其中,甲产品完工产品成本为 425 000 元,乙产品完工产品成本为 320 000 元。

(3) 要求:根据以上业务编制会计分录。

习题 5

(1) 目的:练习产品生产业务和产品制造成本的核算。

(2) 资料:长江公司生产甲、乙两种产品,××年 10 月发生的经济业务如下:

① 从银行提取现金 3 000 元,以备零用。

② 采购员王永民预借差旅费 1 800 元,用现金支付。

③ 本月各部门用材料,如表 4.41 所示。

表 4.41 各部门领用材料汇总表

单位:元

项 目	A 材料	B 材料	合计
甲产品耗用	32 000	28 000	60 000
乙产品耗用	42 000	36 000	78 000
生产车间一般耗用		5 000	5 000
行政管理部门领用		3 000	3 000
合计	74 000	72 000	146 000

④ 从银行提取现金 50 000 元,以备发放工资。

⑤ 用现金支付办公费 1 000 元,其中,车间办公费 400 元,行政管理部门办公费 600 元。

⑥ 预提本月短期借款利息 4 200 元。

⑦ 摊销本月应承担的报纸杂志费 350 元。

⑧ 月末,分配本月工资 50 000 元,其中,生产工人工资 30 000 元,车间管理人员工资 8 000 元,行政管理部门人员工资 12 000 元。(生产工人工资按工时分配,甲产品 6 000 工时,乙产品 4 000 工时)

⑨ 月末,计提固定资产折旧 26 000 元,其中,车间固定资产折旧 16 000 元,行政管理部门固定资产折旧 10 000 元。

⑩ 月末,采购员王永民出差归来,报销差旅费 1 500 元,找回现金 300 元。

⑪ 月末,按工时分配本月制造费用。

⑫ 月末,本月甲、乙产品全部完工,结转完工产品成本。(甲产品月初在产品成本 158 000 元,乙产品为本月投产)

(3) 要求:

① 根据以上业务编制会计分录。

② 开设"制造费用"、"生产成本"明细账户，根据会计分录进行登记。

习题 6

(1) 目的：练习产品销售业务的核算。

(2) 资料：长江公司××年 10 月发生如下业务：

① 销售给富通公司甲产品 230 台，每台售价 1 000 元，增值税税率 17%；另用现金代垫运费 1 500 元。货税款及代垫运费尚未收到。

② 销售给致远公司甲产品 350 件，每台售价 1 000 元，乙产品 250 台，每台售价 600 元，增值税税率 17%，收到致远公司开出的期限 6 个月商业汇票一张。

③ 收到致远公司上月购货欠款 60 000 元，存入银行。

④ 用银行存款支付为产品销售的广告费 10 000 元。

⑤ 销售给富通公司甲产品 300 台，每台售价 1 000 元，增值税税率 17%，收到现金 50 000 元，其余货税款尚未收到。

⑥ 用现金支付销售给富通公司(5)甲产品的运费 2 900 元。

⑦ 收到销售给富通公司(5)甲产品的余款及(6)代垫付运费款，款项存入银行。

⑧ 销售给致远公司乙产品 320 台，每台售价 600 元，增值税税率 17%，收到致远公司货款 8 万元，其余货税款尚未收到。

⑨ 结转已销售产品的生产成本，甲产品每台生产成本为 500 元，乙产品每台生产成本为 200 元。

⑩ 按规定计提城市维护建设税 1 800 元，教育费附加 1 000 元。

(3) 要求：根据以上业务编制会计分录。

习题 7

(1) 目的：练习利润形成业务的核算。

(2) 资料：长江公司××年 10 月发生如下经济业务：

① 用现金支付电话费 1 200 元。其中：厂部电话费 800 元，车间电话费 400 元。

② 销售给富通公司甲产品 300 台，每台售价 1 000 元，乙产品 200 件，每台售价 600 元，增值税税率 17%，收到富通公司开出的商业汇票一张。

③ 以现金支付销售给富通公司(2)甲产品运费、装卸费共计 1 800 元。

④ 收到罚款收入 8 000 元，存入银行。

⑤ 销售给致远公司甲产品 150 台，每台售价 1 000 元，乙产品 300 件，每台售价 600 元，增值税税率 17%，货税款未收到。同时，用银行存款代垫运费 700 元。

⑥ 企业销售 A 材料 2 000 千克，每千克售价 80 元，增值税税率 17%，款项存入银行。

⑦ 结转材料的销售成本，A 材料单价 50 元。

⑧ 预提本月短期借款利息 18 000 元。

⑨ 用银行存款支付广告费 12 000 元。

⑩ 结转本月已销产品的生产成本，甲产品每台生产成本 500 元，乙产品每台生产成本 200 元。

⑪ 按规定计提城市维护建设税 2 000 元，教育费附加 1 000 元。

⑫ 摊销本月应承担的保险费 600 元，报刊费 300 元。

⑬ 按利润总额的 33%计提所得税。

⑭ 将本月的收入、费用账户的发生额转入本年利润。

(3) 要求：

① 根据以上业务，分别计算长江公司 10 月的主营业务利润、营业利润、利润总额和净利润。

② 编制有关会计分录。

习题 8

(1) 目的：练习利润分配业务的核算。

(2) 资料：长江公司××年 12 月实现利润总额 400 000 元。

① 按利润总额的 25%计提所得税。

② 按净利润的 10%计提法定盈余公积。

③ 按净利润的 40%计提向投资者分配的利润。

④ 结转实现的净利润。

⑤ 结转利润分配各明细账户。

(3) 要求：根据以上业务，编制有关会计分录。

习题 9

(1) 目的：练习资金退出企业的核算。

(2) 资料：长江公司××年 10 月发生如下经济业务：

① 用银行存款归还期限 6 个月的借款 80 000 元。

② 用银行存款支付本季度短期借款利息 15 000 元，其中，前 2 个月已预提 10 000 元。

③ 用银行存款支付欠宏达公司货税款 75 000 元。

④ 用银行存款支付本月的应交增值税额 68 000 元，支付城市维护建设税 6 000 元，支付教育费附加 1 000 元，支付所得税费用 120 000 元。

(3) 要求：根据以上业务编制会计分录。

习题 10

(1) 目的：练习成本的计算。

(2) 资料：长江公司生产甲、乙两种产品，××年 10 月发生经济业务如下：

① 本月各部门领用材料，如表 4.42 所示。

② 用银行存款支付本月电费 28 000 元，其中，甲产品耗用 10 000 元，乙产品耗用 9 000 元，生产车间一般耗用 7 000 元，行政管理部门耗用 2 000 元。

表 4.42　材料领用汇总表

单位:元

项　　目	A 材料	B 材料	合计
甲产品领用	83 000	75 000	158 000
乙产品领用	38 000	46 000	84 000
生产车间领用		2 000	2 000
行政管理部门领用		3 000	3 000
合计	121 000	126 000	247 000

③ 本月耗用水费 34 000 元，其中，甲产品耗用 15 000 元，乙产品耗用 16 000 元，生产车间一般耗用 2 000 元，行政管理部门耗用 1 000 元，水费尚未支付。

④ 分配本月工资 98 000 元，其中，生产工人工资 60 000 元，车间管理人员工资 26 000 元，行政管理部门人员工资 12 000 元。生产工人工资按工时分配，甲产品耗用 50 000 工时，乙产品耗用 48 000 工时。

⑤ 计提本月应向社会保险经办机构缴纳的职工基本养老保险费共计 50 000 元。其中，生产甲产品的工人计提额为 20 000 元，生产乙产品的工人计提额为 20000 元，车间管理人员计提额为 4 000 元，厂部管理人员计提额为 6 000 元。

⑥ 计算本月发生制造费用，按工时分配本月制造费用。

⑦ 本月甲、乙产品全部完工，结转完工产品成本。甲产品月初在产品成本 56 000 元，其中，直接材料 36 000 元、直接人工 8 000 元、制造费用 12 000 元；乙产品为本月投产，月初无在产品成本。本月甲产品完工产品数量为 800 台；乙产品完工产品数量为 600 台。

(3) 要求:

① 根据以上业务编制会计分录。

② 编制本月甲、乙产品的"产品成本计算表"。(生产成本项目需要增加"电费""水费"栏，或用"其他费用"栏)

③ 计算甲、乙产品的总成本和单位成本。

习题 11

(1) 目的:综合练习企业主要经营过程的核算。

(2) 资料:长江公司××年 11 月发生如下经济业务:

① 1 日，从银行提取现金 3 000 元，备用。

② 1 日，以银行存款支付广告费 8 000 元。

③ 2 日，从宏达公司购入 A 材料 4 000 千克，单价 50 元，购入 B 材料 5 000

千克,单价20元,增值税税率17%,运费900元,货款用银行存款支付,运费按重量分配。

④ 3日,从宏达公司购入的A、B材料全部验收入库,结转其实际采购成本。

⑤ 3日,购入需安装的设备一台,价款120 000元,增值税额20 400元,价税款用银行存款支付,另用现金支付运费1 500元。

⑥ 9日,用银行存款支付购入设备的安装费10 000元,该设备同日已安装完工,交付车间使用,结转其实际安装成本。

⑦ 9日,摊销本月应承担的报刊费800元,其中生产车间承担300元。

⑧ 10日,现金支付交通费5 600元,其中车间承担4 000元。

⑨ 10日,以银行存款向希望工程捐款10 000元。

⑩ 15日,从银行提取现金80 000元,以备发放工资。

⑪ 15日,以现金80 000元发放本月工资。

⑫ 15日,从维达公司购入A材料5 000千克,单价50元;购入B材料4 000千克,单价20元,增值税税率17%,运费1 800元,材料已验收入库,款项尚未支付,运费按重量分配。

⑬ 15日,采购员王永民报销差旅费1600元,结清前借款。

⑭ 16日,用银行存款预付下年保险费60 000元。

⑮ 16日,预付下年报纸杂志费用2 000元,用现金支付。

⑯ 16日,销售甲产品200台,每台售价1 000元,销售乙产品300台,每台售价600元,增值税税率17%,款项收到存入银行。

⑰ 17日,行政管理部门购买办公用品700元,以现金支付。

⑱ 17日,收到投资人向企业投入人民币300 000元,款项存入银行。

⑲ 20日,向富通公司销售甲产品100台,每台售价1 000元,销售乙产品200台,每台售价600元,增值税税率17%,货款尚未收到。

⑳ 21日,从银行借入半年期借款90 000元,款项存入银行。

㉑ 21日,本月各部门领用材料,如表4.43所示。

表4.43 材料领用汇总表

单位:元

项 目	A 材料	B 材料	合计
甲产品领用	187 000	126 000	313 000
乙产品领用	120 000	87 000	207 000
生产车间领用		1 000	1 000
行政管理部门领用		1 000	1 000
合计	307 000	215 000	522 000

㉒ 25 日，收到富通公司 20 日所欠货款，存入银行。

㉓ 26 日，计提固定资产折旧 25 000 元，其中生产车间固定资产折旧 15 000 元，行政管理部门固定资产折旧 10 000 元。

㉔ 29 日，计提本月应负担的银行短期借款利息 8 000 元。

㉕ 29 日，以存款支付本月电费 30 000 元，其中，生产甲产品用 12 000 元，生产乙产品用 12 500 元，车间 4 000 元，工厂行政部门 1 500 元。

㉖ 29 日，分配结转本月职工工资 80 000 元，其中，生产工人工资 60 000 元(生产工人工资按工时分配，甲产品 45 000 工时，乙产品 15 000 工时)，车间管理人员工资 15 000 元，工厂行政部门工资 5 000 元。

㉗ 30 日，根据甲、乙产品工时比例，分配本月发生的制造费用。

㉘ 30 日，本月生产的甲产品和乙产品已全部完工入库，结转其生产成本。生产成本账户中甲产品月初无余额；乙产品月初余额 65 000 元。(其中，直接材料 45 000 元、直接人工 8 000 元、制造费用 12 000 元)本月生产的甲产品完工入库数量为 800 台，乙产品完工入库数量为 1 547 台。

㉙ 30 日，计提城市维护建设税 4 800 元，计提教育费附加 1 200 元。

㉚ 30 日，结转销售产品的销售成本。(按本月实际生产成本确定为销售产品的生产成本单价)

㉛ 30 日，将各收益账户结转本年利润。

㉜ 30 日，将各费用支出账户结转本年利润。

㉝ 30 日，按利润总额的 25%计提本月应交所得税，并结转到本年利润。

㉞ 30 日，按实现净利润的 10%计提法定盈余公积金。

㉟ 30 日，按实现净利润的 40%计提应向投资者分配的利润。

㊱ 30 日，用银行存款支付城市维护建设税 4 800 元，教育费附加 1 200 元。

(3) 要求：

① 根据以上业务编制会计分录。(有明细科目的要求列出明细科目)

② 编制本月甲、乙产品的"产品成本计算表"。(生产成本项目需要增加"电费"、"水费"栏，或用"其他费用"栏)

③ 计算甲、乙产品的总成本和单位成本。

5 会 计 凭 证

知识目标

- 了解会计凭证的概念、意义和种类;
- 熟悉原始凭证的基本内容和审核方法, 记账凭证的概念、种类、基本内容和填制方法, 会计凭证的传递和保管。

能力目标

- 能正确填写和审核原始凭证;
- 能根据原始凭证正确填写记账凭证。

5.1 会计凭证的概念和种类

5.1.1 会计凭证的概念

会计凭证是记录经济业务事项发生或完成情况的书面证明, 是登记账簿的依据。填制和审核会计凭证是会计工作的起点和关键, 任何企业、行政事业单位在处理经济业务时都必须办理会计凭证手续, 由执行和完成该项经济业务的有关部门和人员取得或填制会计凭证, 记录经济业务内容、数量和金额, 并在凭证上签名和盖章, 对业务的合法性、真实性和正确性负完全责任。所有会计凭证都要由会计部门审核无误后才能作为经济业务的证明和登记账簿的依据。因此, 填制和审核会计凭证, 就成为会计核算的一种专门方法。

5.1.2 会计凭证的意义

会计凭证在会计核算工作中居于基础地位, 对于如实反映和有效监督经济业务，确保会计信息真实、正确，发挥会计在经济管理中的作用具有重要意义：

(1) 记录经济业务，提供记账依据。对于任何一项经济业务的发生，首先应填制会计凭证，如实记录经济业务发生的时间、数量、金额等内容，然后才能据以登记账簿。

(2) 明确经济责任，强化内部控制。由于每项经济业务都要由经办单位及有关人员在会计凭证上签名或盖章，这样就明确了各经办单位及有关人员所负的责任，同时便于在发现问题时通过会计凭证查清责任，从而加强了经办人员的责任心。

(3) 监督经济活动，控制经济运行。通过取得和填制会计凭证，可以检查各项财产物资是否安全完整，监督各项经济业务是否符合国家财经方针、政策、法规和制度

5.1.3 会计凭证的种类

会计凭证按其填制程序和用途不同，分为原始凭证和记账凭证两大类。

原始凭证的主要作用在于记录经济业务，明确经济责任。常用的原始凭证有现金收据、发货票、支票存根、银行进账单、差旅费、报销单、产品入库单、领料单、借款单等。

记账凭证的主要作用在于确定会计分录，作为登账的依据。常用的记账凭证有收款凭证、付款凭证和转账凭证等。

5.2 原始凭证

原始凭证又称单据，是在经济业务发生或完成时取得或填制的，用以记录经济业务发生和完成情况的文字凭据。它是进行会计核算的原始资料和重要依据。

5.2.1 原始凭证的种类

原始凭证从不同角度可以划分为不同的类型。

(1) 原始凭证按其取得的来源不同，可分为自制原始凭证和外来原始凭证两种。

① 自制原始凭证是由本单位内部经办业务的部门和人员，在执行或完成某项经济业务时所填制的、供本单位内部使用的原始凭证。例如，由仓库保管员在验收材料时填制的收料单，如表5.1所示。

表5.1 收 料 单

年　月　日　　　　　　　　　　　　　　第　号

供应单位:				发票号:			
编号	材料名称	规格	应收数	实收数	单位	单价	金额
备注				验收人盖章		合计	

会计主管:　　　　　　复核:　　　　　　记账:　　　　　　制单:

② 外来原始凭证是指在经济业务发生或完成时,从其他单位或个人直接取得的原始凭证,如收款单位开出的收款收据,供货单位开出的发货票等。发货票的一般格式,如表5.2所示。

表5.2 发 货 票

购买单位:　　　　　　　　年　月　日　　　　　　　　编号:

品名规格	单位	数量	单价	金额
合计(大写)				

会计:　　　　　　复核:　　　　　　制单:

(2) 原始凭证按照填制的手续和内容不同,可分为一次凭证、累计凭证和汇总凭证。

① 一次凭证是一次填制完成,只记录一笔经济业务的原始凭证。一次凭证是一次有效的凭证。如收料单、领料单、发货票、增值税专用发票等。增值税专用发票的格式如表5.3所示。

表 5.3　增值税专用发票

年　　月　　日　　　　　　　No:

购货单位	名称		纳税人登记号		
	地址、电话		开户银行及账号		
货物或应税劳务名称	计量单位	数量	单价	金额	税率(%)	税额
合计						
价税合计(大写)						
销货单位	名称		纳税人登记号		
	地址、电话		开户银行及账号		

收款人：　　　　　　　　　　　　　　开票单位(未盖章无效)：

　② 累计凭证是指在一定时期内多次记录发生的同类型经济业务的原始凭证。累计凭证的特点是在一张凭证内登记多笔相同经济业务发生额，并随时结计累计数及结余数，以便同计划或定额指标对比，达到按标准控制支出的目的，同时可减少原始凭证数量，简化会计核算工作。累计凭证是多次登记的原始凭证。常用的累计凭证有：限额领料单，费用登记表等。限额领料单的一般格式，如表 5.4 所示。

表 5.4　限额领料单

领料部门：　　　　　　　　　　　　　　　　　　　发料仓库：

领料用途：　　　　　　年　　月　　日　　　　　　领料编号：

材料编号	材料名称	规格	计量单位	计划单价	领用限额	全月实领	
						数量	金额
领用日期	请领数量	实发数量	领料人签章	发料人签章	限额结余		

供应部门负责人：　　　　　　领料部门负责人：　　　　　　仓库负责人：

③ 汇总凭证是指一定时期内反映经济业务内容的、按照一定标准综合填制的原始凭证。汇总原始凭证既可以提供经营管理所需要的总量指标，又可以简化核算手续。常用的汇总原始凭证有：工资汇总表、发出材料汇总表、差旅费报销单等。如发出材料汇总表的格式如表5.5 所示。

表 5.5 发出材料汇总表

年　　　月

借方科目 材料	生产成本	制造费用	管理费用	销售费用	合计
合计					

负责人：   填制人：

(3) 原始凭证按照格式不同，可分为通用凭证和专用凭证。

① 通用凭证是指由有关部门统一印制，在一定范围内使用的具有统一格式和使用方法的原始凭证。

② 专用凭证是指由单位自行印制，仅在本单位内部使用的原始凭证。

5.2.2 原始凭证的基本内容

由于各单位的经济业务的具体内容不同，这就决定了各单位所使用的原始凭证的名称、格式和内容也不相同。但是，任何原始凭证都是经济业务的原始证据，都应详细地记载经济业务的发生或完成情况及经办单位和个人的经济责任，因此，任何原始凭证都具有共同的基本经济内容。这些基本经济内容如下：

(1) 原始凭证名称。

(2) 填制日期。

(3) 接受凭证的单位名称。

(4) 经济业务的内容(含数量、单价和金额等)。

(5) 填制单位签章。

(6) 有关人员签章。

(7) 凭证附件。

5.2.3　原始凭证的填制要求

(1) 记录要真实。原始凭证所填列的经济业务内容和数字，必须真实可靠，符合实际情况。

(2) 内容要完整。原始凭证所要求填列的项目必须逐项填列齐全，不得遗漏和省略。需要注意的是，年、月、日要按照原始凭证的实际日期填写；名称要齐全，不能简化；品名或用途要填写明确，不能含糊不清；有关人员的签章必须齐全。

(3) 手续要完备。单位自制的原始凭证必须有经办单位领导人或者其他指定的人员签名盖章；对外开出的原始凭证必须加盖本单位公章；从外部取得的原始凭证，必须盖有填制单位的公章；从个人取得的原始凭证，必须有填制人员的签名盖章。总之，取得的原始凭证必须符合手续完备的要求，以明确经济责任，确保凭证的合法性、真实性。

(4) 书写要清楚。原始凭证要按规定填写，文字要简要，字迹清楚、易于辨认，不得使用未经国务院公布的简化汉字，大小写金额必须相符且填写规范。

小写金额用阿拉伯数字逐个书写，不得写连笔字，在金额前要填写人民币符号"￥"，人民币符号"￥"与阿拉伯数字之间不得留有空白，金额数字一律填写到角分，无角分的，写"00"或符号"–"，有角无分的，分位写"0"，不得用符号"–"。

大写金额用汉字壹、贰、叁、肆、伍、陆、柒、捌、玖、拾、佰、仟、万、亿、元、角、分、零、整等，一律用正楷或行书字书写，大写金额前未印有"人民币"字样的，应加写"人民币"三个字，"人民币"字样和大写金额之间不得留有空白，大写金额到元或角为止的，后面要写"整"或"正"字，有分的，不写"整"或"正"字。如小写金额为￥1 008.00，大写金额应写成"壹仟零捌元整"。

(5) 编号要连续。各种凭证要连续编号，以便查考。如果凭证已预先印定编号，如发票、支票等重要凭证，在写坏作废时，应加盖"作废"戳记，妥善保管，不得撕毁。

(6) 不得任意涂改、刮擦、挖补。原始凭证有错误的，应当由出具单位重开或更正，更正处应当加盖出具单位印章。原始凭证金额有错误的，应当由出具单位重开，不得在原始凭证上更正。

(7) 填制要及时。各种原始凭证一定要及时填写，并按规定的程序及时送交会计机构、会计人员进行审核。

5.2.4 原始凭证的审核内容

为了如实反映经济业务的执行和完成情况，充分发挥会计的监督职能，保证会计信息的真实性、可靠性和正确性，会计机构、会计人员必须对原始凭证进行严格审核。具体包括：

(1) 审核原始凭证的真实性。原始凭证作为会计信息的基本信息源，其真实性对会计信息的质量具有至关重要的影响。其真实性的审核包括凭证日期是否真实、业务内容是否真实、数据是否真实等内容的审查。对外来原始凭证，必须有填制单位公章和填制人员签章；对自制原始凭证，必须有经办部门和经办人员的签名或盖章。此外，对通用原始凭证，还应审核凭证本身的真实性，以防假冒。

(2) 审核原始凭证的合法性。审核原始凭证记录经济业务是否有违反国家法律法规的情况，是否履行了规定的凭证传递和审核程序，是否有贪污腐化等败行为。

(3) 审核原始凭证的合理性。审核原始凭证所记录经济业务是否符合企业生产经营活动的需要、是否符合有关的计划和预算等。

(4) 审核原始凭证的完整性。审核原始凭证各项基本要素是否齐全，是否有漏项情况，日期是否完整，数字是否清晰，文字是否工整，有关人员签章是否齐全，凭证联次是否正确等。

(5) 审核原始凭证的正确性。审核原始凭证各项金额的计算及填写是否正确，包括：阿拉伯数字分位填写，不得连写；小写金额前要标明"￥"字样，中间不能留有空位；大写金额前要加"人民币"字样，大写金额与小写金额要相符；凭证中有书写错误的，应采用正确的方法更正，不能采用涂改、刮擦、挖补等不正确方法。

(6) 审核原始凭证的及时性。原始凭证的及时性是保证会计信息及时性的基础。为此，要求在经济业务发生或完成时及时填制有关原始凭证，及时进行凭证的传递。审核时应注意审查凭证的填制日期，尤其是支票、银行汇票、银行本票等时效性较强的原始凭证，更应仔细验证其签发日期。

5.2.5 原始凭证经审核后的处理

经审核的原始凭证应根据不同情况处理：

(1) 对于完全符合要求的原始凭证，应及时据以编制记账凭证入账。

(2) 对于真实、合法、合理但内容不够完整、填写有错误的原始凭证，应退回给有关经办人员，由其负责将有关凭证补充完整、更正错误或重开后，再办理正式会计手续。

93) 对于不真实、不合法的原始凭证，会计机构、会计人员有权不予接受，并向单位负责人报告。

原始凭证的审核是一项严肃细致的重要工作，会计人员必须熟悉国家有关法规和制度以及本单位的有关规定，这样，才能掌握审核和判断是非的标准，确定经济业务是否合理、合法，从而做好原始凭证的审核工作，实现正确有效的会计监督。另外，审核人员还必须做好宣传解释工作，因为原始凭证所证明的经济业务需要由有关领导和职工经办，只有对他们做好宣传解释工作，才能避免发生违法违规的经济业务。

5.3　记账凭证

记账凭证又称记账凭单，是会计人员根据审核无误的原始凭证按照经济业务事项的内容加以归类，并据以确定会计分录后所填制的会计凭证。它是登记账簿的直接依据。

5.3.1　记账凭证的种类

5.3.1.1　按经济业务内容分类

(1) 对于经济业务较频繁、规模较大、收付款业务较多的单位通常分为收款凭证、付款凭证和转账凭证三种。

① 收款凭证。是用于记录现金和银行存款收款业务的会计凭证，见表 5.6。

表 5.6　收　款　凭　证

借方科目：　　　　　　　　　　　年　月　日　　　　　　　　　　字第　　号

摘要	贷方科目		金　　额										√
	总账科目	明细科目	千	百	十	万	千	百	十	元	角	分	
合计													

会计主管：　　　　记账：　　　　出纳：　　　　审核：　　　　制单：

② 付款凭证。是用于记录现金和银行存款付款业务的会计凭证，见表5.7。

表5.7 付 款 凭 证

贷方科目：　　　　　　　　　　年　月　日　　　　　　　　　　　字第　号

摘要	借方科目		金　额										√
	总账科目	明细科目	千	百	十	万	千	百	十	元	角	分	
合计													

会计主管：　　　记账：　　　出纳：　　　审核：　　　制单：

③ 转账凭证。是用于记录不涉及现金和银行存款业务的会计凭证，见表5.8。

表5.8 转 账 凭 证

年　月　日　　　　　　　　　　转字第　号

摘要	会计科目		记账	借方金额	贷方金额
	一级科目	二级或明细科目			
合计					

会计主管：　　　记账：　　　审核：　　　制单：

收款凭证、付款凭证、转账凭证的划分，有利于区别不同经济业务进行分类管理，有利于经济业务的检查，但工作量较大，适合于规模较大、收付款业务较多的单位。

(2) 对于经济业务较简单、规模小、收付款业务较少的单位适合采用通用记账凭证。

这时，记账凭证不再区分为收款凭证、付款凭证、转账凭证业务，而将所有经济业务统一编号，在同一格式的凭证中进行会计分录处理。通用记账凭证的格式与转账凭证的格式基本相同。通用记账凭证的格式，如表5.9所示。

表 5.9　记 账 凭 证

年　月　日　　　　　　　　　　　　　　　字第　　号

摘要	会计科目		记账	借方金额	贷方金额
	一级科目	二级或明细科目			
合计					

会计主管:　　　　　记账:　　　　　审核:　　　　　制单:

5.3.1.2　按照填列方式分类

记账凭证按照填列方式不同可分为:复式记账凭证和单式记账凭证。

(1) 复式记账凭证。是将每一笔经济业务所涉及的全部会计科目及其发生额均在同一张记账凭证中反映的一种凭证。它是实际工作中应用最普遍的记账凭证。复式记账凭证能全面反映经济业务账户的对应关系,有利于检查会计分录的正确性,但不便于会计岗位的分工记账。

(2) 单式记账凭证。是指每一张记账凭证只填列经济业务所涉及的一个会计科目及其金额的记账凭证。填列借方科目的称为借项凭证,填列贷方科目的称为贷项凭证。某项经济业务涉及几个会计科目,就编制几张单式记账凭证。单式记账凭证反映内容单一,便于分工记账,便于按会计科目汇总,但一张凭证不能反映每一笔业务的来龙去脉,不便于检查会计分录的正确性。

5.3.2　记账凭证的基本内容

记账凭证是登记账簿的依据,为了保证登账的正确和方便,记账凭证必须具备以下基本内容:

(1) 记账凭证的名称。

(2) 记账凭证日期。

(3) 记账凭证的编号。

(4) 经济业务事项的内容摘要。

(5) 经济业务事项所涉及的会计科目及其记账方向。

(6) 经济业务事项的金额。

(7) 记账标记。

(8) 所附原始凭证的张数。

(9) 会计主管、审核、记账、出纳、制单等有关人员签章。

5.3.3 记账凭证的编制要求

1) 记账凭证编制的基本要求

(1) 记账凭证各项内容必须完整。

(2) 记账凭证应连续编号。一笔经济业务需要填制两张以上记账凭证的,可以采用分数编号法编号。

(3) 记账凭证的书写应清楚、规范。相关要求同原始凭证。

(4) 记账凭证可以根据每一张原始凭证填制,或根据若干张同类原始凭证汇总编制,也可以根据原始凭证汇总表填制;但不得将不同内容和类别的原始凭证汇总填制在一张记账凭证上。

(5) 除结账和更正错误的记账凭证可以不附原始凭证外,其他记账凭证必须附有原始凭证。

(6) 填制记账凭证时若发生错误,应当重新填制。已登记入账的记账凭证在当年内发现填写错误时,可以用红字填写一张与原内容相同的记账凭证,在摘要栏注明"注销某月某日某号凭证"字样,同时再用蓝字重新填制一张正确的记账凭证,注明"订正某月某日某号凭证"字样。如果会计科目没有错误,只是金额错误,也可将正确数字与错误数字之间的差额另编一张调整的记账凭证,调增金额用蓝字,调减金额用红字。发现以前年度记账凭证有错误的,应当用蓝字填制一张更正的记账凭证。

(7) 记账凭证填制完经济业务事项后,如有空行,应当自金额栏最后一笔金额数字下的空行处至合计数上的空行处画线注销。

2) 收款凭证的编制要求

收款凭证左上角的"借方科目"按收款的性质填写"现金"或"银行存款";日期填写的是编制本凭证的日期;右上角填写编制收款凭证的顺序号;"摘要"填写对所记录的经济业务的简要说明;"贷方科目"填写与收入现金或银行存款相对应的会计科目;"记账"是指该凭证已登记账簿的标记,防止经济业务事项重记或漏记;"金额"是指该项经济业务事项的发生额;该凭证右边"附件 张"是指本记账凭证所附原始凭证的张数;最下边分别由有关人员签章,以明确经济责任。

【例 5.1】 长江公司于 2007 年 1 月 2 日向银行借入临时借款 20 000 元存入银行,原始凭证 1 张,为本月第 9 笔银行存款收款业务,则填制的收款凭证如表 5.10 所示。

表5.10　收　款　凭　证

借方科目：银行存款　　　　　　　　2007 年 1 月 2 日　　　　　　　　银收字第 9 号

摘要	贷方科目		金　　额										✓
	总账科目	明细科目	千	百	十	万	千	百	十	元	角	分	
向银行借款	短期借款	临时借款				2	0	0	0	0	0	0	
合计					¥	2	0	0	0	0	0	0	

会计主管：　　　　记账：　　　　　出纳：　　　　　审核：　　　　　制单：

3) 付账凭证的填制

付款凭证是根据有关现金和银行存款的付款业务的原始凭证填制的。付款凭证的填制方法与收款凭证基本相同。不同的是在付款凭证的左上角应填列相应的贷方科目，即"现金"或"银行存款"科目，"借方科目"栏应填写与现金和银行存款相应的一级科目和明细科目。出纳人员对于已经收讫和已经付讫的收付款凭证及其所付的各种原始凭证，都要加盖"收讫"和"付讫"的戳记，以免重收重付。

【例 5.2】 长江公司职工张明于 2007 年 1 月 4 日预借差旅费 500 元，财会部门以现金付给；原始凭证 1 张，为本月第 16 笔付款业务。该笔业务编制的付款凭证如表 5.11 所示。

表5.11　付　款　凭　证

贷方科目：库存现金　　　　　　　　2007 年 1 月 4 日　　　　　　　　现付字第 16 号

摘要	借方科目		金　　额										✓
	总账科目	明细科目	千	百	十	万	千	百	十	元	角	分	
张明借款	其他应收款	张明						5	0	0	0	0	
差旅费													
合计							¥	5	0	0	0	0	

会计主管：　　　　记账：　　　　　出纳：　　　　　审核：　　　　　制单：

对于现金和银行存款之间的相互划转业务。例如，从银行提取现金，或将现金存入银行，一般只填写银行存款或现金付款凭证，不填收款凭证，以避免重复记账。

4) 转账凭证的填制

转账凭证一般是根据转账业务(即不涉及现金和银行存款收支的业务)的原始凭证编制的。转账凭证中"总账科目"和"明细科目"栏应填写应借、应贷的总账科目和明细科目,借方科目应记金额应在同一行的"借方金额"栏填列,贷方科目应记金额应在同一行的"贷方金额"栏填列,"借方金额"栏合计数与"贷方金额"栏合计数应相等。

【例5.3】 长江公司于2007年1月7日从宏达公司购入A材料一批,价值为6 000元,材料已验收入库,贷款尚未支付。原始凭证1张,为本月第18笔转账业务。该笔业务编制的转账凭证,如表5.12所示。

表5.12 转 账 凭 证

2007年1月7日 转字第18号

摘要	会计科目		记账	借方金额	贷方金额
	一级科目	二级或明细科目			
购入A材	原材料	A材料		6 000	
料款未付	应付账款	宏达公司			6 000
合计				￥6 000	￥6 000

会计主管: 记账: 审核: 制单(签字):

5) 复合业务的记账凭证的填制

对于某一笔经济业务既涉及收付款业务又涉及转账业务的综合性业务,可分开作不同类型的记账凭证。

【例5.4】某企业销售产品一批,售价50 000元,已收款30 000元存入银行,20 000元尚未收到。该笔业务需作两张凭证:

第一张凭证为收款凭证,会计分录为:

借:银行存款　　　　　　30 000

　　贷:主营业务收入　　　　　　30 000

第二张凭证为转账凭证,会计分录为:

借:应收账款　　　　　　20 000

　　贷:主营业务收入　　　　　　20 000

6) 特殊业务记账凭证的附注

在处理记账凭证时,如遇更正错账和期末结转等业务编制的记账凭证可不附原始凭证，但需要在记账凭证摘要中加以说明。

5.3.4　记账凭证的审核内容

根据记账凭证在登账之前，应对记账凭证进行严格的审核。记账凭证的审核内容包括以下五个方面：

(1) 内容是否真实。审核记账凭证是否有原始凭证依据，所附原始凭证的内容与记账凭证的内容是否一致，记账凭证汇总表的内容与其所依据的记账凭证的内容是否一致等。

(2) 项目是否齐全。审核记账凭证各项目的填写是否齐全，如日期、凭证编号、摘要、会计科目、金额、所附原始凭证张数及有关人员签章等。

(3) 科目是否正确。审核记账凭证的应借、应贷科目是否正确，是否有明确的账户对应关系，所使用的会计科目是否符合国家统一的会计制度的规定等。

(4) 金额是否正确。审核记账凭证所记录的金额与原始凭证的有关金额是否一致、计算是否正确，记账凭证汇总表的金额与记账凭证的金额合计是否相符等。

(5) 书写是否正确。审核记账凭证中的记录是否文字工整、数字清晰，是否按规定进行更正等。

此外，出纳人员在办理收款或付款业务后，应在凭证上加盖“收讫”或“付讫”的戳记，以避免重收重付。

5.4　会计凭证的传递和保管

5.4.1　会计凭证的传递

会计凭证的传递是指从会计凭证的取得或填制时起至归档保管过程中，在单位内部有关部门和人员之间的传递程序。会计凭证的传递，要求能够满足内部控制制度的要求，使传递程序合理有效，同时尽量节约传递时间，减少传递的工作量。单位应根据具体情况制定每一种凭证的传递程序和方法。

会计凭证的传递一般包括传递程序和传递时间两个方面。各种会计凭证，它们所记载的经济业务各不同，涉及的部门和人员不同，据以办理的业务手续也不同。因此，应当为各种会计凭证规定一个合理的传递程序。即一张会计凭证，填制后应交到哪个部门、哪个岗位、由谁办理业务手续，直至归档保管为止。如凭证有一式数联的，还应规定每一联传到哪几个部门，什么用途等等。各种会计凭证还应根据其办理业务手续所需的时间，规定它的传递时间。其目的是使各个工作环节环环相扣，相互督促，以提高工作效率。正确组织会计凭证的传递，对及时处理业务和加强会计监督具有重要作用。在制定合理的凭证传递程序和时间时，通常考虑以下几点：

(1) 要根据经济业务的特点、企业内部的机构设置和人员分工情况以及管理上的要求等，具体规定各种凭证的联数和传递程序。使有关部门既能按规定手续处理业务，又能利用凭证资料掌握情况，提供数据，协调一致。同时，还要注意流程合理，避免不必要的环节，以加快传递速度。

(2) 要根据有关部门和人员办理业务的必要手续时间，确定凭证的传递时间，时间过紧，会影响业务手续的完成，过松则影响工作效率。

(3) 要通过调查研究和协商来制订会计凭证的传递程序和传递时间。原始凭证大多涉及本单位内部各个部门和经办人员，因此，会计部门应会同有关部门和人员共同协商其传递程序和时间。记账凭证是会计部门的内部凭证，可由会计主管会同制证、审核、出纳、记账等有关人员商定其传递程序和时间。

会计凭证的传递程序和传递时间确定后，可分别为若干主要业务绘成流程图或流程表，通知有关人员遵守执行。执行中如有不合理的地方，可随时根据实际情况加以修改。

5.4.2 会计凭证的保管

会计凭证的保管是指会计凭证记账后的整理、装订、归档和存查工作。会计凭证作为记账的依据，是重要的会计档案和经济资料。本单位以及有关部门、单位，可能因各种需要查阅会计凭证，特别是发生贪污、盗窃、违法乱纪行为时，会计凭证还是依法处理的有效证据。因此，任何单位在完成经济业务手续和记账之后，必须将会计凭证按规定的立卷归档制度形成会计档案资料，妥善保管，防止丢失，不得任意销毁，以便于日后随时查阅。对会计凭证的保管，既要做到完整无缺，又要便于翻阅查找。其主要要求有：

(1) 会计凭证应定期装订成册，防止散失。会计部门在依据会计凭证记账以后，应定期(每周、每旬或每月)对各种会计凭证进行分类整理，将各种记账凭证按照编号顺序，连同所附的原始凭证一起加具封面、封底，装订成册，并在装订线上加贴封签，由装订人员在装订线封签处签名或盖章。从外单位取得的原始凭证遗失时，应取得原签发单位盖有公章的证明，并注明原始凭证的号码、金额、内容等，由经办单位会计机构负责人、会计主管人员和单位负责人批准后，才能代作原始凭证。

若确实无法取得证明的，如车票丢失，则应当由当事人写明详细情况，由经办单位会计机构负责人、会计主管人员和单位负责人批准后，代作原始凭证。

(2) 会计凭证封面应注明单位名称、凭证种类、凭证张数、起止号数、年度、月份、会计主管人员、装订人员等有关事项，会计主管人员和保管人员应在封面上签章。会计凭证封面的一般格式如表5.13所示。

表5.13　会计凭证封面

年 月 份 第 册	（企业名称）					
		年	月份	共	册第	册
	收款					
	付款	凭证	第	号至第	号共	张
	转账					
		附：原始凭证共			张	
	会计主管(签章)			保管(签章)		

(3) 会计凭证应加贴封条，防止抽换凭证。原始凭证不得外借，其他单位如有特殊原因确实需要使用时，经本单位会计机构负责人、会计主管人员批准，可以复制。向外单位提供的原始凭证复制件，应在专设的登记簿上登记，并由提供人员和收取人员共同签名、盖章。

(4) 原始凭证较多时，可单独装订，但应在凭证封面上注明所属记账凭证的日期、编号和种类，同时在所属的记账凭证上应注明"附件另订"及原始凭证的名称和编号，以便查阅。对各种重要的原始凭证，如押金收据、提货单等，以及各种需要随时查阅和退回的单据，应另编目录，单独保管，并在有关的记账凭证和原始凭证上分别注明日期和编号。

每年装订成册的会计凭证，在年度终了时可暂由单位会计机构保管一年，期满后应当移交本单位档案机构统一保管；未设立档案机构的，应当在会计机构内部指定专人保管。出纳人员不得兼管会计档案。

(5) 严格遵守会计凭证的保管期限要求，期满前不得任意销毁。

复习思考题

(1) 什么是会计凭证？填制审核会计凭证有什么作用？

(2) 会计凭证如何分类？

(3) 原始凭证的填制应符合哪些要求？

(4) 记账凭证的填写有哪些要求？

(5) 记账凭证的审核有哪些要求？

(6) 会计凭证应如何保管？

(7) 会计凭证应如何传递？

练习题

习题 1

(1) 目的：练习原始凭证填制。

(2) 资料：

① 长江公司第一生产车间生产甲产品，甲产品生产需要领用 A 材料。仓库领料采用限额领料方法，仓库保管员为王明，仓库负责人为李素芳，生产车间负责人为张成宏，车间生产计划员为李四明，生产车间领料员为王海花。第一车间实际领料情况和领料时间如下：6 月 1 日，领 100 千克；6 月 10 日，领 200 千克；6 月 20 日，领 200 千克。

② 6 月 8 日，向富通公司销售甲产品 10 台，单价 1 000 元，增值税税率 17%，上述产品已发出。富通公司纳税人登记号：××01001145；地址：××市××路25 号；开户银行：××市工商银行直属分理处；账号：××1256。长江公司纳税人登记号：××02008856；地址：××市玉泉路 17 号；开户银行：××市工商银行东门分理处；账号：××5889。

(3) 要求：根据上述业务填制限额领料单和增值税专用发票。

表 5.14 长江公司限额领料单

领料部门： ××年 6 月份 仓库：1 号

用途： 计划产量：20 台

材料编号	材料名称	规格		计量单位	单位	领料限额	全月实领	
							数量	金额
	A			千克		500		
日期	请领			实发		退回材料		限额结余
	数量	领料单位	领料人签章	数量	发料人签章	数量	退料人签章	

仓库负责人： 车间生产计划员：

表 5.15 增值税专用发票

年 月 日   编号：0045698

购货单位	名称		纳税人登记号				
	地址　电话		开户银行及账号				
商品或劳务名称	计量单位	数量	单价	金额	税率(%)	税金	
合计							
价税合计(大写)	人民币：					￥	
销货单位	名称		纳税人登记号				
	地址　电话		开户银行及账号				
备注							

收款人：签章   开票单位：(签章)

习题 2

(1) 目的：练习收款、付款凭证的编制。

(2) 资料：某单位××年 7 月份发生下列经济业务。

① 1 日，从银行提取现金 1 000 元以备用。

② 2 日，销售甲产品 10 台给致远公司，不含税单价 1 000 元，增值税税率 17%，款项已收存银行。

③ 3 日，通过银行向宏达公司收回上月所欠货款 20 000 元。

④ 4 日，采购员王永民预借差旅费 600 元，以现金付讫。

⑤ 5 日，向维达公司购入 A 材料 3 000 千克，单价 50 元，货款 150 000 元、增值税额 25 500 元，货税款已通过银行存款支付。

⑥ 6 日，通过银行支付所欠维达公司材料款 46 000 元。

⑦ 6 日，从银行提取现金 50 000 元，准备发工资。

⑧ 6 日，以现金 50 000 元发放职工工资。

⑨ 8 日，采购员王永民报销差旅费 800 元，用现金 200 元补给少借差旅费。

(3) 要求：

① 根据以上业务编制收款、付款凭证。

② 编制库存现金和银行存款的丁字账户。

习题 3

(1) 目的：练习转账凭证的编制。

(2) 资料：某单位××年 7 月份发生下列经济业务。

① 1日，从维达公司购入 A 材料 2 000 千克，单价 50 元，货款 100 000 元，增值税额 17 000 元，材料已入库，货税款未付。

② 2日，仓库发出 A 材料 1 000 千克，每千克 50 元，发出 B 材料 200 千克，每千克 20 元，用于甲产品生产。

③ 3日，向致远公司销售甲产品 10 台，每台 1 000 元，增值税额 1 700 元，甲产品已发出，货税款未收。

④ 6日，结转本月已销售产品的生产成本，本月销售甲产品 50 台，每台生产成本 800 元。

⑤ 30日，按规定提取固定资产折旧 8 000 元，其中，生产车间固定资产折旧 3 200 元，管理部门固定资产折旧 4 800 元。

⑥ 30日，摊销本月应负担的保险费 1 900 元。(原记在"预付账款"账户)

⑦ 30日，结转本月职工工资 100 000 元。其中，甲产品生产工人工资 40 000 元，乙产品生产工人工资 35 000 元，车间管理人员工资 10 000 元，厂部管理人员工资 15 000 元。

⑧ 30日，计提本月银行借款利息 1 500 元。(银行借款利息未支出前记入"应付利息"账户)

(3) 要求：

① 根据以上业务编制转账凭证。

② 根据习题 2、习题 3 的业务编制本期发生额的试算平衡表。

习题 4

(1) 目的：练习通用记账凭证的编制。

(2) 资料：某单位××年 7 月份发生下列经济业务。

① 1日，从银行提取现金 5 000 元，备用。

② 1日，从宏达公司购进 A 材料 3 000 千克，每千克 50 元，货款 150 000 元，增值税额 25 500 元；B 材料 2 000 千克，单价 20 元，货款为 40 000 元，增值税额为 6 800 元，材料已验收入库，货税款未付。

③ 5日，以银行存款支付本月 1 日从宏达公司购进 A、B 材料的货税款。

④ 5日，从银行提取现金 80 000 元，准备发工资。

⑤ 5日，发放职工工资 80 000 元。

⑥ 6日，向富通公司销售甲产品 30 台，不含税单价 1 000 元，增值税税率 17%，款项已通过银行收讫。

⑦ 6日，以现金 100 元支付销售甲产品的运费。

⑧ 9日，向致远公司销售甲产品 200 台，不含税单价 1 000 元，增值税税率 17%；乙产品 400 台，不含税单价 600 元，增值税税率 17%，价税款未收。

⑨ 10 日，通过银行收到 20 日向致远公司销售的甲、乙产品的货税款 514 800 元。

⑩ 10 日，通过银行偿付上月所欠维达公司货税款 30 000 元。

⑪ 10 日，预订下半年报纸杂志费 1 500 元，用现金支付。本月应负担的费用，由当月负担。

⑫ 11 日，车间固定资产一般性维修，发生费用 2 000 元，用现金支出。

⑬ 12 日，仓库本月发出材料汇总表，如表 5.16 所示。

⑭ 20 日，公司用现金 200 元购买办公用品。

⑮ 20 日，采购员王永民出差归来，报销差旅费用 800 元，找给现金 80 元，结清前预借款。

⑯ 31 日，计算本月固定资产折旧费 10 000 元，其中，车间固定资产折旧费 8 000 元，厂部固定资产折旧费 2 000 元。

⑰ 31 日，计算本月应付工资，其中，生产甲产品的生产工人工资 40 000 元，生产乙产品工人工资 30 000 元，车间管理人员工资 6 000 元，厂部管理人员工资 5 000 元。

⑱ 31 日，按工资总额的 14%计提福利费。

表 5.16 仓库本月发出材料汇总表

单位：元、千克

材料 项目	A 材料		B 材料		金额合计
	数量	金额	数量	金额	
生产车间一般耗用	800	40 000			40 000
用于生产甲产品	2 000	100 000	1 000	20 000	120 000
用于生产乙产品	2 000	100 000	1 000	20 000	120 000
企业管理部门耗用	1 000	50 000	500	10 000	60 000
合计	5 800	290 000	2500	50 000	340 000

(3) 要求：

① 根据以上业务编制记账凭证。

② 编制本期发生额的丁字账户。

③ 编制本期发生额的试算平衡表。

会计从业资格证训练题

1) 单项选择题

(1)( )的主要作用在于作为登账的依据。

    A. 原始凭证　　　　B. 记账凭证　　　　C. 会计账簿　　　　D. 会计报表

(2) 记账凭证是(　　)的依据。

    A. 编制报表　　　　B. 业务活动　　　　C. 登记账簿　　　　D. 原始凭证

(3) 原始凭证按填制手续和内容不同，可分为(　　)。

    A. 通用凭证和专用凭证　　　　　　　　B. 通知凭证、执行凭证和计算凭证

    C. 外来凭证和自制凭证　　　　　　　　D. 一次凭证、累计凭证和汇总凭证

(4) 以下属于汇总原始凭证的有(　　)。

    A. 产品入库单　　　　　　　　　　　　B. 限额领料单

    C. 科目汇总表　　　　　　　　　　　　D. 差旅费报销单

(5) 会计人员审核原始凭证时，发现某原始凭证内容合理、合法，但不够完整、准确，按规定应(　　)。

    A. 拒绝办理

    B. 及时办理

    C. 予以退回，要求补办手续或更改错误

    D. 交上级处理

(6) (　　)是会计工作的起点和关键。

    A. 填制和审核会计凭证　　　　　　　　B. 编制会计分录

    C. 登记会计账簿　　　　　　　　　　　D. 编制会计报表

(7) 将现金存入银行，一般只编制(　　)。

    A. 现金付款凭证　　　　　　　　　　　B. 银行存款收款凭证

    C. 现金收款凭证　　　　　　　　　　　D. 银行存款付款凭证

(8) 财会部门在审核原始凭证时，若发现手续不完备，记载不准确、不完整的原始凭证，应当(　　)。

    A. 及时退回|换取新的凭证

    B. 及时退回，补办手续或更改错误

    C. 及时销毁。并通知经办单位及有关人员

    D. 及时更正，并办理有关会计手续

(9) 下列项目中，属于记账凭证但不属于原始凭证的内容是(　　)。

    A. 填制日期

    B. 接受凭证的单位名称

    C. 会计分录的内容，即应借应贷的账户名称及其金额

    D. 经济业务的内容摘要、实物数量和金额

(10) 某企业 5 月 10 日，以银行存款支付前欠甲企业货款 20 000 元。根据该项经济业务的原始凭证，应当填制的记账凭证是(　　)。

A. 收款凭证　　　B. 付款凭证　　　C. 转账凭证　　　D. 会计凭证

(11) 下列属于累计凭证的是(　　)。

A. 增值税专用发票　　　　　　B. 产品入库单

C. 限额领料单　　　　　　　　D. 发料凭证汇总表

(12) 原始凭证一般是由(　　)取得或填制的。

A. 总账会计　　　　　　　　　B. 业务经办单位和人员

C. 会计主管　　　　　　　　　D. 出纳人员

(13) 企业购进材料 10 000 元，款未付。该笔业务应编制的记账凭证是(　　)。

A. 收款凭证　　　B. 付款凭证　　　C. 转账凭证　　　D. 以上均可

(14) 某企业根据一张销货汇总表编制记账凭证，由于销货品种较多，需作两张记账凭证，且款项尚未收到，则记账凭证编号为(　　)。

A. 转字第×号

B. 收字第×号

C. 转字第×1/2 号和转字第×2/2 号

D. 转字第×1/2 号和收字第×2/2 号

(15) 下列经济业务，应该填制转账凭证的是(　　)。

A. 用银行存款支付所欠货款

B. 用现金支付职工的差旅费预借款

C. 从银行取得借款并存入银行

D. 计提固定资产折旧

(16) 下列属于汇总原始凭证(或原始凭证汇总表)的有(　　)。

A. 销货发票　　　　　　　　　B. 领料单

C. 限额领料单　　　　　　　　D. 发料凭证汇总表

(17) 下列原始凭证属于外来原始凭证的是(　　)。

A. 入库单　　　　　　　　　　B. 出库单

C. 银行收账通知单　　　　　　D. 领料汇总表

(18) 付款凭证的"贷方科目"可能登记的科目有"(　　)"。

A. 应付账款　　　B. 银行存款　　　C. 预付账款　　　D. 其他应付款

(19) 下列不能作为会计核算的原始凭证的是(　　)。

A. 发货票　　　B. 合同书　　　C. 入库单　　　D. 领料单

(20) 记账凭证是由(　　)编制的。

A. 出纳人员　　　B. 经办人员　　　C. 会计人员　　　D. 经办单位

(21) (　　)是会计工作的起点和关键。

A. 填制和审核会计凭证　　　　B. 编制会计分录

    C. 登记会计账簿   D. 编制会计报表

(22) 下列不属于原始凭证的是(　　)。

    A. 销货发票   B. 差旅费报销单

    C. 现金收据   D. 银行存款余额调节表

(23) 企业销售产品一批售价 30 000 元,款未付。该笔业务应编制的记账凭证是(　　)。

    A. 收款凭证   B. 付款凭证   C. 转账凭证   D. 以上均可

(24) 下列内容中,不属于原始凭证的审核内容的是(　　)。

    A. 凭证是否符合有关的计划和预算

    B. 会计科目使用是否正确

    C. 凭证是否符合规定的审核程序

    D. 凭证是否有填制单位的公章和填制人员签章

(25) 下列各项,不属于记账凭证的是(　　)。

    A. 收款凭证   B. 付款凭证   C. 转账凭证   D. 累计凭证

(26) 在使用收款凭证、付款凭证、转账凭证的单位,与货币资金无关的业务,填制的凭证是(　　)。

    A. 收款凭证   B. 付款凭证

    C. 转账凭证   D. 通用记账凭证

(27) 填制原始凭证时,以下数字书写符合要求的是(　　)。

    A. 壹仟壹拾捌元   B. 壹仟贰佰捌拾捌元捌角捌分整

    C. 壹仟捌元   D. 壹仟零贰拾捌元整

(28) 在一定时期内在一张凭证上连续记录若干同类经济业务的会计凭证是(　　)。

    A. 原始凭证   B. 记账凭证   C. 累计凭证   D. 一次凭证

(29) 下列原始凭证属于自制原始凭证的是(　　)。

    A. 购入材料后,验收入库时填写的收料单

    B. 增值税专用发票

    C. 出差购买的机票

    D. 支付过桥费的收费收据

(30) 审核原始凭证所记录的经济业务是否符合企业生产经营活动的需要,是否符合有关的计划和预算,属于(　　)审核。

    A. 合理性   B. 合法性   C. 真实性   D. 完整性

(31) 下列记账凭证中,可以不附原始凭证的是(　　)。

    A. 所有收款凭证   B. 所有付款凭证

　　C. 所有转账凭证　　　　　　　　　　D. 用于结账的记账凭证

(32) 会计机构、会计人员对真实、合法、合理但内容不准确、不完整的原始凭应当(　　)。

　　A. 不予受理　　　　　　　　　　　B. 予以受理

　　C. 予以纠正　　　　　　　　　　　D. 予以退回，要求更正、补充

(33) 原始凭证是在(　　)时取得的。

　　A. 经济业务发生　　B. 填制记账凭证　C. 登记总账　　　D. 登记明细账

(34) 为保证会计账簿记录的正确性，会计人员编制记账凭证时必须依据(　　)。

　　A. 金额计算正确的原始凭证　　　　B. 填写齐全的原始凭证

　　C. 盖有填制单位财务公章的原始凭证　D. 审核无误的原始凭证

(35) 原始凭证按(　　)不同，分为通用凭证和专用凭证。

　　A. 来源　　　　　B. 手续及内容　　C. 格式　　　　　D. 填制方法

(36) 在实际工作中，规模小、业务简单的单位，为了简化会计核算工作，可以使用一种统一格式的(　　)。

　　A. 转账凭证　　　　　　　　　　　B. 收款凭证

　　C. 付款凭证　　　　　　　　　　　D. 通用记账凭证

(37) 会计机构、会计人员对不真实、不合法的原始凭证和违法收支(　　)。

　　A. 有权不予受理　　B. 予以退回　　C. 予以纠正　　D. 予以反映

(38) 汇总原始凭证与累计原始凭证的主要区别是(　　)。

　　A. 填制的方法不同　　　　　　　　B. 登记的经济业务内容不同

　　C. 会计核算工作的繁简程度不同　　D. 填制时期不同

(39) 下列凭证中，(　　)属于自制原始凭证。

　　A. 银行付款通知单　　　　　　　　B. 购货发票

　　C. 销货发票　　　　　　　　　　　D. 上缴税金收据

(40) 在记账凭证中，(　　)。

　　A. 合计数前应填写货币符号"¥"　　B. 合计数前不需填写货币符号"¥"

　　C. A 或 B 均可　　　　　　　　　　D. 非合计数前应填写货币符号"¥"

(41) 税务部门统一印刷的增值税专用发票属于(　　)。

　　A. 通用原始凭证　　　　　　　　　B. 专用原始凭证

　　C. 累计原始凭证　　　　　　　　　D. 汇总原始凭证

(42) "材料耗用汇总表"是一种(　　)。

　　A. 一次凭证　　　　　　　　　　　B. 累计凭证

　　C. 原始凭证汇总表　　　　　　　　D. 复式凭证

(43) 会计人员应按( )编制记账凭证的统一序号。

    A. 年   B、季   C. 月   D. 日

(44) 下列不属于原始凭证的会计凭证是( )。

    A. 一次凭证   B. 累计凭证   C. 转账凭证   D. 汇总凭证

(45) 在一定时期内连续记录若干项同类经济业务的会计凭证是( )。

    A. 原始凭证   B. 累计凭证   C. 记账凭证   D. 一次凭证

(46) 会计凭证按其填制的程序和用途不同可分为( )。

    A. 原始凭证和记账凭证   B. 自制凭证和外来凭证

    C. 一次凭证和复式凭证   D. 单式凭证和复式凭证

(47) 仓库保管人员填制的收料单，属于企业的( )。

    A. 外来原始凭证   B. 自制原始凭证

    C. 汇总原始凭证   D. 累计原始凭证

(48) 差旅费报销单按填制的手续及内容分类，属于原始凭证中的( )。

    A. 一次凭证   B. 累计凭证   C. 汇总凭证   D. 专用凭证

(49) 原始凭证有错误的，正确的处理方法是( )。

    A. 向单位负责人报告   B. 退回，不予接受

    C. 由出具单位重开或更正   D. 本单位代为更正

(50) 会计人员审核记账凭证时，如发现金额有差错，则应由( )更正。

    A. 业务经办人员   B. 原制单人员

    C. 凭证审核人员   D. 会计主管

(51) 某单位会计部门第 8 号记账凭证的会计事项需要编制 3 张记账凭证，则这三张凭证的编号为( )。

    A. 8、9、10   B. 7、8、9

    C. 8(1/3)、8(2/3)、8(3/3)   D. 1/8、2/8、3/8

(52) 会计凭证不是( )。

    A. 记账查账的重要依据，经济业务完成情况的书面证明

    B. 编制会计报表的重要依据

    C. 记录经济业务的书面证明

    D. 明确经济责任的书面证明

(53) 下列内容中，不属于记账凭证的审核内容的是( )。

    A. 经济业务是否符合有关的计划和预算

    B. 会计科目使用是否正确

    C. 凭证的金额与所附原始凭证的金额是否一致

    D. 凭证的内容与所附原始凭证的内容是否一致

(54) 原始凭证金额有错误的，应当(　)。

A. 在原始凭证上更正

B. 由出具单位更正并且加盖公章

C. 由经办人更正

D. 由出具单位重开，不得在原始凭证上更正

(55) 下列有关原始凭证错误的更正不正确的是(　)。

A. 原始凭证记载的各项内容均不得涂改

B. 原始凭证金额错误的可在原始凭证上更正

C. 原始凭证错误的应由出具单位重开，更正处加盖单位印章

D. 原始凭证金额错误的不可在原始凭证上更正

(56) (　)是记录经济业务，明确经济责任，作为登账依据的书面证明文件。

A. 会计要素　　　B. 会计账户　　　C. 会计凭证　　　D. 会计报表

(57) 下列业务中，应该填制现金收款凭证的是(　)。

A. 出售材料一批，款未收　　　　　B. 从银行提取现金

C. 出租设备，收到一张转账支票　　　D. 报废一台电脑，售残料收到现金

(58) 会计凭证是(　)的依据。

A. 编制会计报表　　　　　　　　B. 编制汇总表

C. 登记账簿　　　　　　　　　　D. 编制会计分录

(59) 为了明确经济责任，原始凭证上需要办理的关键会计手续是(　)。

A. 经办单位及有关人员在凭证上签名或盖章

B. 填写经济业务的详细内容

C. 填写经济业务发生的时间及地点

D. 妥善保管

(60) 审核记账凭证时。一般不审核(　)。

A. 记账凭证是否附有原始凭证，原始凭证内容是否与记账凭证内容相符

B. 记账凭证是否附有原始凭证，原始凭证时间是否与记账凭证时间一致

C. 根据原始凭证所作的会计分录是否正确

D. 记账凭证中规定的项目是否已填列齐全

2) 多项选择题

(1) 原始凭证的主要作用在于(　)。

A. 记录经济业务　　　　　　　　B. 监督经济业务

C. 明确经济责任　　　　　　　　D. 作为登账依据

(2) 下列项目中，属于记账凭证基本内容的有(　)。

A. 经济业务的内容摘要、实物数量和金额

B. 经济业务的内容摘要

C. 会计分录的内容, 即应借应贷的账户名称及其金额

D. 有关人员的签章, 包括会计主管人员、审核人员、记账人员、制证人员
签章, 收付款凭证还要有出纳人员签章

(3) 记账凭证必须具备的基本内容有( )。

A. 记账凭证的名称   B. 填制日期和编号

C. 经济业务的简要说明   D. 会计分录

(4) 对记账凭证审核的要求有( )。

A. 内容是否真实   B. 书写是否正确

C. 科目是否正确   D. 金额是否准确

(5) 下列经济业务中, 应填制转账凭证的是( )。

A. 国家以厂房对企业投资   B. 外商以货币资金对企业投资

C. 购买材料未付款   D. 销售商品收到商业汇票一张

(6) "收料单"是( )。

A. 外来原始凭证   B. 自制原始凭证 C. 一次凭证   D. 累计凭证

(7) 下列转账业务中, 编制记账凭证时可以不附原始凭证的是( )。

A. 购进材料一批, 款未付

B. 将本期主营业务收入结转至"本年利润"账户

C. 将本期实现的利润结转至"利润分配"账户

D. 结转本月完工产品的生产成本

(8) 某一张记账凭证的编制依据可以是( )。

A. 某一张原始凭证

B. 反映同类经济业务的若干张原始凭证

C. 汇总原始凭证

D. 有关账簿记录

(9) 原始凭证按其填制的方法不同, 可分为( )。

A. 外来原始凭证   B. 一次凭证

C. 原始凭证汇总表   D. 累计凭证

(10) 产品完工验收入库, 该项业务所编制的记账凭证, 一般应依据( )。

A. 出库单   B. 入库单

C. 制造费用分配表   D. 库存商品成本计算单

(11) 记账凭证按其反映的经济业务内容不同, 通常分为( )。

A. 收款凭证   B. 付款凭证   C. 转账凭证   D. 原始凭证

(12) 原始凭证按其取得的来源不同, 可分为( )。

A. 自制原始凭证　　B. 一次凭证　　　C. 外来原始凭证　D. 累计凭证

(13) 填制和审核会计凭证的意义有(　　)。

A. 记录经济业务，提供记账依据　　　B. 明确经济责任，强化内部控制

C. 监督经济活动，控制经济运行　　　D. 促使企业盈利，提高企业竞争力

(14) 企业销售产品一批，售价 30 000 元，已收款 20 000 元存入银行，10 000 元尚未收到。该笔业务应编制的记账凭证是(　　)。

A. 收款凭证　　　　B. 付款凭证　　　C. 转账凭证　　　D. 以上均可

(15) 下列说法正确的是(　　)。

A. 原始凭证必须记录真实，内容完整

B. 一般原始凭证发生错误，必须按规定办法更正

C. 有关现金和银行存款的收支凭证，如果填写错误，必须作废

D. 购买实物的原始凭证，必须有验收证明

(16) 原始凭证按其填列的方法不同，可分为(　　)。

A. 一次凭证　　　　　　　　　　　B. 累计凭证

C. 原始凭证汇总表(或汇总原始凭证)　D. 收款凭证

(17) 下列各项中，属于记账凭证审核内容的是(　　)。

A. 内容是否真实　　　　　　　　　B. 项目是否齐全

C. 科目是否正确　　　　　　　　　D. 金额是否正确

(18) 下列记账凭证中可以不附原始凭证的有(　　)。

A. 收款凭证　　　　　　　　　　　B. 付款凭证

C. 结账的记账凭证　　　　　　　　D. 更正错账的记账凭证

(19) 组织会计凭证的传递应满足以下几方面的要求：(　　)。

A. 适合本单位经济业务特点

B. 保证会计凭证经过的环节进行了有关处理和审核

C. 适合本单位机构设置、人员分工

D. 避免会计凭证的不必要的环节停留

(20) 对原始凭证的审核的内容包括(　　)。

A. 审核真实性　　　B. 审核合理性　　　C. 审核重要性　　　D. 审核合法性

(21) 记账凭证主要作用在于(　　)。

A. 记录经济业务　　　　　　　　　B. 明确经济责任

C. 确定会计分录　　　　　　　　　D. 作为登账依据

(22) 原始凭证按照格式的不同，可分为(　　)。

A. 累计原始凭证　　　　　　　　　B. 汇总原始凭证

C. 通用原始凭证　　　　　　　　　D. 专用原始凭证

(23) 收付款凭证需要签章的有( )。

　　A. 制证　　　　　　B. 复核　　　　　C. 会计主管　　　D. 出纳

(24) 对于( )，各单位不得自行设计和印制。

　　A. 银行汇票、本票　B. 支票　　　　　C. 发票　　　　　D. 入库单

(25) 下列属于汇总原始凭证的有( )。

　　A. 领料单　　　　　　　　　　　　　B. 限额领料单

　　C. 差旅费报销单　　　　　　　　　　D. 工资结算汇总表

(26) 企业购买材料一批并已入库，该项业务有可能存在如下原始凭证( )。

　　A. 发货票　　　　B. 支票　　　　　C. 货运单据　　　D. 入库单

(27) 按照规定，除( )的记账凭证可以不附原始凭证，其他记账凭证必须附有原始凭证。

　　A. 提取现金　　　　　　　　　　　　B. 结账

　　C. 更正错账　　　　　　　　　　　　D. 现金存入银行

(28) 会计凭证的传递是指从原始凭证的填制或取得时开始，经过( )直到归档保管为止。

　　A. 分类　　　　　B. 审核　　　　　C. 记账　　　　　D. 保管

(29) 会计凭证保管的内容包括( )。

　　A. 整理会计凭证　　　　　　　　　　B. 装订会计凭证

　　C. 归档存查会计凭证　　　　　　　　D. 加具封面并签章

(30) 原始凭证的审核内容包括：审核原始凭证的( )等方面。

　　A. 真实性　　　　　　　　　　　　　B 合法性、合理性

　　C. 正确性、及时性　　　　　　　　　D. 完整性

(31) 原始凭证按照填制手续及内容不同可以分为( )。

　　A. 一次凭证　　　B. 累计凭证　　　C. 专用凭证　　　D. 汇总凭证

(32) 会计凭证的意义可以概括为( )。

　　A. 记录经济业务　　　　　　　　　　B. 监督经济业务

　　C. 明确经济责任　　　　　　　　　　D. 作为登账依据

(33) 在签发支票时，3 100.87 的大写金额正确的有( )。

　　A. 叁仟壹佰元捌角柒分　　　　　　　B. 叁仟壹佰零捌角柒分正

　　C. 叁仟壹佰元零捌角柒分　　　　　　D. 叁仟壹佰零零元捌角柒分

(34) 原始凭证应具备的基本内容有( )

　　A. 原始凭证的名称和填制日期　　　　B. 接受凭证单位名称

　　C. 经济业务的内容　　　　　　　　　D. 数量、单价和大小写金额

(35) 下列属于外来原始凭证的有( )。

A. 购货发票　　　　　　　　B. 出差人员车船票

C. 银行结算凭证　　　　　　D. 领料单

(36) 对外来原始凭证进行真实性审核的内容包括(　　)。

A. 经济业务的内容是否真实

B. 填制的凭证日期是否正确

C. 填制单位公章和填制人员签章是否齐全

D. 是否有本单位公章和经办人签章

3) 判断题

(1) 原始凭证是登记明细分类账的依据，记账凭证是登记总分类账的依据。(　　)

(2) 原始凭证上面可以不需写明填制日期和接受凭证的单位名称。(　　)

(3) 原始凭证必须按规定的格式和内容逐项填写齐全，同时必须由经办业务的部门和人员签字盖章。(　　)

(4) 有关现金、银行存款收支业务的凭证，如果填写错误，不能在凭证上更改，应加盖"作废"戳记，重新填写，以免错收错付。(　　)

(5) 付款凭证左上角"借方科目"处，应填写"现金"或"银行存款"科目。(　　)

(6) 有关货币资金收付的原始凭证如果填写错误，绝不允许在凭证上进行更正，只能按照规定手续报废，重新填写。(　　)

(7) 原始记账凭证不得外借，其他单位如因特殊原因需要使用原始凭证时，经本单位领导批准后，方可外借。(　　)

(8) 所有的记账凭证都应附有原始凭证。(　　)

(9) 转账凭证是用来记录不涉及货币资金业务的凭证。(　　)

(10) 会计凭证的传递是指会计凭证从取得或填制时起至归档保管时止，在单位内部会计部门和人员之间的传递手续。(　　)

(11) 从银行提取现金，既可编制现金收款凭证，也可编制银行存款付款凭证。(　　)

(12) 收料单属于汇总原始凭证。(　　)

(13) 自制原始凭证，都应由会计人员填写，以保持原始凭证填制的正确性。(　　)

(14) 填制和审核会计凭证是会计工作的起点和关键。(　　)

(15) 填制会计凭证、所有以元为单位的阿拉伯数字，除单价等情况外，一律填写到角分；有角无分的，分位应当写"0"或用符号"-"代替。(　　)

(16) 一张累计凭证可连续记录所发生同类的经济业务。(　　)

(17) 原始凭证所要求填列的项目必须逐项填列齐全，不得遗漏和省略，年、月、日要按照经济业务发生的实际日期填写。(　　)

(18) 会计部门应于记账之后,定期对各种会计凭证进行分类整理,并将各种记账凭证按编号顺序排列,连同所附的原始凭证一起加具封面,装订成册。(　)

(19) 会计凭证的意义是记录经济业务,提供记账依据;明确经济责任,强化内部控制;监督经济活动,控制经济运行。(　)

(20) 采用累计原始凭证可以减少凭证的数量和记账的次数。(　)

(21) 年度终了后,会计凭证可暂由会计机构保管一年,期满后应由会计机构移交给本单位档案机构统一保管。(　)

(22) 装订成册的会计凭证,应指定专人保管,年度终了,应移交财务档案室归档保管一年;期满之后,应由财会部门编造清册移交本单位的档案部门保管。(　)

(23) 在填制记账凭证时,可将代表不同经济业务内容的原始凭证汇总填制在一张记账凭证上。(　)

(24) 企业每项经济业务的发生,必须从外部取得原始凭证。(　)

(25) 会计凭证不得外借,其他单位若因特殊原因需要使用会计凭证时,经本单位会计机构负责人批准,可以复制。(　)

(26) 所有的记账凭证,都要有出纳人签章。(　)

(27) 各种凭证若填写错误,不得随意涂改、刮擦、挖补。(　)

(28) 在填制原始凭证时,如果出现金额错误,应予更正。(　)

(29) 会计凭证的保管期满以后,企业可自行进行处理。(　)

(30) 填制原始凭证,汉字大写金额数字一律用正楷或草书书写,汉字大写金额数字到元位或角位为止的,后面必须写"正"或"整",分位后面不写"正"或"整"。(　)

(31) 审核无误的原始凭证是登记账簿的直接依据。(　)

(32) 会计凭证按其取得的来源不同,可以分势原始凭证和记账凭证。(　)

(33) 自制原始凭证的填制,都应由会计人员填写,以保证原始凭证填制的正确性。(　)

(34) 保管期满的会计凭证,可按规定程序销毁。(　)

6 会 计 账 簿

知识目标

- 了解设置和登记会计账簿的意义和种类;
- 熟悉各类账簿的格式、内容、登记方法、规范、对账和结账;
- 掌握错账更正方法和账簿的更换与保管。

能力目标

- 能正确登记现金日记账、银行存款日记账、明细分类账和总分类账;
- 能正确进行对账、结账、更正错账。

6.1 会计账簿的概念和种类

6.1.1 会计账簿的概念和意义

会计账簿是指由一定格式账页组成的,以经过审核的会计凭证为依据,全面、连续、系统地记录各种经济业务的簿籍。会计账簿可简称账簿。对于账簿的概念,可以从两方面理解:一是从外表形式看,账簿是由具有一定格式的账页联结而成的簿籍;二是从记录的内容看,账簿是对各项经济业务进行分类和序时记录的簿籍。会计账簿和会计凭证都是记录经济业务的会计资料,但两者记录的方式不同。会计凭证对经济业务的记录是零散的,不能全面、连续、系统地反映和监督经济业务内容;而会计账簿对经济业务的记录是分类、序时、全面、连续的,能够把分散在会计凭证中的大量核算资料加以集中,为经营管理提供系统、完整的核算资料。各单位应当按照国家统一的会计制度的规定和会计业务的需要设置会计账簿。设置和登记账簿,是编制会计报表的基础,是联系会计凭证与会计报表的中间环节,在会计核算中具有重要意义。

(1) 通过账簿的设置和登记，可以记载、储存会计信息。将会计凭证所记录的各项经济活动，及时储存所需要的各项会计信息。

(2) 通过账簿的设置和登记，可以分类、汇总会计信息。通过账簿记录，可以将分散在会计凭证上大量的核算资料，按其不同性质加以归类、整理和汇总，以便全面、系统、连续和分类地提供企业资产、负债、所有者权益、收入、费用和利润等会计要素的增减变化情况，及时提供各方面所需要的总括会计信息，为管理决策提供信息。

(3) 通过账簿的设置和登记，可以检查、校正会计信息。账簿记录是对会计凭证的进一步整理，账簿记录也是会计分析、会计检查的重要依据。如账簿中记录的财产物资的账面数可以通过实地盘点的方法，与实存数进行核对，来检查财产物资是否妥善保管，账实是否相符。

(4) 通过账簿的设置和登记，可以编报、输出会计信息。会计账簿是对会计凭证的系统化，提供的是全面、系统、分类的会计信息，因而账簿记录是编制会计报表的主要资料来源，账簿所提供的资料，是编制会计报表的主要依据。

6.1.2　会计账簿与账户的关系

账簿与账户有着十分密切的关系。账户是根据会计科目开设的，账户存在于账簿之中，账簿中的每一页就是账户的存在形式和载体，没有账簿，账户就无法存在；账簿序时、分类地记载经济业务，是在个别账户中完成的。因此，账簿只是一个外在形式，账户才是它的真实内容。所以说，账簿是由若干账页组成的一个整体，而开设于账页上的账户是这个整体中的个别部分，因而，账簿与账户的关系，是形式和内容的关系。

6.1.3　会计账簿的分类

6.1.3.1　按用途分类

账簿按其用途不同，可分为序时账簿、分类账簿和备查账簿三种。

(1) 序时账簿。序时账簿又称日记账，是按照经济业务发生和完成时间的先后顺序逐日逐笔进行登记的账簿。在我国，大多数单位一般只设现金日记账和银行存款日记账。

(2) 分类账簿。分类账簿是对全部经济业务事项按照会计要素的具体类别而设置的分类账户进行登记的账簿。分类账簿按照分类的概括程度不同，又分为总分类账和明细分类账两种。按照总分类账户分类登记经济业务事项的是总分类账簿，简称总账。按照明细分类账户分类登记经济业务事项的是明细分类账簿，简称明细账。明细分类账是对总分类账的补充和具体化，并受总分类账的控制和统驭。分类账簿提供的核算信息是编制会计报表的主要依据。分类账簿和序时账簿的作用不同。序时账簿能提供连续系统的信息，反映企业资金运动的全貌；分类账簿则是按照经营与决策的需要而设置的账户，归集并汇总各类信息，反映资金运动的各种状态、形式及其构成。在账簿组织中，分类账簿占有特别重要的地位。因为只有通过分类账簿，才能把数据按账户形成不同信息，满足编制会计报表的需要。

(3) 备查账簿。备查账簿简称备查簿，是对某些在序时账簿和分类账簿等主要账簿中都不予以登记或登记不够详细的经济业务事项进行补充登记时使用的账簿。备查账簿可以为某些经济业务的内容提供必要的参考资料，加强企业对使用和保管的属于他人的财产物资的监督。例如，租入固定资产登记簿、受托加工材料登记簿、代销商品登记簿等。备查账簿可以由各单位根据需要进行设置。

备查账簿与序时账簿和分类账簿相比，存在两点不同之处：一是登记依据可能不需要记账凭证，甚至不需要一般意义上的原始凭证；二是账簿的格式和登记方法不同，备查账簿的主要栏目不记录金额，它更注重用文字来表述某项经济业务的发生情况。

6.1.3.2　按账页格式分类

按账页格式的不同，账簿可以分为两栏式、三栏式、多栏式和数量金额式四种。

(1) 两栏式账簿。是只有借方和贷方两个基本金额栏目的账簿。普通日记账和转账日记账一般采用两栏式。

(2) 三栏式账簿。是设有借方和贷方两个基本金额栏目的账簿。各种日记账、总分类账以及资本、债权、债务明细账都可采用三栏式账簿。三栏式账簿又分为设对方科目和不设对方科目两种。区别是在摘要栏和借方科目栏之间是否有一栏"对方科目"。设有"对方科目"栏的，称为设对方科目的三栏式账簿；不设有"对方科目"栏的，称为不设对方科目的三栏式账簿。

(3) 多栏式账簿。是在账簿的两个基本栏借方和贷方按需要分设若干专栏的账簿。如多栏式日记账、多栏式明细账。但是，其专栏设置在借方还是贷方，或是两方同时设专栏，专栏的数量等，均应根据需要确定。收入、费用明细账一般均采用这种格式的账簿。

(4) 数量金额式账簿。数量金额式账簿的借方、贷方和余额三个栏目内，分设数量、单价和金额三小栏，借以反映财产物资的实物数量和价值量。如原材料、库存商品、产成品等明细账一般采用数量金额式账簿。

6.1.3.3 按外形特征分类

账簿按其外形特征不同可分为订本账、活页账和卡片账三种。

(1) 订本账。是启用之前就已经将账页装订在一起，并对账页进行了连续编号的账簿。订本账的优点是能避免账页散失和防止抽换账页；其缺点是不能准确为各账户预留账页。这种账簿一般适用于总分类账、现金日记账、银行存款日记账。

(2) 活页账。是在账簿登记完毕之前并不固定装订在一起，而是装在活页账夹中。当账簿登记完毕之后(通常是一个会计年度结束之后)，才将账页予以装订，加具封面，并给各账页连续编号。各种明细分类账一般采用活页账形式。这类账簿的优点是记账时间可以根据实际需要，随时将空白账页装入账簿，或抽去不需用的账页，便于分工记账；其缺点是如果管理不善，可能会造成账页散失或故意抽换账页。通常各种明细账分类账一般采用活页账形式。

(3) 卡片账。是将账户所需格式印刷在硬卡上。严格说，卡片账也是一种活页账，只不过它不是装在活页账夹中，而是装在卡片箱内。在我国，企业一般只对固定资产的核算采用卡片账形式，也有少数企业在材料核算中使用材料卡片。

6.2 会计账簿的内容和记账规则

6.2.1 会计账簿的基本内容

在实际工作中，由于各种会计账簿所记录的经济业务不同，账簿的格式也多种多样，但各种账簿都应具备以下基本内容：

(1) 封面。设置与账页大小相一致的账夹，主要用来标明账簿的名称，如各种明细分类账、现金日记账、银行存款日记账等。

(2) 扉页。

① 账簿启用和经管人员一览表。总分类账、现金日记账、银行存款日记账是固定扉页，活页账、卡片账在装订成册后，才填列账簿启用和经管人员一览表。格式如表 6.1 所示。

② 科目索引表。总分类账、现金日记账、银行存款日记账是固定的科目索引表，活页账、卡片账在装订成册后，才填列账簿的科目索引表。

(3) 账页：是账簿用来记录经济业务事项的载体，包括账户的名称、登记账户的日期栏、凭证种类和号数栏、摘要栏、金额栏、总页次和分户页次等基本内容组成。

表 6.1　账簿启用表

使用单位										单位盖章		
账簿名称												
账簿编号			总　　　册　第　　　册										
启用日期			年　月　日　至　年　月　日										
经管人员		主管			记账								
		姓名	盖章		姓名			盖章				
交接记录		日期			监交			移交			接管		
	年	月	日	职务	姓名	盖章	职务	姓名	盖章	职务	姓名	盖章
印花税票粘贴处												

6.2.2　会计账簿的启用

账簿是重要的会计档案。为了确保账簿记录的合法性和完整性，明确记账责任，在启用会计账簿时，应当在账簿封面上写明单位名称、账簿名称，并在账簿扉页上附启用表，表内详细载明：单位名称、账簿名称、账簿编号、账簿页数、启用日期、记账人员和会计主管人员姓名，并加盖有关人员的签章和单位公章。更换记账人员时，应办理交接手续，在交接记录内填写交接日期和交接人员姓名并签章，具体格式见表 6.1。启用订本式账簿，应当从第一页到最后一页顺序编定页数，不得跳页、缺号。使用活页式账页，应当按账户顺序编号，并需定期装订成册。装订后再按实际使用的账页顺序编定页码，另加目录，记录每个账户的名称和页次。

6.2.3 会计账簿的记账规则

会计账簿的记账规则是：

(1) 为了保证账簿记录的准确、整洁，应当根据审核无误的会计凭证登记会计账簿。登记会计账簿时，应当将会计凭证日期、编号、业务内容摘要、金额和其他有关资料逐项记入账内，做到数字准确、摘要清楚、登记及时、字迹工整。每一项会计事项，一方面要记入有关的总账，另一方面要记入该总账所属的明细账。账簿记录中的日期，应该填写记账凭证上的日期，以自制原始凭证(如收料单、领料单等)作为记账依据的，账簿记录中的日期应按有关自制凭证上的日期填列。

(2) 账簿登记完毕后，要在记账凭证上签名或者盖章，并在记账凭证的"过账"栏内注明账簿页数或画对勾(√)，注明已经登账的符号，表示已经登账完毕，避免重记、漏记。

(3) 账簿中书写的文字和数字上面要留有适当的空格，不要写满格，一般应占格距的1/2。这样，在一旦发生登记错误时，能比较容易地进行更正，同时也方便查账工作。

(4) 为了保持账簿记录的持久性，防止涂改，登记账簿必须使用蓝黑墨水或碳素墨水并用钢笔书写，不得使用圆珠笔(银行的复写账簿除外)或者铅笔书写。

(5) 在下列情况下，可以用红色墨水记账：

① 按照红字冲账的记账凭证，冲销错误记录。

② 在不设借贷等栏的多栏式账页中，登记减少数。

③ 在三栏式账户的余额栏前，如未印明余额方向的，在余额栏内登记负数余额。

④ 根据国家统一的会计制度的规定可以用红字登记的其他会计记录。

由于会计中的红字表示负数，因而除上述情况外，不得用红色墨水登记账簿。

(6) 在登记各种账簿时，应按页次顺序连续登记，不得隔页、跳行。如无意发生隔页、跳行现象，应在空页、空行处用红色墨水画对角线注销，或者注明"此页空白"或"此行空白"字样，并由记账人员签名或者签章。

(7) 凡需要结出余额的账户，结出余额后，应当在"借或贷"栏目内注明"借"或"贷"字样，以示余额的方向；对于没有余额的账户，应在"借或贷"栏内写"平"字，并在"余额"栏用"θ"表示。现金日记账和银行存款日记账必须逐日结出余额。

(8) 每一账页登记完毕结转下页时，应当结出本页合计数及余额，写在本页最后一行和下页第一行有关栏内，并在摘要栏内注明"过次页"和"承前页"字样；也可以将本页合计数及金额只写在下页第一行有关栏内，并在摘要栏内注明"承前页"字样，以保持账簿记录的连续性，便于对账和结账。

对需要结计本月发生额的账户，结计"过次页"的本页合计数应当为自本月初起至本页末止的发生额合计数；对需要结计本年累计发生额的账户，结计"过次页"的本页合计数应当为自年初起至本页末止的累计数；对既不需要结计本月发生额也不需要结计本年累计发生额的账户，可以只将每页末的金额结转次页。

6.3　会计账簿的格式和登记方法

6.3.1　日记账

6.3.1.1　现金日记账

1) 现金日记账的格式

现金日记账是用来核算和监督库存现金每天的收入、支出和结存情况的账簿，其格式有三栏式和多栏式两种。无论采用三栏式还是多栏式现金日记账，都必须使用订本账。三栏式现金日记账设收入、支出和结余三个基本栏目。在金额栏与摘要栏之间常常插入"对方科目"，以便记账时标明现金收入的来源科目和现金支出的用途科目。三栏式现金日记账的格式，如表 6.2 所示。

表 6.2　现金日记账(三栏式)

年		凭证		摘要	对方科目	收入	支出	结余
月	日	字	号					

多栏式现金日记账是在三栏式现金日记账基础上发展起来的，日记账的借方(收入)和贷方(支出)金额栏都按对方科目设专栏，也就是按收入的来源和支出的用

途设专栏。多栏式现金日记账的格式,如表 6.3 所示。

表 6.3　现金日记账(多栏式)

年		凭证字号	摘要	收入				支出				结余
月	日			应贷科目			合计	应借科目			合计	
				银行存款	主营业务收入	…		其他应收款	管理费用	…		

2) 现金日记账的登记方法

现金日记账由出纳人员根据与现金收付有关的记账凭证,按时间顺序逐日逐笔进行登记,并根据"上日余额+本日收入-本日支出=本日余额"的公式,逐日结出现金余额,与库存现金实存数核对,以检查每日现金收付是否有误。

(1) 三栏式现金日记账。具体登记方法如下:

① 日期栏:系指记账凭证的日期,应与现金实际收付日期一致。

② 凭证栏:系指登记入账的收付款凭证的种类和编号,如:"现金收(付)款凭证",简写为"现收(付)";"银行存款收(付)款凭证",简写为"银收(付)"。凭证栏还应登记凭证的编号数,以便于查账和核对。

③ 摘要栏:摘要说明登记入账的经济业务的内容。文字要简练,但要能说明问题。

④ 对方科目栏:系指现金收入的来源科目或支出的用途科目。如从银行提取现金,其来源科目(即对方科目)为"银行存款"。其作用在于了解经济业务的来龙去脉。

⑤ 收入、支出栏:系指现金实际收付的金额。每日终了,应分别计算现金收入和付出的合计数,结出余额,同时将余额与出纳员的库存现金核对,即通常说的"日清"。如账款不符应查明原因,并记录备案。月终同样要计算现金收、付和结存的合计数,通常称为"月结"。

(2) 多栏式现金日记账。在实际工作中,如果要设多栏式现金日记账,一般常把现金收入业务和支出业务分设"现金收入日记账"和"现金支出日记账"两本账。其中,现金收入日记账按对应的贷方科目设置专栏,另设"支出合计"栏和"结余"栏;现金支出日记账则只按支出的对方科目设专栏,不设"收入合计"

栏和"结余"栏。

借贷方分设的多栏式现金日记账的登记方法是：

① 先根据有关现金收入业务的记账凭证登记现金收入日记账,根据有关现金支出业务的记账凭证登记现金支出日记账。

② 每日营业终了,根据现金支出日记账结计的支出合计数,一笔转入现金收入日记账的"支出合计"栏中,并结出当日余额。

3) 案例说明

假设长江公司1月上旬发生如下业务,来说明三栏式现金日记账的登记方法。

(1) 1 日公司购买办公用品 80 元,用现金支付。

(2) 1 日开出现金支票,从银行提取现金 2 000 元。

(3) 2 日采购员王永民借支差旅费 600 元,用现金支付。

(4) 3 日公司购入图书资料一套 55 元,用现金支付。

(5) 3 日公司交纳车辆养路费 600 元,用现金支付。

(6) 4 日公司销售 1 号产品 800 元,收讫现金。

(7) 4 日公司技术设计部门购入设计工具一套 500 元,用现金支付。

(8) 5 日公司支付电话费 180 元,用现金支付。

(9) 5 日公司办理银行贷款,支付手续费 60 元,用现金支付。

(10) 5 日会计人员参加继续教育学习,报销学费 200 元,用现金支付。

(11) 6 日从银行取现金 6 000 元,准备发本月工资。

(12) 6 日发放本月工资 6 000 元,其中生产人员 4 000 元,管理人员 2 000 元。

(13) 6 日张经理报销会议差旅费 300 元,用现金支付。

(14) 7 日车间购入修理用材料 75 元,用现金支付。

(15) 7 日公司购买复印纸 200 元,用现金支付。

(16) 8 日采购员王永民因故不能出差,交回前借差旅费款 600 元。

(17) 9 日购买会计账簿、会计凭证等用品 230 元,用现金支付。

(18) 10 日购原材料 280 元,已验收入库,用现金支付。

(19) 10 日采购材料支付装卸费 70 元,用现金支付。

(20) 10 日公司报销招待费用 260 元,用现金支付。

根据以上经济业务,编制记账凭证,现以会计分录簿代替记账凭证,如表 6.4 所示。

根据记账凭证(会计分录簿)登记三栏式现金日记账,如表 6.5 所示。

表6.4 会计分录簿

××年		凭证		摘 要	借 方		贷 方	
月	日	字	号		会计科目	金额	会计科目	金额
1	1	付	1	购办公用品	管理费用	80	库存现金	80
1	1	付	2	取现	库存现金	2 000	银行存款	2 000
	2	付	3	王永民借差旅费	其他应收款	600	库存现金	600
	3	付	4	购图书	管理费用	55	库存现金	55
	3	付	5	付养路费	管理费用	600	库存现金	600
	4	收	1	销售1号产品	库存现金	800	主营业务收入	800
	4	付	6	购设计工具	管理费用	500	库存现金	500
	5	付	7	支付电话费	管理费用	180	库存现金	180
	5	付	8	支付贷款手续费	财务费用	60	库存现金	60
	5	付	9	会计人员培训费	管理费用	200	库存现金	200
	6	付	10	取现金	库存现金	6 000	银行存款	6 000
	6	付	11	发工资	应付工资	6 000	库存现金	6 000
	6	付	12	报销差旅费	管理费用	300	库存现金	300
	7	付	13	购修理材料	制造费用	75	库存现金	75
	7	付	14	购置复印纸	管理费用	200	库存现金	200
	8	收	2	王永民交回差旅费	库存现金	600	其他应收款	600
	9	付	15	购买账簿凭证等	管理费用	230	库存现金	230
	10	付	16	购入材料	原材料	280	库存现金	280
	10	付	17	支付装卸费	制造费用	70	库存现金	70
	10	付	18	支付招待费	管理费用	260	库存现金	260

表6.5 现金日记账

××年		凭证		摘 要	对应科目	收入	支出	结余
月	日	字	号					
1	1			月初余额				1 000
	1	付	1	购办公用品	管理费用		80	
	1	付	2	取现	银行存款	2 000		2 920
	2	付	3	王永民借差旅费	其他应收款		600	2 320
	3	付	4	购图书	管理费用		55	
	3	付	5	付养路费	管理费用		600	1665
	4	收	1	销售1号产品	主营业务收入	800		
	4	付	6	购设计工具	管理费用		500	1 965
	5	付	7	支付电话费	管理费用		180	
	5	付	8	支付贷款手续费	财务费用		60	
	5	付	9	会计人员培训费	管理费用		200	1 525
	6	付	10	取现金	银行存款	6 000		
	6	付	11	发工资	应付工资		6 000	
	6	付	12	报销差旅费	管理费用		300	1 225
	7	付	13	购修理材料	制造费用		75	
	7	付	14	购置复印纸	管理费用		200	950
	8	收	2	王永民交回差旅费	其他应收款	600		1 550
	9	付	15	购买账簿凭证等	管理费用		230	1 320
	10	付	16	购入材料	原材料		280	
	10	付	17	支付装卸费	制造费用		70	
	10	付	18	支付招待费	管理费用		260	710
				转次页		9 400	9 690	710

6.3.1.2 银行存款日记账

1) 银行存款日记账的格式

银行存款日记账是用来核算和监督银行存款每日的收入、支出和结余情况的账簿，其格式一般采用三栏式，如表6.6所示。

表6.6　银行存款日记账(三栏式)

年		凭证		摘　要	结算凭证	对方科目	收入	支出	结余
月	日	字	号						

2) 银行存款日记账的登记方法

银行存款日记账应按企业在银行开立的账户和币种分别设置，每个银行账户设置一本日记账。由出纳员根据与银行存款收付业务有关的记账凭证，按时间先后顺序逐日逐笔进行登记。根据银行存款收款凭证和有关的现金付款凭证(库存现金存入银行的业务)登记银行存款收入栏，根据银行存款付款凭证登记其支出栏，每日结出存款余额。

3) 案例说明

假设长江公司1月上旬发生如下业务，来说明三栏式银行存款日记账的登记方法。

(1) 1日开出现金支票，从银行提取现金2 000元，以备用。

(2) 2日开出转账支票，支付上月所欠宏达公司货物款10 000元。

(3) 2日收到转账支票，收回上月销售给致远公司产品的货款80 000元。

(4) 3日开出转账支票，预购宏达公司货物款20 000元，货物未收到。

(5) 4日收到银行汇票，销售给致远公司产品价款30 000元，货物已发出。

(6) 4日开出转账支票，归还前借银行短期贷款50 000元。

(7) 5日开出转账支票，归还上月所欠维达公司货物款5 000元。

(8) 6日开出现金支票，从银行提取现金6 000元，准备发放本月工资。

(9) 7日开出转账支票，从维达公司购入材料20 000元，材料已验收入库。

(10) 8日开出转账支票，支付汽车维修费1 500元。

(11) 9日开出转账支票，支付广告费8 000元。

(12) 9日开出转账支票，支付水费650元。

(13) 10日收转账支票，收到销售给富通公司产品价款20 000元，货物已发出。

(14) 10日开出转账支票，从宏达公司购入材料40 000元，材料已验收入库。

根据以上经济业务，编制记账凭证，现以会计分录簿代替记账凭证，如表6.7所示。根据记账凭证(会计分录簿)登记三栏式银行存款日记账，如表6.8所示。

表 6.7　会计分录簿

××年		凭证		摘　要	借　方		贷　方	
月	日	字	号		会计科目	金额	会计科目	金额
1	1	付	1	取现	库存现金	2 000	银行存款	2 000
1	2	付	2	支付上月欠款	应付账款	10 000	银行存款	10 000
	2	收	1	收回上月欠款	银行存款	80 000	应收账款	80 000
	3	付	3	预付货款	预付账款	20 000	银行存款	20 000
	4	收	2	销售产品	银行存款	30 000	主营业务收入	30 000
	4	付	4	归还贷款	短期借款	50 000	银行存款	50 000
	5	付	5	支付上月欠款	应付账款	5 000	银行存款	5 000
	6	付	6	取现	库存现金	6 000	银行存款	6 000
	7	付	7	购入材料，款已付	原材料	20 000	银行存款	20 000
	8	付	8	支付汽车维修费	管理费用	1 500	银行存款	1 500
	9	付	9	支付广告费	销售费用	8 000	银行存款	8 000
	9	付	10	支付水费	管理费用	650	库存现金	650
	10	收	3	销售产品	银行存款	20 000	主营业务收入	20 000
	10	付	11	购入材料，款已付	原材料	40 000	银行存款	40 000

表 6.8　银行存款日记账

××年		凭证		摘　要	结算凭证	对应科目	收入	支出	结余
月	日	字	号						
1	1			月初余额					100
1	1	付	1	取现	现支	库存现金		2 000	98 000
1	2	付	2	支付上月欠款	转支	应付账款		10 000	
	2	收	1	收回上月欠款	转支	应收账款	80 000		168
	3	付	3	预付货款	转支	预付账款		20 000	148
	4	收	2	销售产品	信汇	主营业务收入	30 000		
	4	付	4	归还贷款	转支	短期借款		50 000	128
	5	付	5	支付上月欠款	转支	应付账款		5 000	123
	6	付	6	取现	现支	库存现金		6 000	117
	7	付	7	购入材料款已付	转支	原材料		20 000	97 000
	8	付	8	支付汽车维修费	转支	管理费用		1 500	95 500
	9	付	9	支付广告费	转支	销售费用		8 000	
	9	付	10	支付水费	转支	管理费用		650	86 850
	10	收	3	销售产品	转支	主营业务收入	20 000		
	10	付	11	购入材料款已付	转支	原材料		40 000	66 850
				转次页			130	163	66 850

6.3.2 总账

总分类账是按照总分类账户分类登记以提供总括会计信息的账簿。总分类账能够全面、总括地反映经济活动情况，并对明细账起统驭和控制作用，并为编制会计报表提供总括的资料。因此，任何企业、行政事业单位都要设置总分类账。

6.3.2.1 总账的格式

总分类账采用订本账形式，其账页格式最常用的为三栏式("借方"、"贷方"、"余额")账页，有的单位也采用多栏式账页。在账簿中，按有关会计制度规定的会计科目的编号顺序设立账户，每一账户预留若干空白账页，以登记一定时期(一年)内该账户的全部经济业务。

6.3.2.2 总账的登记方法

总账的登记方式因企、事业单位而异。经济业务少的小型单位可采用逐笔登记方式，即根据记账顺序逐笔地直接登记总账；经济业务多的大中型单位，可采用汇总登记方式，即根据记账凭证汇总表(又称科目汇总表)、汇总记账凭证等定期汇总一次登记总账。

现以本节前述现金和银行存款收支出业务的记账凭证(会计分录簿表 6.4、表 6.7)，来填制记账凭证汇总表。

记账凭证汇总表的填制方法如下：

(1) 根据记账凭证(即会计分录)采用"T"字形账户逐笔登记各账户的借方和贷方发生额。

(2) 分别汇总各"T"字形账户借方和贷方发生额合计。

(3) 根据各"T"字形账户借方和贷方发生额合计登记记账凭证汇总表。

(4) 汇总记账凭证汇总表中借方和贷方发生额合计，借方本期发生额合计必需等于贷方本期发生额合计。

依据表 6.9 登记本期经济业务涉及的所有总账，如表 6.10～表 6.23 所示。未涉及经济业务的总账不用登记。

表 6.9　记账凭证汇总表

20××年1月1～10日　　　　汇字第1号

会计科目	本期发生额	
	借　方	贷　方
库存现金	9 400	9 690
银行存款	130 000	163 150
应付账款	15 000	
应收账款		80 000
预付账款	20 000	
主营业务收入		50 800
短期借款	50 000	
原材料	60 280	
管理费用	4 755	
销售费用	8 000	
其他应收款	600	600
财务费用	60	
应付职工薪酬	6 000	
制造费用	145	
合计	304 240	304 240

表 6.10　总分类账 1

会计科目：库存现金

××年		凭证		摘　要	借方	贷方	借或贷	余额
月	日	字	号					
1	1			月初余额			借	1 000
	10	汇	1	1～10日汇总	9 400	9 690	借	710

表 6.11　总分类账 2

会计科目：银行存款

××年		凭证		摘　要	借方	贷方	借或贷	余额
月	日	字	号					
1	1			月初余额			借	100 000
	10	汇	1	1～10日汇总	130 000	163 150	借	66 850

表 6.12　总分类账 3

会计科目：应收账款

××年		凭证		摘　要	借方	贷方	借或贷	余额
月	日	字	号					
1	1			月初余额			借	100 000
	10	汇	1	1～10日汇总		80 000	借	20 000

表 6.13　总分类账 4

会计科目：其他应收款

××年		凭证		摘　要	借方	贷方	借或贷	余额
月	日	字	号					
1	1			月初余额			借	1 000
	10	汇	1	1～10日汇总	600	600	借	1 000

表 6.14　总分类账 5

会计科目：原材料

××年		凭证		摘　要	借方	贷方	借或贷	余额
月	日	字	号					
1	1			月初余额			借	150 000
	10	汇	1	1～10日汇总	60 280		借	210 280

表 6.15　总分类账 6

会计科目：预付账款

××年		凭证		摘　要	借方	贷方	借或贷	余额
月	日	字	号					
1	10	汇	1	1～10日汇总	20 000		借	20 000

表 6.16　总分类账 7

会计科目：应付账款

××年		凭证		摘　要	借方	贷方	借或贷	余额
月	日	字	号					
1	1			月初余额			贷	80 000
	10	汇	1	1～10日汇总	15 000		贷	65 000

表 6.17　总分类账 8

会计科目：主营业务收入

××年		凭证		摘　要	借方	贷方	借或贷	余额
月	日	字	号					
1	10	汇	1	1～10日汇总		50 800	贷	50 800

表 6.18　总分类账 9

会计科目：短期借款

××年		凭证		摘　要	借方	贷方	借或贷	余额
月	日	字	号					
1	1			月初余额			贷	50 000
	10	汇	1	1～10日汇总	50 000		平	—

表 6.19　总分类账 10

会计科目：管理费用

××年		凭证		摘　要	借方	贷方	借或贷	余额
月	日	字	号					
1	10	汇	1	1～10日汇总	4 755		借	4 755

表 6.20　总分类账 11

会计科目：销售费用

××年		凭证		摘　要	借方	贷方	借或贷	余额
月	日	字	号					
1	10	汇	1	1～10日汇总	8 000		借	8 000

表 6.21 总分类账 12

会计科目：财务费用

××年		凭证		摘 要	借方	贷方	借或贷	余额
月	日	字	号					
1	10	汇	1	1～10日汇总	60		借	60

表 6.22 总分类账 13

会计科目：制造费用

××年		凭证		摘 要	借方	贷方	借或贷	余额
月	日	字	号					
1	10	汇	1	1～10日汇总	145		借	145

表 6.23 总分类账 14

会计科目：应付职工薪酬

××年		凭证		摘 要	借方	贷方	借或贷	余额
月	日	字	号					
1	10	汇	1	1～10日汇总	6 000		借	6 000

6.3.3 明细账

明细分类账是根据二级账户或明细账户开设账页，分类、连续地登记经济业务以提供明细核算资料的账簿。明细分类账是总分类账的明细记录，它是按照总分类账的核算内容，更加详细的分类，反映某一具体类别经济活动的财务收支情况。它对总分类账起补充说明的作用，它所提供的资料也是编制会计报表的重要依据。其格式有三栏式、多栏式、数量金额式和横线登记式(或称平行式)等多种。

6.3.3.1 三栏式明细分类账

三栏式明细分类账设有借方、贷方和余额三个栏目，用以分类核算各项经济业务，提供详细核算资料的账簿，其格式与三栏式总账格式相同。三栏式明细账适用于进行金额核算的账户，如"应收账款"、"应付账款"、"应交税费"等往来账户。三栏式明细分类账的格式见表6.24～表6.25。

表6.24　应付账款明细分类账

账户名称：宏达公司

××年		凭证		摘　要	借方	贷方	借或贷	余额
月	日	字	号					
1	1	付		期初余额			贷	20 000
	2		2	转账支付上月材料款	10 000		贷	10 000

表6.25　应付账款明细分类账

账户名称：维达公司

××年		凭证		摘　要	借方	贷方	借或贷	余额
月	日	字	号					
1	1	银付		期初余额			贷	60 000
	5		5	转账支付上月材料款	5 000		贷	55 000

注意同应付账款总账(表6.16)相核对，弄清相互的对应关系，以及账与经济业务的来龙去脉。

6.3.3.2　多栏式明细分类账

多栏式明细分类账是将属于同一个总账科目的各个明细科目合并在一张账页上进行登记，即在这种格式账页的借方或贷方金额栏内按照明细项目设若干专栏。多栏式明细分类账适用于成本费用类科目的明细核算，如"管理费用"、"制造费用"等账户的明细账户。

在实际工作中，成本费用类账户的明细账有两种格式：

第一种：只在借方发生额设置专栏，不设置贷方栏，由于贷方发生额每月发生的笔数很少，可以在借方直接用红字冲销，见表6.26格式。

第二种：在借方设专栏的情况下，贷方设一总的金额栏，再设一余额栏，见表6.27格式。

表 6.26　管理费用明细账

年		凭证	摘要	借　方							
月	日	字号		工资及福利费	工会经费	折旧费	修理费	办公费	差旅费	…	合计

表 6.27　管理费用明细账

年		凭证	摘要	借　方								贷方	余额
月	日	字号		工资及福利费	工会经费	折旧费	修理费	办公费	差旅费	…	合计		

6.3.3.3　数量金额式明细账

数量金额式明细分类账是在其收入、发出和结存栏下再分别设置数量、单价和金额三个专栏。该明细账适用于既要进行金额核算又要进行数量核算的存货账户，如原材料、产成品、库存商品等账户的明细分类账。其格式参见表 6.28。

表 6.28 原材料明细分类账

类别：   计划单价：

品名或规格：   储备定额：

存放地点：   计量单位：

年		凭证	摘要	收　入			发　出			结　存		
月	日	字号		数量	单价	金额	数量	单价	金额	数量	单价	金额

6.3.3.4　横线登记式明细账的格式及登记方法

横线登记式明细分类账是采用横线登记，即将每一相关的业务登记在一行，从而可依据每一行各个栏目的登记是否齐全来判断该项业务的进展情况。这种明细账实际上也是一种多栏式明细账，适用于登记材料采购业务、应收票据和一次性备用金业务，其格式参见表 6.29。

表 6.29　其他应收款——备用金明细账

××年		凭证	摘要	借　方			××年		凭证	摘要	贷　方			余额
月	日	字号		原借	实付	合计	月	日	字号		报销	退回	合计	

6.4　对账

对账就是核对账目，是对账簿记录所进行的核对工作。实际工作中，在填制凭证、记账、算账、结账、计算的过程中，难免会发生差错，出现账款、账物不符的情况。因而，在结账前后，要通过对账，将有关账簿记录进行核对，确保会计核算资料的正确性和完整性，为编制会计报表提供真实可靠的数据资料。对账的内容一般包括账证核对、账账核对、账实核对三个方面。

6.4.1 账证核对

账证核对是指核对会计账簿记录与原始凭证、记账凭证的时间、凭证字号、内容、金额是否一致，记账方向是否相符。为了保证账证相符，必须将账簿记录同有关会计凭证相核对。一般来说，日记账应与收、付款凭证相核对，总账应与记账凭证相核对，明细账应与记账凭证或原始凭证相核对。通常，这些核对工作是在日常制证和记账过程中进行的。

6.4.2 账账核对

账账核对是指核对不同会计账簿之间的账簿记录是否相符。为了保证账账相符，必须将各种账簿之间的有关数据相核对。具体核对的内容包括：

(1) 总账与有关联账户的余额核对。资产类账户的余额等于权益类账户的余额，或全部账户的期末借方余额合计数应等于全部账户的期末贷方余额合计数核对相符。

(2) 总账与所属明细账核对。总账账户的期末余额应与所属明细账户期末余额之和核对相符。如长江公司元月份应付账款总账与明细账的核对：

① 期初余额核对。"应付账款"总账(见表 6.16)月初贷方余额 80 000=明细账宏达公司(见表 6.24)月初贷方余额 20 000＋明细账维达公司(见表 6.25)月初贷方余额 60 000。

② 本期发生额核对。"应付账款"总账本期借方发生额 15 000=明细账宏达公司本期借方发生额 10 000＋明细账维达公司本期借方发生额 5 000。

③ 期末余额核对。"应付账款"总账期末贷方余额 65 000=明细账宏达公司本期期末贷方余额 10 000＋明细账维达公司期末贷方余额 55 000。

(3) 总分类账与日记账核对。序时账簿包括特种日记账和普通日记账。而我国企事业单位必须设置的特种日记账是现金日记账和银行存款日记账。这两类业务同时还必须设置总分类账。现金日记账和银行存款日记账期末余额应分别同有关总分类账户的期末余额核对相符。如长江公司元月份库存现金总账与现金日记账的核对：

① 期初余额核对。"库存现金"总账(见表 6.10)月初借方余额 1 000=现金日记账(见表 6.5)月初结余额 1 000。

② 本期发生额核对。"库存现金"总账本期借方发生额 9 400=现金日记账本期收入发生额合计 9 400；"库存现金"总账本期贷方发生额 9 690=现金日记账本

期支出发生额合计 9 690。

③ 期末余额核对。"库存现金"总账期末借方余额 710=现金日记账期末结余额 710。

(4) 明细分类账之间的核对。会计部门各种财产物资明细分类账的期末余额应与财产物资保管或使用部门有关明细账的期末余额核对相符。

6.4.3 账实核对

账实核对是指各项财产物资、债权债务等账面余额与实有数额之间的核对。为了保证账实相符，应将各种账簿记录与有关财产物资的实有数相核对。具体核对内容包括：

(1) 现金日记账账面余额与库存现金额是否相符。现金日记账账面余额应与现金实际库存数逐日核对相符。

(2) 银行存款日记账账面余额与银行对账单的余额是否相符。银行存款日记账的账面余额与银行送来的对账单定期核对相符。

(3) 各种财产物资明细账账面余额与财产物资的实有数额是否相符。各项财产物资明细账账面余额与财产物资的实有数定期核对是否相符。

(4) 有关债权债务明细账账面余额与对方单位的账面记录是否相符。各种应收、应付、应交款明细账的期末余额应与债务、债权单位的账目核对相符，与上下级单位、财政和税务部门的拨缴款项也应定期核对无误。

6.5 错账更正方法

在记账过程中，可能由于种种原因会使账簿记录发生错误。对于发生的账簿记录错误，应该采用正确、规范的方法予以更正。不准涂改、挖补、刮擦或者用药水涂除字迹，不准重新抄写。错账的更正方法一般有划画更正法、补充登记法、红字更正法三种。

6.5.1 画线更正法

根据记账凭证已登记入账，但在结账前发现账簿记录有金额或金额方向的错误，而记账凭证没有错误的情况下(简称账簿单方金额错误)，采用画线更正法更正。更正步骤是：

(1) 在账簿中错误的金额上画一红线，以示注销。

(2) 金额大小错误的，在错误金额的上方空白处用蓝字写上正确的金额；金额方向错误的，另一方向金额栏写上正确的金额。

(3) 由记账及相关人员在更正处盖章以示负责。

需要强调的是，画线时，必须将错误数字全部画销，而不能只画其中个别数码，并应保持原有错误记录仍可辨认，以备查考。

【例 6.1】　现金日记账中，出纳员王玫把一笔实际金额为 793.86 元的业务，误记为 763.86 元，记账凭证没有错误。应作如下更正：

王玫 印章	793.86 ~~763.86~~

【例 6.2】现金日记账中，出纳员王玫把一笔收入金额为 600 元的会计事项，误记为支出栏，记账凭证没有错误。更正方法如表 6.30 所示。

表 6.30　现金日记账

	收　入	支　出	
	～～	～～	
	600	~~600~~	
	～～	～～	

6.5.2　补充登记法

记账以后，在进行账证核对时发现记账凭证填写的填写的金额小于原始凭证上的金额，会计科目无误，并据以登记了账簿的情况下(简称连带金额少记错误)，采用补充登记法更正。更正步骤是：

(1) 按少记的金额用蓝字再填制一张记账凭证。与原记账凭证所记的会计科目、记账方向相同的记账凭证。

(2) 填制记账凭证中金额为少记的部分。

(3) 填制记账凭证中，摘要栏注明"更正××凭证"。

(4) 并用蓝字据以过账。

这样就补记了少记的金额，使全部金额符合实际。

【例 6.3】　将现金 970 元存入银行，原记账凭证为：

借：银行存款　　　　　　　　　　　　　　　　　670

  贷：库存现金   670

核对时发现金额填为 670 元，并已登记入账了，错误为金额少记 300 元。

  更正时，应将少记的金额用蓝字填制一张与原错误记账凭证所记的会计科目、记账方向相同的记账凭证。

  借：银行存款   300

   贷：库存现金   300

并据以用蓝字登记入账，用以补充原少记的金额：更正方法如下：

借方	库存现金	贷方	借方	银行存款	贷方
		670	← →	670	
		300	← →	300	

6.5.3 红字更正法

  红字更正法又称赤字冲账法(指金额用红字)，是由于记账凭证上的错误导致账簿记录也发生相应的错误(简称连带错误)。一般有两种情况错误发生：一是金额多记错误，二是会计科目运用错误。

6.5.3.1 金额多记错误

  金额多记错误是记账后发现记账凭证会计科目无误而所记金额大于应记金额，从而导致账簿记录也发生相应的错误。更正的步骤是：

  (1) 再填制一张记账凭证，多记的金额用红字填写，会计科目及方向与原记账凭证相同。

  (2) 在摘要栏内注明"冲销××号凭证多记金额"。

  (3) 并据以用红字登记入账，以冲销多记的金额。

  【例 6.4】 生产车间生产产品领用原材料 5 000 元。原记账凭证为：

  借：生产成本   50 000

   贷：原材料   50 000

核对时发现金额记为 50 000 元，并已登记入账，其错误是金额多记了 45 000 元。为了更正有关账户已经多记 45 000 元的错误，应用红字填制一张记账凭证。其分录为("□"表示红字)：

  借：生产成本   45 000

   贷：原材料   45 000

将上列更正的记账凭证用红字登记入账后，则有关账户中的原错误记录即得

到更正。如下：

借方	原材料	贷方		借方	生产成本	贷方
		① 50 000	◄──►	① 50 000		
		② 45 000	◄──►	② 45 000		

6.5.3.2 会计科目运用错误

会计科目运用错误是记账后发现记账凭证中会计科目运用错误，从而导致账簿记录也发生相应的错误。更正的步骤是：

(1) 先用红字填制一张与原错误凭证相同的记账凭证。

(2) 在摘要栏注明"冲销××号凭证"。

(3) 并据以用红字登记入账，冲销原来的错误记录。

(4) 然后用蓝字填制一张正确的记账凭证，摘要栏内注明"更正××凭证"，并用蓝字据以登记入账。

【例 6.5】 仓库发出材料 500 元，用于厂部一般性维修。原记账凭证为：

   ① 借：生产成本   500

       贷：原材料   500

核对时发现，误将"管理费用"科目填为"生产成本"科目，并已登记入账，其错误是会计科目运用错了。

发现这种错误时，应先用红字填制一张与原记账凭证完全相同的记账凭证。其分录如下：

   ② 借：生产成本   500

       贷：原材料   500

并据以用红字登记入账，冲销原来的错误记录。同时，再用蓝字填制一张正确的记账凭证，并以蓝字登记入账。其分录如下：

   ③ 借：管理费用   500

       贷：原材料   500

将上述更正错误的记录记入有关账户后，则有关账户的错误记录得到更正，如下：

借方	原材料	贷方		借方	生产成本	贷方		借方	管理费用	贷方
		① 500		① 500						
		② 500		② 500						
		③ 500	◄─────────►					③ 500		

6.6　结账

　　各个单位的经济活动是连续不断的，为了总结某一个会计期间的经济活动情况，考核财务成果，编制会计报表，必须在每一个会计期间终止日进行结账。结账是一项将账簿记录定期结算清楚的账务工作。在一定时期终止日(如月末、季末或年末)时结账的内容通常包括两个方面：一是结清各种损益类账户，并据以计算确定本期利润；二是结清各资产、负债和所有者权益账户，分别结出本期发生额合计和余额。

6.6.1　结账的步骤

　　(1) 将本期发生的经济业务事项全部登记入账，并进行账证、账账核对，保证其正确性。

　　(2) 根据权债发生制的要求，调整有关账项，合理确定本期应计的收入和应计的费用。

　　(3) 将损益类科目转入"本年利润"科目，结平所有损益类科目。

　　(4) 结算出资产、负债和所有者权益科目的本期发生额和余额，并结转下期。

　　以上步骤在结账过程中，一般要按照顺序进行，否则账务结算不出来或会计信息不准确。

6.6.2　结账的方法

　　结账时应当根据不同的账户分别采用不同的方法。

　　1) 不需按月结计本期发生额的账户

　　对不需按月结计本期发生额的账户，如各项应收账款明细账和各项财产物质明细账等，每次记账以后，都要随时结出余额，每月最后一笔余额即为月末余额。月末结账时，只需要在最后一笔经济业务记录之下通栏画一单红线，不需要再结计一次余额。

　　2) 现金、银行存款日记账和需要按月结计发生额的账户

　　对现金、银行存款日记账和需要按月结计发生额的收入、费用等明细账，每月结账时，要结出本月发生额和余额，在摘要栏内注明"本月合计"字样，并在下面通栏画一单红线。

3) 需要结计本年累计发生额的账户

对需要结计本年累计发生额的某些明细账户，如产品销售收入、成本明细账等，需要按月累计和全年累计。

(1) 按月累计。每月结账时，应在"本月合计"行下结出自年初起至本月末止的累计发生额，登记在"本月合计"行下，在摘要栏内注明"本年累计"字样，并在下面通栏画一单红线。

(2) 全年累计。12 月末的"本年累计"是全年累计发生额，全年累计发生额下通栏画双红线。

4) 总账账户

(1) 月度结账。月度结账时，所有有发生额的总账账户每月需要结出"本月合计"和月末余额，在摘要栏内注明"本月合计"字样，并在下面通栏划一单红线。

(2) 年终结账。年终结账时，将所有总账账户结出全年发生额和年末余额，在摘要栏内注明"本年合计"字样，并在合计数下通栏划双红线。

(3) 年度余额结转。年度终了结账时，有余额的账户，要将其余额结转下年，并在摘要栏注明"结转下年"字样；在下一会计年度新建有关会计账户的第一行余额栏内填写上年结转的余额，并在摘要栏注明"上年结转"字样，格式见表 6.31。

表 6.31 应收账总分类账

××年		凭证		摘　要	借方	贷方	借或贷	余额
月	日	字	号					
1	1			年初余额			借	5 000
12	31			本月合计	40 000	40 000	借	5 000
	31			本季累计	50 000	45 000	借	10 000
	31			本年累计	250 000	240 000	借	10 000
				结转下年	250 000	240 000	借	10 000

6.7 会计账簿的更换和保管

会计账簿是企业的重要会计档案，在实际会计核算工作中，要及时更换和妥善保管。

6.7.1 会计账簿的更换

(1) 每年更换一次的账簿。总账、日记账和多数明细账簿应每年更换一次。每年元月上旬，将上年度各账户中的年末余额直接计入新账页的第一行余额栏内，同时在摘要栏内注明"上年结转"字样。

(2) 不需每年更换的账簿。有些财产物资明细账、债权债务明细账、各种备查账簿可以连续使用，不必每年更换。

6.7.2 会计账簿的保管

会计账簿、会计凭证和会计报表等都是企业重要的经济档案和历史资料，必须妥善保管，不得任意丢失和销毁。

(1) 账簿送交保管前的整理。年末结账后，会计人员应将各种活页账簿连同账簿启用和经管人员一览表一起装订成册，加上封面，统一编号；各种订本式总账也须加以清理。

(2) 账簿送交保管的程序。更换下来的账簿，经整理、装订后一般都要把旧账送交总账会计集中统一管理。会计账簿由本单位财务会计部门保管 1 年，期满之后，由财务会计部门编造清册移交本单位的档案部门保管。

(3) 会计凭证的保管。各种会计凭证与账簿一样，都必须按照会计制度统一规定的保存年限妥善保管，不得丢失和随意销毁。

(4) 会计账簿、凭证的外借与销毁。

① 外借。账簿借出，应办理有关手续，并要按期收回。

② 销毁。保管期满后，还要按照规定的审批程序，经批准以后才能销毁。

账簿是重要的会计档案，因此，账簿的保管既要安全、完整，又要保证需要时能迅速查到。

复习思考题

(1) 什么是账簿？账簿有哪些作用？

(2) 总分类账格式是什么？所有总账都采用一种格式吗？

(3) 明细分类账主要有哪几种格式？它们各自适用的范围是什么？

(4) 对账的主要内容是什么？

(5) 结账的主要内容是什么？结账是怎样进行的？

(6) 更正错账有哪几种方法？他们各自适用的条件是什么？

(7) 所有的账簿每年都要更换吗？为什么？

练习题

习题 1

(1) 目的：练习三栏式现金日记账和银行存款日记账的登记方法。

(2) 资料：某单位××年 7 月 1 日现金日记账的期初余额为 5 000 元，银行存款日记账的期初余额为 80 万元。7 月份发生有关经济业务见第 5 章(会计凭证)习题 2(练习收款、付款凭证的编制)。

(3) 要求：根据上述资料登记现金日记账和银行存款日记账。

习题 2

(1) 目的：练习明细账和总账登记。

(2) 资料：

① 某单位××年 7 月有关总分类账户的期初余额，如表 6.32 所示。

表 6.32　总分类账户期初余额表

库存现金	1256	应付账款	51 256
银行存款	890 000	短期借款	800 000
应收账款	80 000	实收资本	6 000 000
原材料	420 000	资本公积	300 000
库存商品	259 280	利润分配	630 000
其他应收款	720		
固定资产	6 130 000		
合计	7 781 256	合计	7 781 256

② 某单位××年 7 月有关明细分类账户的期初余额如下所示。

● 原材料 42 万元，其中 A 材料为 30 万元、数量为 6 000 千克、单价为 50 元；B 材料为 12 万元、数量为 6 000 千克、单价为 20 元。

● 应收账款 8 万元，其中致远公司欠款为 50 000 元；富通公司欠款为 30 000 元。

● 库存商品 23 万元，其中甲产品库存数量 300 台，单位生产成本 500 元，价值为 15 万元；乙产品库存数量 400 台，单位生产成本 200 元，价值为 8 万元。

● 固定资产 613 万元，其中生产车间大楼价值 556 万元；行政办公楼价值 57 万元。

● 应付账款 51 256 元，其中欠宏达公司材料款为 21 256 元；欠维达公司材料款为 30 000 元。

● 其他应收款 720 元，其中采购员王永民借款 720 元。

③ 7 月份发生有关经济业务见第 4 章(会计凭证)中习题 4(练习通用记账凭证

的编制)。

(3) 要求:

① 根据上述资料登记总账。

② 根据上述资料登记明细账。

习题 3

(1) 目的: 练习错账的更正方法。

(2) 资料: 某企业登记账簿后,在账证核对过程中,发现下列经济业务的凭证内容或账簿记录有误。

① 采购员王永民借差旅费 1 500 元,开出现金支票,原编记账凭证的会计分录为:

借: 其他应收款——王永民   1 500
  贷: 库存现金   1 500

② 企业预提本月银行短期借款利息 2 200 元,原编记账凭证的会计分录为

借: 管理费用   2 200
  贷: 应付利息   2 200

③ 结转已售产品成本 50 000 元,原编记账凭证的会计分录为:

借: 主营业务成本   5 000
  贷: 库存商品   5 000

④ 生产车间一般耗用材料 600 元,原编记账凭证的会计分录为:

借: 生产成本   6 000
  贷: 原材料   6 000

⑤ 企业销售甲产品 10 台,货款 10 000 元,增值税 1 700 元,原编记账凭证的会计分录为:

借: 银行存款   11 700
  贷: 库存商品   11 700

(3) 要求: 分别采用适当的错账更正方法予以更正。

会计从业资格证训练题

1) 单项选择题

(1) 启用会计账簿时,应当填写(   )。

    A. 账簿启用及经管人员一览表   B. 科目汇总表

    C. 经管人员一览表   D. 记账人员一览表

(2) 下列关于总账登记方法的说法中,错误的是(   )。

    A. 总分类的登记方法取决于账务处理程序

  B. 总分类账可以根据汇总记账凭证登记

  C. 总分类账可以根据科目汇总表登记

  D. 总分类账不可根据记账凭证直接登记

(3) 日记账的最大特点是( )。

  A. 按现金和银行存款分别设置账户

  B. 可以提供现金和银行存款的每日发生额

  C. 可以提供现金和银行存款的每日静态、动态资料

  D. 逐日逐笔顺序登记并每日结出余额

(4) 总账、现金日记账和银行存款日记账应采用( )。

  A. 活页账   B. 订本账   C. 卡片账   D. 以上均可

(5) ( )采用三栏式明细账。

  A. 应收账款明细账   B. 营业外收入明细账

  C. 管理费用明细账   D. 原材料明细账

(6) 在结账前,若发现记账凭证中所记金额大于应记金额,而应借、应贷科目没有错误,并已过账,应用( )更正。

  A. 红字更正法 B. 补充登记法 C. 画线更正法 D. 涂改更正法

(7) ( )是按照经济业务发生和完成的时间先后顺序,逐日逐笔登记经济业务的账簿。

  A. 序时账   B. 分类账   C. 明细账   D. 备查账

(8) ( )能够为编制会计报表提供依据。

  A. 填制和审核原始凭证   B. 编制记账凭证

  C. 设置和登记账簿   D. 编制会计分录

(9) 卡片账一般适用于账页需要随着财产物资的使用或存放地点的转移而重新排列的明细账,如( )。

  A. 应收账款明细账   B. 现金日记账

  C. 固定资产总账   D. 固定资产明细账

(10) ( )采用多栏式明细账。

  A. 生产成本明细账   B. 应付利息明细账

  C. 预付账款明细账   D. 原材料明细账

(11) 在结账前,若发现记账凭证中所记金额小于应记金额,并已过账,应用( )更正。

  A. 红字更正法 B. 补充登记法 C. 画线更正法 D. 涂改更正法

(12) 现金日记账必须( )结计出余额

  A. 每日   B. 每周   C. 每旬   D. 每月

(13) (　　)只能在结账、画线、改错和冲账时采用。

A. 蓝黑墨水笔　　B. 红色墨水笔　　C. 铅笔　　D. 圆珠笔

(14) 下列适合采用多栏式明细账格式核算的是(　　)。

A. 原材料　　B. 制造费用　　C. 应付账款　　D. 库存商品

(15) 由具有一定格式的账页组成,以审核无误的会计凭证为依据,全面、系统、连续地记录各项经济业务的簿籍称为(　　)。

A. 会计账簿　　B. 会计账户　　C. 序时账簿　　D. 分类账簿

(16) 下列做法错误的是(　　)。

A. 现金日记账采用三栏式账簿

B. 产成品明细账采用数量金额式账簿

C. 生产成本明细账采用三栏式账簿

D. 制造费用明细账采用多栏式账簿

(17) 在登记账簿时,如果经济业务发生日期为 2004 年 11 月 12 日,编制记账凭证日期为 11 月 16 日,登记账簿日期为 11 月 17 日,则账簿中的“日期”栏登记的时间为(　　)。

A. 11 月 12 日　　　　　　　　B. 11 月 16 日

C. 11 月 17 日　　　　　　　　D. 11 月 16 日或 11 月 17 日均可

(18) 明细账一般采用(　　)。

A. 订本账　　B. 活页账　　C. 卡片账　　D. 以上均可

(19) 下列明细分类账中,应该采用数量金额式明细分类账的是(　　)。

A. 原材料明细分类账　　　　　B. 应收账款明细分类账

C. 制造费用明细分类账　　　　D. 管理费用明细分类账

(20) 账簿中的文字或数字不要顶格书写,一般占格宽的(　　)。

A. 1/2　　B. 2/3　　C. 1/3　　D. 3/5

(21) “生产成本”账户的明细分类核算,其明细账的账页格式主要采用(　　)。

A. 三栏式　　B. 多栏式　　C. 特定表格式　　D. 数量金额式

(22) 在结账前,若发现记账凭证中应借应贷科目用错或用反,并已过账,应用(　　)更正。

A. 红字更正法　　B. 补充登记法　　C. 画线更正法　　D. 涂改更正法

(23) 下列对账工作中属于账实核对的是(　　)。

A. 企业银行存款日记账与银行对账单核对

B. 总分类账与所属明细分类账核对

C. 会计部门的财产物资明细账与财产物资保管部门的有关明细账核对

D. 总分类账与日记账核对

(24) 年终结账, 将余额结转下年时, ( )。

    A. 不需要编制记账凭证, 但应将上年账户的余额反向结平才能结转下年

    B. 应编制记账凭证, 并将上年账户的余额反向结平

    C. 不需要编制记账凭证, 也不需要将上年账户的余额结平, 直接注明"结转下年"即可

    D. 应编制记账凭证予以结转, 但不需要将上年账户的余额反向结平

(25) 采用补充登记法, 是因为( )导致账簿错误。

    A. 记账凭证上会计科目错误   B. 记账凭证上记账方向错误

    C. 记账凭证上会计科目或记账方向正确, 所记金额大于应记金额

    D. 记账凭证上会计科目或记账方向正确, 所记金额小于应记金额

(26) 对账即核对账目, 其主要内容包括( )几个方面的内容。

    A. 账实核对、账表核对、账账核对、账证核对

    B. 账账核对、账证核对、账表核对

    C. 账账核对、账证核对、表表核对   D. 账账核对、账证核对、账实核对

(27) 在月末结账前发现所填制的记账凭证无误, 根据记账凭证登记账簿时, 将 1568 元误记为 1586 元。按照有关规定, 更正时应采用的错账更正方法是( )。

    A. 画线更正法   B. 红字更正法   C. 补充登记法   D. 平行登记法

(28) 现金日记账和银行存款日记账必须采用( )账簿。

    A. 活页式   B. 订本式   C. 备查   D. 复币

(29) 结账时, 应当划通栏双红线的是( )。

    A. 12 月末结出全年累计发生额后   B. 各月末结出本年累计发生额后

    C. 结出本季累计发生额后   D. 结出当月发生额后

(30) 现金日记账中, "凭证字号"栏不可能出现( )。

    A. 现收   B. 现付   C. 银收   D. 银付

(31) 下列各项, 只用蓝笔更正的是( )。

    A. 补充登记法   B. 红字冲销法   C. 画线更正法   D. 以上都不对

(32) 一般情况下, 不需根据记账凭证登记的账簿是( )。

    A. 总分类账   B. 明细分类账   C. 备查账   D. 日记账

(33) 用转账支票归还欠 A 公司的货款 50 000 元, 会计人员编制的记账凭证为: 借记"应收账款"50 000, 贷记"银行存款"50 000)审核并已登记入账, 该记账凭证( )。

    A. 有错误, 重编正确的记账凭证   B. 有错误, 使用画线更正法更正

    C. 有错误, 使用红字冲销法更正   D. 有错误, 使用补充登记法更正

(34) ( )采用数量金额式明细账。

A. 本年利润明细账 B. 短期借款明细账

C. 其他应收款明细账 D. 原材料明细账

(35) 记账员在账簿登记时，误将 2 000 元记为 200 元，更正这种记账错误应采用( )。

A. 红字更正法 B. 补充登记法 C. 画线更正法 D. 平行登记法

(36) 下列项目中，( )是连接会计凭证和会计报表的中间环节。

A. 复式记账 B. 设置会计科目和账户

C. 设置和登记账簿 D. 编制会计分录

(37) 以下不属于会计账簿的基本内容的有( )。

A. 封面 B. 扉页

C. 账页 D. 借方、贷方和余额

(38) 备查账的登记主要以( )来表述。

A. 数字 B. 文字 C. 金额 D. 劳动量度

(39) 下列账簿记录的书写方法不正确的是( )。

A. 用蓝黑墨水书写 B. 用红色墨水冲错账

C. 在不设借贷栏的多栏式账页中用红色墨水登记减少数

D. 用圆珠笔书写

(40) 账簿按( )的不同，可分为序时账簿、分类账簿、备查账簿。

A. 用途 B. 外表形式 C. 格式 D. 启用时间

(41) 以下( )项不符合账簿管理的具体要求。

A. 各种账簿应分工明确，指定专人管理

B. 会计账簿只允许在财务室内随意翻阅查看

C. 会计账簿除需要与外单位核对外，一般不能携带外出

D. 账簿不能随意交予其他人员管理

(42) 更正错账时，画线更正法的适用范围是( )。

A. 记账凭证上会计科目或记账方向错误，导致账簿记录错误

B. 记账凭证正确，在记账时发生错误，导致账簿记录错误

C. 记账凭证上会计科目或记账方向正确。所记金额大于应记金额，导致账簿记录错误

D. 记账凭证上会计科目或记账方向正确，所记金额小于应记金额，导致账簿记录错误

2) 多项选择题

(1) 下列符合登记会计账簿基本要求的是( )。

A. 文字和数字的书写应占格距的 1/2 B. 不得使用圆珠笔书

C. 应连续登记，不得跳行、隔页

D. 无余额的账户，在"借或贷"栏内写"0"

(2) 银行存款日记账的登记方法正确的是(　　)。

A. 由出纳人员进行登记

B. 其借方根据银行存款的收款凭证或现金的付款凭证登记

C. 其贷方根据银行存款的付款凭证登记

D. 出纳人员应定期与会计人员登记的银行存款总账核对相符

(3) 账簿按用途分为(　　)。

A. 备查账　　　　　B. 分类账　　　　　C. 总账　　　D. 序时账

(4) 会计账簿登记规则包括(　　)。

A. 记账必须有依据　　　　　　　　B. 按页次顺序连续记账

C. 账簿记载的内容应与记账凭证一致，不得随便增减

D. 按规定结清余额

(5) 以下属于备查账簿的有(　　)。

A. 租入固定资产登记簿　　　　　B. 代销商品登记簿

C. 受托加工材料登记簿　　　　　D. 材料采购明细账

(6) 明细分类账的账页格式主要有(　　)。

A. 三栏式　　　　　B. 多栏式　　　　　C. 数量金额式　　D. 横线登记式

(7) 下列账户的明细账账页格式应采用三栏式的有(　　)。

A. 原材料　　　　　B. 预付账款　　　　C. 应收账款　　　D. 应付账款

(8) 采用数量金额式明细账的有(　　)。

A. 实收资本明细账　　　　　　　B. 原材料明细账

C. 库存商品明细账　　　　　　　D. 应付账款明细账

(9) 会计账簿对经济业务的记录是(　　)。

A. 零散的　　　　　　　　　　　B. 综合的

C. 分类、序时的　　　　　　　　D. 全面、连续的

(10) 错账的更正方法一般有(　　)。

A. 画线更正法　　　B. 补充登记法　　　C. 红字更正法　　D. 涂改更正法

(11) 下列明细账账页格式应采用数量金额式的是(　　)。

A. 原材料　　　　　B. 库存商品　　　　C. 应收账款　　　D. 周转材料

(12) 采用多栏式明细账的有(　　)。

A. 生产成本明细账　　　　　　　B. 主营业务收入明细账

C. 制造费用明细账　　　　　　　D. 本年利润明细账

(13) 会计账簿和会计凭证的主要区别在于(　　)。

    A. 会计凭证对经济业务的记录是零散的

    B. 会计凭证对经济业务的记录是系统的

    C. 会计账簿对经济业务的记录是分类、序时、全面、连续的

    D. 会计账簿能为经营管理提供系统、完整的核算资料

(14) 下列项目中，属于会计账簿基本内容的是(　　)。

    A. 封面　　　　　　B. 扉页　　　　　　C. 账页　　　　　　D. 账页格式

(15) 下列做法错误的是(　　)。

    A. 现金日记账采用数量金额式账簿

    B. 产成品明细账采用数量金额式账簿

    C. 生产成本明细账采用三栏式账簿

    D. 制造费用明细账采用多栏式账簿

(16) 银行存款日记账是根据(　　)逐日逐笔登记的。

    A. 现金收款凭证　　　　　　　　　B. 相关的现金付款凭证

    C. 银行存款收款凭证　　　　　　　D. 银行存款付款凭证

(17) 生产车间生产产品领用原材料 50 000 元，填制记账凭证时，将金额误记为 5 000 元，科目没有错，并已登记入账。更正此种错误时(　　)。

    A. 应用红字更正法　　　　　　　　B. 应用补充登记法

    C. 红字凭证的分录为：借：生产成本 45 000；贷：原材料 45 000

    D. 补记凭证的分录为：借：生产成本 45 000；贷：原材料 45 000

(18) 下列账户的明细账账页格式应采用多栏式的是(　　)。

    A. 管理费用　　　　B. 原材料　　　　C. 财务费用　　　　D. 包装物

(19) 会计账簿中，下列(　　)可以用红色墨水记账。

    A. 按照红字冲账的记账凭证，冲销错误记录

    B. 在不设借贷等栏的多栏式账页中，登记减少数

    C. 在三栏式账户的余额栏前，如未印明余额的方向的(如借或贷)，在余额栏内登记负数余额

    D. 会计制度中规定可以用红字登记的其他会计记录

(20) 下列(　　)属于账实核对的工作内容。

    A. 现金日记账的账面余额与实际库存数核对

    B. 银行存款日记账账面余额与银行对账单核对

    C. 各种债权、债务叫细账账面余额与有关单位(或个人)核对

    D. 各种财产物资实有数与相应明细账核对

(21) 结账时，应当划通栏双红线的是(　　)。

    A.12 月末结出金年累计发生额后　　　B. 各月末结出本年累计发生额后

C. 结出本季累计发生额后   D. 总账账户年终结账时

(22) 账账核对包括( )。

A. 总账与有关联账户的余额核对   B. 总账与所属明细账核对

C. 总账与日记账核对

D. 会计部门的财产物资明细账与财产物资保管和使用部门的有关明细账核对

(23) 下列各项，适用于多栏式明细账的有( )。

A. 管理费用   B. 生产成本   C. 实收资本   D. 应收账款

(24) 采用三栏式明细账的有( )。

A. 预付账款明细账   B. 应收账款明细账

C. 短期借款明细账   D. 实收资本明细账

(25) 现金日记账属于( )。

A. 序时账簿   B. 明细分类账簿   C. 备查账簿   D. 订本式账簿

(26) 收回货款 2 500 元存入银行，记账凭证的分录为：借：银行存款 2 580；贷：其他应收款 2 580，并且已经登记入账。更正时需要做的会计分录包括( )。

A. 用蓝字金额借记"银行存款"账户 80 元，贷记"其他应收款"账户 80 元

B. 用红字金额借记"银行存款"账户 80 元，贷记"其他应收款"账户 80 元

C. 用红字金额借记"银行存款"账户 2 580 元，贷记"其他应收款"账户 2 580 元

D. 用蓝字金额借记"银行存款"账户 2 500 元，贷记"应收账款"账户 2 500 元

(27) 必须逐日结出余额的账簿是( )。

A. 现金总账   B. 银行存款总账

C. 现金日记账   D. 银行存款日记账

(28) 对账包括( )。

A. 账证核对   B. 账账核对   C. 账实核对   D. 账表核对

(29) 收回货款 1 500 元存入银行，记账凭证中误将金额填为 15 000 元，并已入账。错账的更正方法是( )。

A. 用红字更正法更正

B. 用蓝字借记"银行存款"账户 1 500 元，贷记"应收账款"账户 1 500 元

C. 用红字借记"应收账款"账户 15 000 元，贷记"银行存款"账户 15 000 元

D. 用红字借记"银行存款"账户 13 500 元，贷记"应收账款"账户 13 500 元

3) 判断题

(1) 对于会计账簿的更换，一些变动较小的明细账，可以连续使用，不必每年更换。( )

(2) 对账也包括账表核对。（　　）

(3) 各账户在一张账页记满时，应在该账页最后一行结出余额，并在摘要栏注明"转次页"字样。（　　）

(4) 账账核对就是指企业银行存款日记账与银行对账单的核对。（　　）

(5) 一般情况下，总账、日记账、明细账应当每年更换一次。（　　）

(6) 为便于管理，"应收账款"、"应付账款"的明细账必须采用多栏式明细分类账格式。（　　）

(7) 凡是明细账都使用活页式账簿，以便于根据实际需要，随时添加空白账页。（　　）

(8) 登记账簿时，发生的空行、空页一定要补充书写、不得注销。（　　）

(9) 在我国，单位一般只对固定资产的核算采用卡片账形式。（　　）

(10) 会计账簿的主要作用就是把会计凭证所记载的大量而又分散的经济资料，通过一定的程序，加以归类整理，进行登记，以便为日常管理和编制报表提供分类、系统的资料。（　　）

(11) 三栏式账簿是指具有日期、摘要、金额三个栏目格式的账簿。（　　）

(12) 银行存款日记账是由出纳人员根据审核后的收款凭证、付款凭证逐日逐笔序时登记的账簿。（　　）

(13) 为便于管理，"应收账款"、"预收账款"明细账必须采用多栏式账页格式。（　　）

(14) 使用活页式账页，应按账户顺序编号，并定期装订成册。已装订成册的活页账，应按实际使用的账页顺序编写页数。（　　）

(15) 总账采用订本式账簿，账页格式为多栏式。（　　）

(16) 备查账簿的登记应以审核无误的会计凭证作为依据。（　　）

(17) 红色墨水可在写摘要时使用。（　　）

(18) 在明细账的核算中，只需要进行金额核算的，必须使用三栏式明细账。（　　）

(19) 会计账簿和会计凭证记录经济业务的方式不同。（　　）

(20) 账簿中书写的文字和数字上面要留有适当空距，一般应占格距的二分之一，以便于发现错误时进行修改。

(21) 会计账簿作为重要的经济档案，因保存期长，必须使用蓝色或黑色的笔书写。（　　）

(22) 多栏式账簿就是具有日期、摘要、金额三栏内容的账页格式。（　　）

(23) 已经登入入账的记账凭证，在当年内发现填写错误时，可以用红字填写凭证冲销，同时再用蓝字重新填制一张更正的记账凭证。（　　）

(24) 收入、费用明细账一般均采用多栏式格式的账簿。（　　）

(25) 办理月结，应在各账户最后一笔记录下面划一条通栏红线，在红线下计算出本月发生额及月末余额，并在摘要栏注明"本月合计"或"本月发生额及余额"字样，然后在下面再划一条蓝线。（   ）

(26) 一般来说，总分类账、日记账和大多数明细账，每年应更换一次新账。（   ）

(27) 备查账簿也称辅助账簿，是指对总账中未记录或记录不全的经济业务进行补充登记的账簿。（   ）

(28) 凡是没有余额的账户，必须在"借或贷"等栏目内写"0"字，并在余额栏内用"0"表示。（   ）

(29) 备查账的登记可以不根据原始凭证或记账凭证来进行登记。（   ）

(30) 会计账簿是整个会计核算的中心环节，因此，会计对外提供信息的主要方式就是会计账簿。（   ）

(31) 各单位在更换旧账簿、启用新账簿时，应当填制账簿启用表。（   ）

(32) 登记账簿时一般用蓝黑或碳素墨水满格书写，不得使用圆珠笔或铅笔，除会计制度允许外，也不得用红色墨水记账。（   ）

(33) 年终新旧账有关账户之间结转余额，不必编制记账凭证，只需在旧账"摘要"栏注明"结转下年"字样，同时在新账有关账户第一行"摘要"栏注明"上年结转"字样即可。（   ）

(34) 红色墨水仅限于在借方栏登记贷方数，在贷方栏登记借方数。（   ）

(35) 年度终了，日记账、总账和所有的明细账必须更换新账，不能延续使用旧账。（   ）

(36) 补充登记法适用于记账后，发现记账凭证应借、应贷的账户对应关系正确，但所记金额小于应记金额的情况。（   ）

(37) 更换新账簿时，如有余额，则在新账簿中的第一行摘要栏内注明"上年结转"。（   ）

(38) 年度终了，应编制记账凭证把上年账户余额结平，并结转下年。（   ）

(39) 出纳员应在现金日记账当日业务登记完毕时，才结出余额，并与库存现金进行核对。（   ）

(40) 年末结账需要在本年合计栏下划双红线。（   ）

(41) 年度结账后，对于发生额很少的总账，不必更换新账簿。（   ）

(42) 按照业务发生的先后顺序逐日逐笔根据会计凭证登记经济业务的账簿叫做序时账簿。（   ）

(43) 在会计核算中，既要求进行金额核算，又要求进行实物数量核算的各种财产物资，应使用数量金额式明细分类账。（   ）

7   账务处理程序

7.1   账务处理程序的意义和种类

会计凭证、会计账簿、会计报表是组织会计核算的工具，它们不是彼此孤立存在的，而是以一定形式相互联系、相互结合，构成一个完整的会计核算体系。三者之间相互组合关系，即账务处理的先后次序关系就是账务处理程序。

7.1.1   账务处理程序的意义

账务处理程序也称为会计核算组织程序或账务处理程序，是指会计凭证、会计账簿、会计报表相结合的方式，包括账簿组织和记账程序。账簿组织是指会计凭证和会计账簿的种类、格式、会计凭证与账簿之间的联系方法；记账程序是指由原始凭证到编制记账凭证、登记明细分类账和总分类账、编制会计报表的工作程序和方法等。

会计凭证、会计账簿、会计报表之间的结合方式不同，就形成了不同的账务处理程序，不同的账务处理程序又有不同的方法、特点和适用范围。不同的单位科学、合理地选择适用于本单位的账务处理程序，对于保证会计核算工作质量，提高会计核算工作效率，为经济管理提供全面、准确、及时、有用的会计信息，有效地组织会计核算具有重要意义。

7.1.2　账务处理程序的种类

在我国会计核算工作中，账务处理程序主要有以下五种：
(1) 记账凭证账务处理程序。
(2) 汇总记账凭证账务处理程序。
(3) 科目汇总表账务处理程序。
(4) 日记总账账务处理程序。
(5) 多栏式日记账账务处理程序。

以上五种账务处理程序中，最基本的是记账凭证账务处理程序，其余四种都是在记账凭证账务处理程序基础上发展演变起来的，它们之间的基本账务处理程序是相同的，不同之处主要表现在登记总账的数据来源和方法不同。本书主要介绍前三种常用的账务处理程序。

7.2　记账凭证账务处理程序

7.2.1　记账凭证账务处理程序的特点

记账凭证账务处理程序是指对发生的经济业务事项，首先根据原始凭证或汇总原始凭证编制记账凭证，然后直接根据记账凭证逐笔登记总分类账的一种账务处理程序。记账凭证账务处理程序的特点是直接根据记账凭证逐笔登记总分类账。

7.2.2　记账凭证账务处理的程序

采用记账凭证账务处理程序，进行会计核算，其一般程序是：
(1) 根据原始凭证编制汇总原始凭证。

(2) 根据原始凭证或汇总原始凭证，编制记账凭证。

(3) 根据收款凭证、付款凭证逐笔登记现金日记账和银行存款日记账。

(4) 根据原始凭证、汇总原始凭证和记账凭证，登记各种明细分类账。

(5) 根据记账凭证逐笔登记总分类账。

(6) 期末，将现金日记账、银行存款日记账和明细分类账的余额同有关总分类账的余额核对相符。

(7) 期末，根据总分类账和明细分类账的记录，编制会计报表。

记账凭证账务处理程序，如图 7.1 所示。

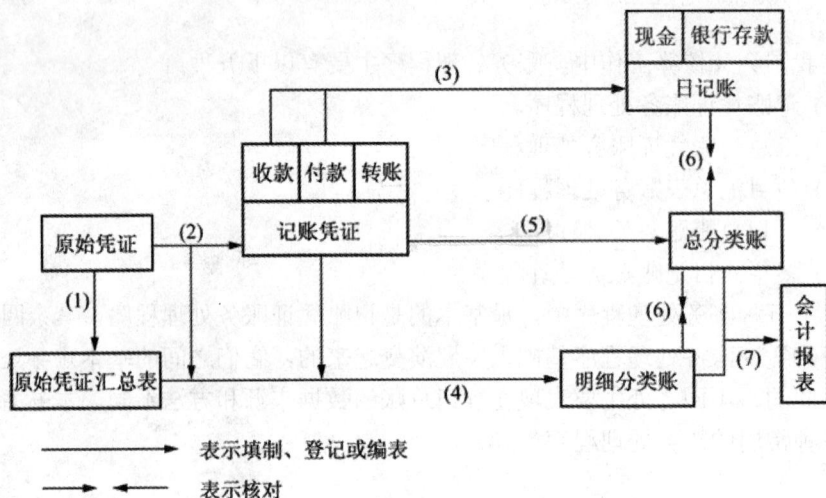

图 7.1 记账凭证账务处理程序

7.2.3 优缺点及适用范围

记账凭证账务处理程序简单明了，易于理解，总分类账可以较详细地反映经济业务的发生情况。其缺点是：登记总分类账的工作量较大。该账务处理程序适用于规模较小，经济业务量较少的单位。

7.2.4 案例说明

假设长江公司 1 月初各总账账户期初余额如表 7.1 所示。长江公司 1 月发生如下经济业务：

(1) 1 日，从宏达公司购入 A 材料 5 000 千克，单价 12 元，计 60 000 元，增值税额为 10 200 元，货税款未付。

表 7.1 长江公司 1 月初各总账账户期初余额

×× 年 12 月 31 日

账户名称	期 末 余 额	
	借 方	贷 方
库存现金	1 570.00	
银行存款	149 400.00	
其他应收款	750.00	
原材料	140 000.00	
固定资产	1 082 280.00	
累计折旧		370 000.00
短期借款		90 000.00
应付账款		30 000.00
实收资本		1 330 000.00
盈余公积		110 000.00
利润分配		120 000.00
生产成本	676 000.00	
合计	2 050 000.00	2 050 000.00

(2) 2 日，从维达公司购入 B 材料 5 000 千克，单价 10 元，计 50 000 元，增值税额为 8 500 元；购入 C 材料 6 000 千克，单价 8 元，计 48 000 元，增值税为 8 160 元，货税款通过银行转账支票承付。

(3) 3 日，企业生产甲种产品领用 A 材料 2 000 千克，单价 12 元，计 24 000 元；生产乙种产品领用 B 材料 2 000 千克，单价 10 元，计 20 000 元；生产车间产品公共耗用 C 材料 3 000 千克，单价 8 元，计 24 000 元。

(4) 4 日，企业向向致远公司出售甲产品 1 000 件，单价 100 元，计 100 000 元，增值税额为 17 000 元，货税款已通过银行转账收到。

(5) 5 日，开出现金支票，从银行存款中提取现金 50 000 元，准备发放本月职工工资。

(6) 5 日，以现金发放本月职工工资 50 000 元。

(7) 6 日，以现金支付公司上月电话费 1000 元，其中，生产车间电话费 600 元。

(8) 7 日，现金支付公司购置办公用品费用 260 元。

(9) 18 日，开出转账支票支付上月欠维达公司货款 30 000 元。

(10) 20 日，企业向富通公司出售甲产品 200 件，单价 100 元，计 20 000 元，增值税额为 3 400 元；乙产品 1 000 件，单价 150 元，计 150 000 元，增值税为 25 500 元，货税款已通过银行转账收到。

(11) 31 日，依据公司人员工作岗位，分配结转本月职工 50 000 元。其中，甲产品生产工人工资 20 000 元，乙产品生产工人工资 20 000 元，生产车间管理人员工资 5 000 元，公司管理人员工资 5 000 元。

(12) 31 日，本月发生职工福利费 7000 元，其中，生产甲产品工人发生 2800 元，生产乙产品工人发生 2800 元，车间管理人员发生 700 元，厂部管理人员发生 700 元。

(13) 31 日，按规定的折旧率，计提本月固定资产折旧额为 60 000 元。其中生产车间使用固定资产折旧额为 50 000 元，公司管理使用固定资产折旧额为 10 000 元。

(14) 31 日，将本月发生的制造费用 80 300 元按生产工时比例分摊，计入甲产品为 40 000 元，计入乙产品为 40 300 元。

(15) 31 日，计提本月应付银行短期借款利息 10 000 元。

(16) 31 日，预订下季度报纸杂志费 200 元，用现金支付。

(17) 31 日，本期主营业务应交纳的教育附加费为 8 000 元。

(18) 31 日，结转已售甲产品 1 200 件的实际生产成本 66 000 元；已售乙产品 1 000 件的实际生产成本 75 000 元。

(19) 31 日，结转本月生产完工并验收入库存的产品生产成本，甲产品 1 500 件，生产成本为 82 500 元；乙产品 2 000 件，生产成本为 150 000 元。

(20) 31 日，将本月主营业务收入 270 000 元转入"本年利润"账户。其中，甲产品主营业务收入为 120 000 元；乙产品主营业务收入为 150 000 元。

(21) 31 日，将本月主营业务成本 141 000 元转入"本年利润"账户。其中，甲产品主营业务成本为 66 000 元；乙产品主营业务成本为 75 000 元。

(22) 31 日，将本月主营业务税金及附加 8 000 元、管理费用 16 360 元、财务费用 10 000 元转入"本年利润"账户。

(23) 31 日，计算本月应交所得税 23 660 元[(270 000−141 000−34 360)×25%]。

(24) 31 日，将本月应交所得税 23 660 元转入"本年利润"账户。

(25) 31 日，将本月的本年利润 70 980 元(94 640−23 660)转入"利润分配——未分配利润"账户。

(26) 31 日，按税后利润 10%提取盈余公积金 7 098 元(70 980×10%)。

(27) 31 日，向投资者分配利润 20 000 元。

长江公司采用记账凭证账务处理程序方法如下：

第一步：审核原始凭证。依据国家法规、企业财务制度等进行审核和汇总，方法、步骤、要求见 5.2 原始凭证中的内容，此处略。

第二步：编制记账凭证。依据原始凭证或汇总原始凭证编制记账凭证。记账凭证的填制方法、步骤、要求，见 5.3 记账凭证中的内容，此处简化为会计分录。

根据上述经济业务编制会计分录：

A 材料采购：

(1) 借：材料采购——A 材料   60 000
    应交税费——应交增值税(进项税额)   10 200
    贷：应付账款——宏达公司   70 200

A 材料验收入库：

借：原材料——A 材料   60 000
    贷：材料采购——A 材料   60 000

B、C 材料采购：

(2) 借：材料采购——B 材料   50 000
    材料采购——C 材料   48 000
    应交税费——应交增值税(进项税额)   16 660
    贷：银行存款   114 660

B、C 材料验收入库：

借：原材料——B 材料   50 000
    原材料——C 材料   48 000
    贷：材料采购——B 材料   50 000
       材料采购——C 材料   48 000

(3) 借：生产成本——甲产品生产   24 000
    生产成本——乙产品生产   20 000
    制造费用   24 000
    贷：原材料——A 材料   24 000
       原材料——B 材料   20 000
       原材料——C 材料   24 000

(4) 借：银行存款   117 000
    贷：主营业务收入——甲产品   100 000
       应交税费——应交增值税(销项税额)   17 000

(5) 借：库存现金   50 000
    贷：银行存款   50 000

(6) 借：应付职工薪酬   50 000
    贷：库存现金   50 000

(7) 借：管理费用   400

	制造费用	600
	贷：库存现金	1 000
(8)	借：管理费用	260
	贷：库存现金	260
(9)	借：应付账款——维达公司	30 000
	贷：银行存款	30 000
(10)	借：银行存款	198 900
	贷：主营业务收入——甲产品	20 000
	主营业务收入——乙产品	150 000
	应交税费——应交增值税(销项税额)	28 900
(11)	借：生产成本——甲产品成本	20 000
	生产成本——乙产品成本	20 000
	制造费用	5 000
	管理费用	5 000
	贷：应付职工薪酬——职工工资	50 000
(12)	借：生产成本——甲产品成本	2 800
	生产成本——乙产品成本	2 800
	制造费用	700
	管理费用	700
	贷：应付职工薪酬——职工福利	7 000
(13)	借：制造费用	50 000
	管理费用	10 000
	贷：累计折旧	60 000
(14)	借：生产成本——甲产品成本	40 000
	生产成本——乙产品成本	403 00
	贷：制造费用	80 300
(15)	借：财务费用	10 000
	贷：应付利息	10 000
(16)	借：预付账款——预订报刊费	200
	贷：库存现金	200
(17)	借：营业税金及附加	8 000
	贷：应交税费——教育费附加	8 000
(18)	借：主营业务成本——甲产品成本	66 000
	主营业务成本——乙产品成本	75 000

	贷：库存商品——甲产品成本	66 000
	库存商品——乙产品成本	75 000
(19) 借：库存商品——甲产品成本		82 500
	库存商品——乙产品成本	150 000
	贷：生产成本——甲产品成本	82 500
	生产成本——乙产品成本	150 000
(20) 借：主营业务收入——甲产品		120 000
	主营业务收入——乙产品	150 000
	贷：本年利润	270 000
(21) 借：本年利润		141 000
	贷：主营业务成本——甲产品成本	66 000
	主营业务成本——乙产品成本	75 000
(22) 借：本年利润		34 360
	贷：营业税金及附加	8 000
	管理费用	16 360
	财务费用	10 000
(23) 借：所得税费用		23 660
	贷：应交税费——应交所得税	23 660
(24) 借：本年利润		23 660
	贷：所得税费用	23 660
(25) 借：本年利润		70 980
	贷：利润分配——未分配利润	70 980
(26) 借：利润分配——计提盈余公积		7 098
	贷：盈余公积	7 098
(27) 借：利润分配——向投资者分配利润		20 000
	贷：应付股利	20 000

第三步：登记日记账。依据原始凭证和记账凭证逐笔登记现金日记账和银行存款日记账，其方法、步骤、要求，见 6.3 日记账的格式和登记方法上的内容。

第四步：登记明细分类账。依据原始凭证和记账凭证逐笔登记明细分类账，其方法、步骤、要求，见 6.3 中明细分类账的格式和登记方法上的内容。

第五步：登记总分类账。依据记账凭证逐笔登记总分类账(见表 7.2～表 7.24)，其方法、步骤、要求，见 6.3 中总分类账的格式和登记方法上的内容。依据记账凭证逐笔登记总分类账是记账凭证账务处理程序方法的主要特点，注意同其他账务处理程序方法下登记总分类账的不同点。

表 7.2　总分类账 1

会计科目：库存现金　　　　　　　　　　　　　　　　　　　　　　　　页号：1

××年		凭证		摘　要	借　方	贷　方	借或贷	余　额
月	日	字	号					
1	1			期初余额			借	1 570.00
	5	银付	2	提现	50 000.00		借	51 570.00
	5	现付	1	发放工资		50 000.00	借	1 570.00
	6	现付	2	支付电话费		1 000.00	借	570.00
	7	现付	3	购置办公用品		260.00	借	310.00
	31	现付	4	预订下季度报刊费		200.00	借	110.00
	31			本月合计	50 000.00	51 460.00	借	110.00

表 7.3　总分类账 2

会计科目：银行存款　　　　　　　　　　　　　　　　　　　　　　　　页号：10

××年		凭证		摘　要	借　方	贷　方	借或贷	余　额
月	日	字	号					
1	1			期初余额			借	149 400.00
	2	银付	1	购买材料		114 660.00	借	34 740.00
	4	银收	1	销售产品	117 000.00		借	151 740.00
	5	银付	2	提现		50 000.00	借	101 740.00
	18	银付	3	支付上月欠款		30 000.00	借	71 740.00
	20	银收	2	销售产品	198 900.00		借	270 640.00
	31			本月合计	315 900.00	194 660.00	借	270 640.00

表 7.4　总分类账 3

会计科目：材料采购　　　　　　　　　　　　　　　　　　　　　　　　页号：20

××年		凭证		摘　要	借　方	贷　方	借或贷	余　额
月	日	字	号					
1	1	转	1	采购材料	60 000.00		借	60 000.00
	1	转	2	材料验收入库		60 000.00	平	～
	2	银付	1	采购材料	98 000.00		借	98 000.00
	2	转	3	材料验收入库		98 000.00	平	～
	31			本月合计	158 000.00	158 000.00	平	～

表7.5　总分类账4

会计科目：应交税费　　　　　　　　　　　　　　　　　　　页号：25

××年		凭证		摘　要	借　方	贷　方	借或贷	余　额
月	日	字	号					
1	1	转	1	购材料进项税额	10 200.00		借	10 200.00
	2	银付	1	购材料进项税额	16 660.00		借	26 860.00
	4	银收	1	出售产品销项税额		17 000.00	借	9 860.00
	20	银收	2	出售产品销项税额		28 900.00	贷	19 040.00
	31	转	10	计提教育附加费		8 000.00	贷	27 040.00
	31	转	16	计提本月所得税		31 232.00	贷	58 271.20
	31			本月合计	26 860.00	85 131.20	贷	58 271.20

表7.6　总分类账5

会计科目：应付账款　　　　　　　　　　　　　　　　　　　页号：30

××年		凭证		摘　要	借　方	贷　方	借或贷	余　额
月	日	字	号					
1	1			期初余额			贷	30 000.00
	1	转	1	采购材料应付宏达公司		70 200.00	贷	100 200.00
	18	银付	3	支付上月欠维达公司货款	30 000.00		贷	70 200.00
	31			本月合计	30 000.00	70 200.00	贷	70 200.00

表7.7　总分类账6

会计科目：原材料　　　　　　　　　　　　　　　　　　　页号：35

××年		凭证		摘　要	借　方	贷　方	借或贷	余　额
月	日	字	号					
1	1			期初余额			借	140 000.00
	1	转	1	材料验收入库	60 000.00		借	200 000.00
	2	转	3	材料验收入库	98 000.00		借	298 000.00
	3	转	4	材料领用		68 000.00	借	230 000.00
	31			本月合计	158 000.00	68 000.00	借	230 000.00

表7.8 总分类账7

会计科目：生产成本 页号：38

××年		凭证		摘要	借方	贷方	借或贷	余额
月	日	字	号					
1	1			期初余额			借	676 000.00
	3	转	4	生产领用材料	44 000.00		借	720 000.00
	31	转	5	分配本月生产工人工资	40 000.00		借	760 000.00
	31	转	6	发生生产工人福利费用	5 600.00		借	765 600.00
	31	转	8	结转本月制造费用	80 300.00		借	845 900.00
	31	转	12	结转完工产品生产成本		232 500.00	借	613 400.00
	31			本月合计	169 900.00	232 500.00	借	613 400.00

表7.9 总分类账8

会计科目：制造费用 页号：45

××年		凭证		摘要	借方	贷方	借或贷	余额
月	日	字	号					
1	3	转	4	生产品领用材料	24 000.00		借	24 000.00
	6	现付	2	生产车间电话费	600.00		借	24 600.00
	31	转	5	车间管理人员工资	5 000.00		借	29 600.00
	31	转	6	车间管理人员福利费用	700.00		借	30 300.00
	31	转	7	车间固定资产折旧	50 000.00		借	80 300.00
	31	转	8	转入"生产成本"账户		80 300.00	平	～
	31			本月合计	80 300.00	80 300.00	平	～

表7.10 总分类账9

会计科目：主营业务收入 页号：50

××年		凭证		摘要	借方	贷方	借或贷	余额
月	日	字	号					
1	4	银收	1	出售甲产品		100 000.00	贷	100 000.00
	20	银收	2	出售甲乙产品		170 000.00	贷	270 000.00
	31	转	13	转入"本年利润"账户	270 000.00		平	～
	31			本月合计	270 000.00	270 000.00	平	～

表7.11 总分类账10

会计科目：应付职工薪酬   页号：55

××年		凭证		摘　要	借　方	贷　方	借或贷	余　额
月	日	字	号					
1	5	现付	1	发放职工工资	50 000.00		借	50 000.00
	31	转	5	分配结转职工工资		50 000.00	平	～
	31	转	6	计提本月职工福利费		7 000.00	贷	7 000.00
	31			本月合计	50 000.00	57 000.00	贷	7 000.00

表7.12 总分类账11

会计科目：管理费用   页号：59

××年		凭证		摘　要	借　方	贷　方	借或贷	余　额
月	日	字	号					
1	6	现付	2	支付公司电话费	400.00		借	400.00
	7	现付	3	购置办公用品	260.00		借	660.00
	31	转	5	分配公司管理人员工资	5 000.00		借	5 660.00
	31	转	6	公司管理人员福利费	700.00		借	6 360.00
	31	转	7	计提管理用固定资产折旧	10 000.00		借	16 360.00
	31	转	15	转入"本年利润"账户		16 360.00	平	～
	31			本月合计	16 360.00	16 360.00	平	～

表7.13 总分类账12

会计科目：累计折旧   页号：65

××年		凭证		摘　要	借　方	贷　方	借或贷	余　额
月	日	字	号					
1	1			期初余额			贷	370 000.00
	31	转	7	计提本月固定资产折旧		60 000.00	贷	430 000.00
	31	转		本月合计		60 000.00	贷	430 000.00

表 7.14　总分类账 13

会计科目：财务费用　　　　　　　　　　　　　　　　　　　　　　　　页号：67

××年		凭证		摘　要	借　方	贷　方	借或贷	余　额
月	日	字	号					
1	31	转	9	预提短期借款利息	10 000.00		借	10 000.00
	31	转	15	转入"本年利润"账户		10 000.00	平	～
	31	转		本月合计	10 000.00	10 000.00	平	～

表 7.15　总分类账 14

会计科目：应付利息　　　　　　　　　　　　　　　　　　　　　　　　页号：69

××年		凭证		摘　要	借　方	贷　方	借或贷	余　额
月	日	字	号					
1	31	转	9	预提短期借款利息		10 000.00	贷	10 000.00
	31			本月合计		10 000.00	贷	10 000.00

表 7.16　总分类账 15

会计科目：预付账款　　　　　　　　　　　　　　　　　　　　　　　　页号：71

××年		凭证		摘　要	借　方	贷　方	借或贷	余　额
月	日	字	号					
1	31	现付	4	预付下季度报纸杂志费	200.00		借	200.00
	31			本月合计	200.00		借	200.00

表 7.17　总分类账 16

会计科目：营业税金及附加　　　　　　　　　　　　　　　　　　　　　　页号：73

××年		凭证		摘　要	借　方	贷　方	借或贷	余　额
月	日	字	号					
1	31	转	10	计提本月教育附加费	8 000.00		借	8 000.00
	31	转	15	转入"本年利润"账户		8 000.00	平	～
	31			本月合计	8 000.00	8 000.00	平	～

表7.18 总分类账17

会计科目：主营业务成本 页号：75

××年		凭证		摘 要	借 方	贷 方	借或贷	余 额
月	日	字	号					
1	31	转	11	结转已销产品生产成本	141 000.00		借	141 000.00
	31	转	14	转入"本年利润"账户		141 000.00	平	～
	31			本月合计	141 000.00	141 000.00	平	～

表7.19 总分类账18

会计科目：库存商品 页号：77

××年		凭证		摘 要	借 方	贷 方	借或贷	余 额
月	日	字	号					
1	31	转	11	结转已销产品生产成本		141 000.00	贷	141 000.00
	31	转	12	结转完工产品主产成本	232 500.00		借	91 500.00
	31			本月合计	232 500.00	141 000.00	借	91 500.00

表7.20 总分类账19

会计科目：本年利润 页号：79

××年		凭证		摘 要	借 方	贷 方	借或贷	余 额
月	日	字	号					
1	31	转	13	将本月销售产品收入转入		270 000.00	贷	270 000.00
	31	转	14	将本月已销产品成本转入	141 000.00		贷	129 000.00
	31	转	15	将本月附加及费用转入	34 360.00		贷	94 640.00
	31	转	17	将本月所得税转入	23 660.00		贷	70 980.00
	31	转	18	转入"未分配利润"账户	70 980.00		平	～
				本月合计	270 000.00	270 000.00	平	～

表7.21 总分类账20

会计科目：所得税费用 页号：83

××年		凭证		摘 要	借 方	贷 方	借或贷	余 额
月	日	字	号					
1	31	转	16	计提本月所得税	23 660.00		借	23 660.00
	31	转	17	转入"本年利润"账户		23 660.00	平	～
	31			本月合计	23 660.00	23 660.00	平	～

表 7.22　总分类账 21

会计科目：利润分配　　　　　　　　　　　　　　　　　　　　　　　页号：85

××年		凭证		摘　要	借　方	贷　方	借或贷	余　额
月	日	字	号					
1	1			期初余额			贷	120 000.00
	31	转	18	将本月利润转入		70 980.00	贷	190 980.00
	31	转	19	计提盈余公积	70 980.00		贷	183 882.00
	31	转	20	向投资者分配利润	20 000.00		贷	163 882.00
	31			本月合计	270 980.00	70 980.00	贷	163 882.00

表 7.23　总分类账 22

会计科目：盈余公积　　　　　　　　　　　　　　　　　　　　　　　页号：89

××年		凭证		摘　要	借　方	贷　方	借或贷	余　额
月	日	字	号					
1	1			期初余额			贷	110 000.00
	31	转	19	计提盈余公积		7 098.00	贷	117 098.00
	31			本月合计		7 098.00	贷	117 098.00

表 7.24　总分类账 23

会计科目：应付股利　　　　　　　　　　　　　　　　　　　　　　　页号：91

××年		凭证		摘　要	借　方	贷　方	借或贷	余　额
月	日	字	号					
1	31	转	20	向投资者分配利润		20 000.00	贷	20 000.00
	31			本月合计		20 000.00	贷	20 000.00

　　第六步：核对账簿。主要是账证核对、账账核对、账实核对。在实际工作中，每月做会计报表前必须进行账证核对、账账核对，账实核对一般在季报或年报时进行核对。核对的方法、步骤、要求参见 6.4 中对账的要求、方法上的内容，此处略。

　　第七步：编制会计报表。

　　将账簿核对清楚后，各项经济业务处理、期末账户结转无误就可以开始编制会计报表了。会计报表的编制将在第 9 章财务会计报告中介绍，此处略。

7.3 汇总记账凭证账务处理程序

7.3.1 汇总记账凭证账务处理程序的特点

汇总记账凭证账务处理程序是根据原始凭证或汇总原始凭证填制记账凭证，定期根据记账凭证分类填制汇总收款凭证、汇总付款凭证和汇总转账凭证，再根据汇总记账凭证登记总分类账的一种账务处理程序。

汇总记账凭证账务处理程序的特点是先根据记账凭证定期(如5天或10天)汇总编制汇总记账凭证，再根据汇总记账凭证登记总分类账。

7.3.2 汇总记账凭证账务处理的程序

采用汇总记账凭证账务处理程序(见图7.2)进行会计核算，其一般程序是：
(1) 根据原始凭证编制汇总原始凭证。
(2) 根据原始凭证或汇总原始凭证，编制记账凭证。
(3) 根据收款凭证、付款凭证逐笔登记现金日记账和银行存款日记账。
(4) 根据原始凭证、汇总原始凭证和记账凭证，登记各种明细分类账。

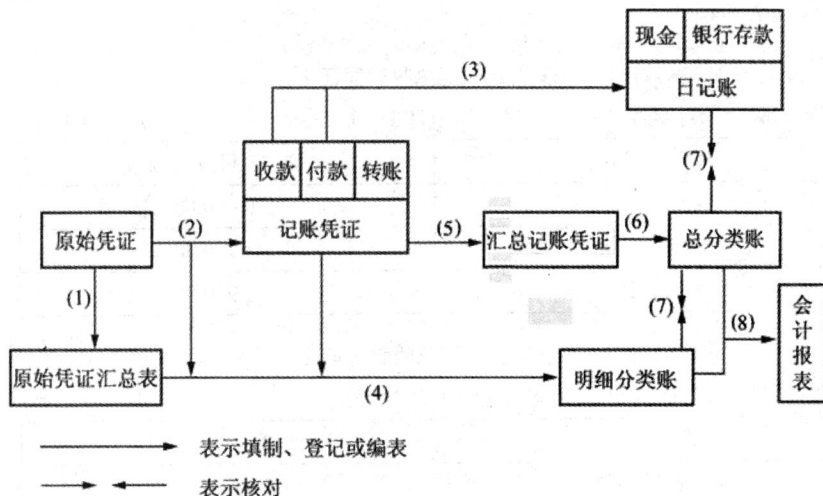

图 7.2   汇总记账凭证账务处理程序

(5) 根据各种记账凭证编制有关汇总记账凭证。

(6) 根据各种汇总记账凭证登记总分类账。

(7) 期末，将现金日记账、银行存款日记账和明细分类账的余额同有关总分类账的余额核对相符。

(8) 期末，根据总分类账和明细分类账的记录，编制会计报表。

汇总记账凭证账务处理程序减轻了登记总分类账的工作量，便于了解账户之间对应关系。其缺点是：按每一贷方科目编制汇总转账凭证，不利于会计核算的日常分工，当转账凭证较多时，编制汇总转账凭证的工作量较大。该账务处理程序适用于规模较大、经济业务较多的单位。

7.3.3　案例说明

用上述记账凭证账务处理程序的例题，来说明汇总记账凭证账务处理程序。

假设长江公司采用汇总记账凭证账务处理程序，处理程序如下：

(1) 审核原始凭证。

(2) 编制记账凭证。

(3) 登记日记账。

(4) 登记明细账与记账凭证账务处理程序完全相同，此处省略。

(5) 编制汇总记账凭证。根据企业经济业务量的大小，可 5 天或 10 天将记账凭证分为收款凭证、付款凭证和转账凭证分别进行汇总。本例题采用全月汇总(见表 7.25～表 7.29)。

表 7.25　汇总收款凭证 1

借方科目：银行存款　　　　　　××年 1 月 31 日　　　　　　　　汇收第 1 号

贷　方　科　目	1～31 日发生额
主营业务收入	270 000.00
应交税费	45 900.00
合计	315 900.00

表 7.26　汇总收款凭证 2

借方科目：库存现金　　　　　　××年 1 月 31 日　　　　　　　　汇收第 2 号

贷　方　科　目	1～31 日发生额
银行存款	50 000.00
合计	50 000.00

表 7.27 汇总付款凭证 1

贷方科目：银行存款　　　　　××年 1 月 31 日　　　　　　　汇付第 1 号

借 方 科 目	1～31 日发生额
材料采购	98 000.00
应交税费	16 660.00
库存现金	50 000.00
应付账款	30 000.00
合　计	194 660.00

表 7.28 汇总付款凭证 2

贷方科目：库存现金　　　　　××年 1 月 31 日　　　　　　　汇付第 2 号

借 方 科 目	1～31 日发生额
应付职工薪酬	50 000.00
管理费用	660.00
制造费用	600.00
预付账款	200.00
合　计	51 460.00

表 7.29 汇总转账凭证

××年 1 月 1～31 日　　　　　　　　　　　　　　　汇转字第 1 号

会 计 科 目	借　方	贷　方
材料采购	60 000.00	158 000.00
应交税费	10 200.00	31 660.00
应付账款		70 200.00
原材料	158 000.00	68 000.00
生产成本	169 900.00	232 500.00
制造费用	79 700.00	80 300.00
管理费用	15 700.00	16 360.00
应付职工薪酬		57 000.00
累计折旧		60 000.00
财务费用	10 000.00	10 000.00
应付利息		10 000.00
营业税金及附加	8 000.00	8 000.00
主营业务成本	141 000.00	141 000.00

(续表)

会 计 科 目	借 方	贷 方
库存商品	232 500.00	141 000.00
主营业务收入	270 000.00	
本年利润	270 000.00	270 000.00
所得税费用	23 660.00	23 660.00
利润分配	27 098.00	70 980.00
盈余公积		7 098.00
应付股利		20 000.00
合计	1 475 758.00	1 475 758.00

(6) 登记总分类账。根据第五步汇总收款凭证、汇总付款凭证和汇总转账凭证分别登记总账(见表 7.30～表 7.52)。

表 7.30　总分类账 1

会计科目：库存现金　　　　　　　　　　　　　　　　　　　　　页号：1

××年		凭证		摘　要	借　方	贷　方	借或贷	余　额
月	日	字	号					
1	1			期初余额			借	1 570.00
	31	汇收	2	1～31 日汇总	50 000.00		借	51 570.00
	31	汇付	2	1～31 日汇总		51 460.00	借	110.00
	31			本月合计	50 000.00	51 460.00	借	110.00

表 7.31　总分类账 2

会计科目：银行存款　　　　　　　　　　　　　　　　　　　　　页号：10

××年		凭证		摘　要	借　方	贷　方	借或贷	余　额
月	日	字	号					
1	1			期初余额			借	149 400.00
	31	汇收	1	1～31 日汇总	315 900.00		借	465 300.00
	31	汇付	1	1～31 日汇总		194 660.00	借	270 640.00
	31			本月合计	315 900.00	194 660.00	借	270 640.00

表 7.32 总分类账 3

会计科目：材料采购 页号：20

××年		凭证		摘 要	借 方	贷 方	借或贷	余 额
月	日	字	号					
1	31	汇转	1	1～31 日汇总	60 000.00	158 000.00	贷	98 000.00
	31	汇付	1	1～31 日汇总	98 000.00		平	～
	31			本月合计	158 000.00	158 000.00	平	～

表 7.33 总分类账 4

会计科目：应交税费

页号：25

××年		凭证		摘 要	借 方	贷 方	借或贷	余 额
月	日	字	号					
1	31	汇付	1	1～31 日汇总	16 660.00		借	16 660.00
	31	汇转	1	1～31 日汇总	10 200.00	31 660.00	贷	4 800.00
	31	汇收	1	1～31 日汇总		45 900.00	贷	50 700.00
	31			本月合计	26 860.00	77 560.00	贷	50 700.00

表 7.34 总分类账 5

会计科目：应付账款 页号：30

××年		凭证		摘 要	借 方	贷 方	借或贷	余 额
月	日	字	号					
1	1			期初余额			贷	30 000.00
	31	汇付	1	1～31 日汇总	30 000.00		平	～
	31	汇转	1	1～31 日汇总		70 200.00	贷	70 200.00
	31			本月合计	30 000.00	70 200.00	贷	70 200.00

表 7.35 总分类账 6

会计科目：原材料 页号：35

××年		凭证		摘 要	借 方	贷 方	借或贷	余 额
月	日	字	号					
1	1			期初余额			借	140 000.00
	31	汇转	1	1～31 日汇总	158 000.00	68 000.00	借	230 000.00
	31			本月合计	158 000.00	68 000.00	借	230 000.00

表 7.36　总分类账 7

会计科目：生产成本　　　　　　　　　　　　　　　　　　　　　　　　页号：38

××年		凭证		摘　要	借　方	贷　方	借或贷	余　额
月	日	字	号					
1	1			期初余额			借	676 000.00
	31	汇转	1	1～31 日汇总	169 900.00	232 500.00	借	613 400.00
	31			本月合计	169 900.00	232 500.00	借	613 400.00

表 7.37　总分类账 8

会计科目：制造费用　　　　　　　　　　　　　　　　　　　　　　　　页号：45

××年		凭证		摘　要	借　方	贷　方	借或贷	余　额
月	日	字	号					
1	31	汇付	2	1～31 日汇总	600.00		借	600.00
	31	汇转	1	1～31 日汇总	79 700.00	80 300.00	平	～
	31			本月合计	80 300.00	80 300.00	平	～

表 7.38　总分类账 9

会计科目：主营业务收入　　　　　　　　　　　　　　　　　　　　　　页号：50

××年		凭证		摘　要	借　方	贷　方	借或贷	余　额
月	日	字	号					
1	31	汇收	1	1～31 日汇总		270 000.00	贷	270 000.00
	31	汇转	1	1～31 日汇总	270 000.00		平	～
	31			本月合计	270 000.00	270 000.00	平	～

表 7.39　总分类账 10

会计科目：应付职工薪酬　　　　　　　　　　　　　　　　　　　　　　页号：55

××年		凭证		摘　要	借　方	贷　方	借或贷	余　额
月	日	字	号					
1	31	汇付	2	1～31 日汇总	50 000.00		借	50 000.00
	31	汇转	1	1～31 日汇总		57 000.00	贷	7 000.00
	31			本月合计	50 000.00	57 000.00	贷	7 000.00

表 7.40 总分类账 11

会计科目：管理费用 页号：59

××年		凭证		摘　要	借　方	贷　方	借或贷	余　额
月	日	字	号					
1	31	汇付	2	1～31 日汇总	660.00		借	660.00
	31	汇转	1	1～31 日汇总	15 700.00	16 360.00	平	～
	31			本月合计	16 360.00	16 360.00	平	～

表 7.41 总分类账 12

会计科目：累计折旧 页号：65

××年		凭证		摘　要	借　方	贷　方	借或贷	余　额
月	日	字	号					
1	1			期初余额			贷	370 000.00
	31	汇转	1	1～31 日汇总		60 000.00	贷	430 000.00
	31			本月合计		60 000.00	贷	430 000.00

表 7.42 总分类账 13

会计科目：财务费用 页号：67

××年		凭证		摘　要	借　方	贷　方	借或贷	余　额
月	日	字	号					
1	31	汇转	1	1～31 日汇总	10 000.00	10 000.00	平	～
	31			本月合计	10 000.00	10 000.00	平	～

表 7.43 总分类账 14

会计科目：应付利息 页号：69

××年		凭证		摘　要	借　方	贷　方	借或贷	余　额
月	日	字	号					
1	31	汇转	1	1～31 日汇总		10 000.00	贷	10 000.00
	31			本月合计		10 000.00	贷	10 000.00

表 7.44 总分类账 15

会计科目：预付账款 页号：71

××年		凭证		摘　要	借　方	贷　方	借或贷	余　额
月	日	字	号					
1	31	汇付	2	1～31 日汇总	200.00		借	200.00
	31			本月合计	200.00		借	200.00

表7.45　总分类账16

会计科目：营业税金及附加 页号：73

××年		凭证		摘　要	借　方	贷　方	借或贷	余　额
月	日	字	号					
1	31	汇转	1	1~31日汇总	8 000.00	8 000.00	平	～
	31			本月合计	8 000.00	8 000.00	平	～

表7.46　总分类账17

会计科目：主营业务成本 页号：75

××年		凭证		摘　要	借　方	贷　方	借或贷	余　额
月	日	字	号					
1	31	汇转	1	1~31日汇总	141 000.00	141 000.00	平	～
	31			本月合计	141 000.00	141 000.00	平	～

表7.47　总分类账18

会计科目：库存商品 页号：77

××年		凭证		摘　要	借　方	贷　方	借或贷	余　额
月	日	字	号					
1	31	汇转	1	1~31日汇总	232 500.00	141 000.00	借	91 500.00
	31			本月合计	232 500.00	141 000.00	借	91 500.00

表7.48　总分类账19

会计科目：本年利润 页号：79

××年		凭证		摘　要	借　方	贷　方	借或贷	余　额
月	日	字	号					
1	31	汇转	1	1~31日汇总	270 000.00	270 000.00	平	～
	31			本月合计	270 000.00	270 000.00	平	～

表7.49　总分类账20

会计科目：所得税费用 页号：83

××年		凭证		摘　要	借　方	贷　方	借或贷	余　额
月	日	字	号					
1	31	汇转	1	1~31日汇总	23 660.00	23 660.000	平	～
	31			本月合计	23 660.00	23 660.00	平	～

表 7.50　总分类账 21

会计科目：利润分配　　　　　　　　　　　　　　　　　　　　　　　　　　　　　页号：85

××年		凭证		摘　要	借　方	贷　方	借或贷	余　额
月	日	字	号					
1	1			期初余额			贷	120 000.00
	31	汇转	1	1~31 日汇总	27 098.00	70 980.00	贷	163 882.00
	31			本月合计	27 098.00	70 980.00	贷	163 882.00

表 7.51　总分类账 22

会计科目：盈余公积　　　　　　　　　　　　　　　　　　　　　　　　　　　　　页号：89

××年		凭证		摘　要	借　方	贷　方	借或贷	余　额
月	日	字	号					
1	1			期初余额			贷	110 000.00
	31	汇转	1	1~31 日汇总		7 098.00	贷	117 098.00
	31			本月合计		7 098.00	贷	117 098.00

表 7.52　总分类账 23

会计科目：应付股利　　　　　　　　　　　　　　　　　　　　　　　　　　　　　页号：91

××年		凭证		摘　要	借　方	贷　方	借或贷	余　额
月	日	字	号					
1	31	汇转	1	1~31 日汇总		20 000.00	贷	20 000.00
	31			本月合计		20 000.00	贷	20 000.00

(7) 核对账簿、第八步编制会计报表与"记账凭证账务处理程序"完全相同，此处略。

7.4　科目汇总表账务处理程序

7.4.1　科目汇总表账务处理程序的特点

科目汇总表账务处理程序又称记账凭证汇总表账务处理程序，它是根据记账凭证定期编制科目汇总表，再根据科目汇总表登记总分类账的一种账务处理程序。

科目汇总表账务处理程序的特点是定期(5 天或 10 天)将所有记账凭证汇总编制成记账凭证汇总表(又称科目汇总表)，然后根据科目汇总表登记总分类账。

7.4.2 科目汇总表账务处理程序的程序

采用科目汇总表账务处理程序(见图 7.3)进行会计核算，一般程序是：

(1) 根据原始凭证编制汇总原始凭证。

(2) 根据原始凭证或汇总原始凭证编制记账凭证。

(3) 根据收款凭证、付款凭证逐笔登记现金日记账和银行存款日记账。

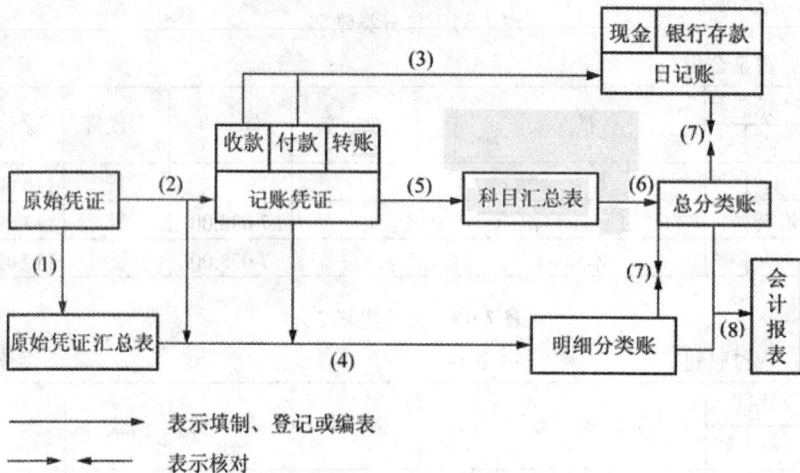

图 7.3 科目汇总表账务处理程序

(4) 根据原始凭证、汇总原始凭证和记账凭证登记各种明细分类账。

(5) 根据各种记账凭证编制科目汇总表。

(6) 根据科目汇总表登记总分类账。

(7) 期末，现金日记账、银行存款日记账和明细分类账的余额同有关总分类账的余额核对相符。

(8) 期末，根据总分类账和明细分类账的记录，编制会计报表。

科目汇总表账务处理程序通常适用于经济业务较多的单位，其优点是：可以简化总账的登记工作，减轻登记总账的工作量，并可做到试算平衡，简明易懂，方便易学；其缺点是：科目汇总表不能反映账户对应关系，不便于查对账目。

7.4.3 案例说明

用上述记账凭证账务处理程序的例题，来说明科目汇总表账务处理程序。

假设长江公司采用科目汇总表账务处理程序，会计核算处理程序如下：

(1) 审核原始凭证。

(2) 编制记账凭证。

(3) 登记日记账。

(4) 登记明细账与第一种记账凭证账务处理程序完全相同，此处略。

(5) 编制科目汇总表(见表 7.53)。根据企业经济业务量的大小，可 5 天或 10 天编制科目汇总表，本例题采用全月汇总。

表 7.53　科目汇总表

××年 1 月 1～31 日　　　　　汇字第 1 号

会 计 科 目	借　　方	贷　　方
材料采购	158 000.00	158 000.00
应交税费	26 860.00	77 560.00
应付账款	30 000.00	70 200.00
原材料	158 000.00	68 000.00
生产成本	169 900.00	232 500.00
制造费用	80 300.00	80 300.00
管理费用	16 360.00	16 360.00
应付职工薪酬	50 000.00	57 000.00
累计折旧		60 000.00
财务费用	10 000.00	10 000.00
应付利息		10 000.00
营业税金及附加	8 000.00	8 000.00
主营业务成本	141 000.00	141 000.00
库存商品	232 500.00	141 000.00
主营业务收入	270 000.00	270 000.00
本年利润	270 000.00	270 000.00
所得税费用	23 660.00	23 660.00
利润分配	27 098.00	70 980.00
盈余公积		7 098.00
应付股利		20 000.00
库存现金	50 000.00	51 460.00
银行存款	315 900.00	194 660.00
预付账款	200.00	
合计	2 037 778.00	2 037 778.00

(6) 登记总分类账。根据第五步的科目汇总表分别登记总账(见表 7.54～表 7.76)。

表 7.54   总分类账 1

会计科目：库存现金   页号：1

××年		凭证		摘　要	借　方	贷　方	借或贷	余　额
月	日	字	号					
1	1			期初余额			借	1 570.00
	31	汇	1	1～31 日汇总	50 000.00	51 460.00	借	110.00
	31			本月合计	50 000.00	51 460.00	借	110.00

表 7.55   总分类账 2

会计科目：银行存款   页号：10

××年		凭证		摘　要	借　方	贷　方	借或贷	余　额
月	日	字	号					
1	1			期初余额			借	149 400.00
	31	汇	1	1～31 日汇总	315 900.00	194 660.00	借	270 640.00
	31			本月合计	315 900.00	194 660.00	借	270 640.00

表 7.56   总分类账 3

会计科目：材料采购   页号：20

××年		凭证		摘　要	借　方	贷　方	借或贷	余　额
月	日	字	号					
1	31	汇	1	1～31 日汇总	158 000.00	158 000.00	平	～
	31			本月合计	158 000.00	158 000.00	平	～

表 7.57   总分类账 4

会计科目：应交税费   页号：25

××年		凭证		摘　要	借　方	贷　方	借或贷	余　额
月	日	字	号					
1	31	汇	1	1～31 日汇总	26 860.00	77 560.00	贷	50 700.00
	31			本月合计	26 860.00	77 560.00	贷	50 700.00

表 7.58   总分类账 5

会计科目：应付账款   页号：30

××年		凭证		摘　要	借　方	贷　方	借或贷	余　额
月	日	字	号					
1	1			期初余额			贷	30 000.00
	31	汇	1	1～31 日汇总	30 000.00	70 200.00	平	70 200.00
	31			本月合计	30 000.00	70 200.00	贷	70 200.00

表7.59　总分类账6

会计科目：原材料　　　　　　　　　　　　　　　　　　　　　　　　　页号：35

××年		凭证		摘　要	借　方	贷　方	借或贷	余　额
月	日	字	号					
1	1			期初余额			借	140 000.00
	31	汇	1	1～31日汇总	158 000.00	68 000.00	借	230 000.00
	31			本月合计	158 000.00	68 000.00	借	230 000.00

表7.60　总分类账7

会计科目：生产成本　　　　　　　　　　　　　　　　　　　　　　　　页号：38

××年		凭证		摘　要	借　方	贷　方	借或贷	余　额
月	日	字	号					
1	1			期初余额			借	676 000.00
	31	汇	1	1～31日汇总	169 900.00	232 500.00	借	613 400.00
	31			本月合计	169 900.00	232 500.00	借	613 400.00

表7.61　总分类账8

会计科目：制造费用　　　　　　　　　　　　　　　　　　　　　　　　页号：45

××年		凭证		摘　要	借　方	贷　方	借或贷	余　额
月	日	字	号					
1	31	汇	1	1～31日汇总	80 300.00	80 300.00	平	～
	31			本月合计	80 300.00	80 300.00	平	～

表7.62　总分类账9

会计科目：主营业务收入　　　　　　　　　　　　　　　　　　　　　　页号：50

××年		凭证		摘　要	借　方	贷　方	借或贷	余　额
月	日	字	号					
1	31	汇	1	1～31日汇总	270 000.00	270 000.00	平	～
	31			本月合计	270 000.00	270 000.00	平	～

表7.63　总分类账10

会计科目：应付职工薪酬　　　　　　　　　　　　　　　　　　　　　　页号：55

××年		凭证		摘　要	借　方	贷　方	借或贷	余　额
月	日	字	号					
1	31	汇	1	1～31日汇总	50 000.00	57 000.00	贷	7 000.00
	31			本月合计	50 000.00	57 000.00	贷	7 000.00

表 7.64 总分类账 11

会计科目：管理费用 页号：59

××年		凭证		摘 要	借 方	贷 方	借或贷	余 额
月	日	字	号					
1	31	汇	1	1~31 日汇总	16 360.00	16 360.00	平	～
	31			本月合计	16 360.00	16 360.00	平	～

表 7.65 总分类账 12

会计科目：累计折旧 页号：65

××年		凭证		摘要	借方	贷方	借或贷	余额
月	日	字	号					
1	1			期初余额			贷	370 000.00
	31	汇	1	1~31 日汇总		60 000.00	贷	430 000.00
	31			本月合计		60 000.00	贷	430 000.00

表 7.66 总分类账 13

会计科目：财务费用 页号：67

××年		凭证		摘 要	借 方	贷 方	借或贷	余 额
月	日	字	号					
1	31	汇	1	1~31 日汇总	10 000.00	10 000.00	平	～
	31			本月合计	10 000.00	10 000.00	平	～

表 7.67 总分类账 14

会计科目：应付利息 页号：69

××年		凭证		摘 要	借 方	贷 方	借或贷	余 额
月	日	字	号					
1	31	汇	1	1~31 日汇总		10 000.00	贷	10 000.00
	31			本月合计		10 000.00	贷	10 000.00

表 7.68 总分类账 15

会计科目：预付账款 页号：71

××年		凭证		摘 要	借 方	贷 方	借或贷	余 额
月	日	字	号					
1	31	汇	1	1~31 日汇总	200.00		借	200.00
	31			本月合计	200.00		借	200.00

表 7.69　总分类账 16

会计科目：营业税金及附加　　　　　　　　　　　　　　　　　　页号：73

××年		凭证		摘　要	借　方	贷　方	借或贷	余　额
月	日	字	号					
1	31	汇	1	1～31 日汇总	8 000.00	8 000.00	平	～
	31			本月合计	8 000.00	8 000.00	平	～

表 7.70　总分类账 17

会计科目：主营业务成本　　　　　　　　　　　　　　　　　　　页号：75

××年		凭证		摘　要	借　方	贷　方	借或贷	余　额
月	日	字	号					
1	31	汇	1	1～31 日汇总	141 000.00	141 000.00	平	～
	31			本月合计	141 000.00	141 000.00	平	～

表 7.71　总分类账 18

会计科目：库存商品　　　　　　　　　　　　　　　　　　　　　页号：77

××年		凭证		摘　要	借　方	贷　方	借或贷	余　额
月	日	字	号					
1	31	汇	1	1～31 日汇总	232 500.00	141 000.00	借	91 500.00
	31			本月合计	232 500.00	141 000.00	借	91 500.00

表 7.72　总分类账 19

会计科目：本年利润　　　　　　　　　　　　　　　　　　　　　页号：79

××年		凭证		摘　要	借　方	贷　方	借或贷	余　额
月	日	字	号					
1	31	汇	1	1～31 日汇总	270 000.00	270 000.00	平	～
	31			本月合计	270 000.00	270 000.00	平	～

表 7.73　总分类账 20

会计科目：所得税费用　　　　　　　　　　　　　　　　　　　　页号：83

××年		凭证		摘　要	借　方	贷　方	借或贷	余　额
月	日	字	号					
1	31	汇	1	1～31 日汇总	23 660.00	23 660.00	平	～
	31			本月合计	23 660.00	23 660.00	平	～

表 7.74　总分类账 21

会计科目：利润分配　　　　　　　　　　　　　　　　　　　　　　　页号：85

××年		凭证		摘　要	借　方	贷　方	借或贷	余　额
月	日	字	号					
1	1			期初余额			贷	120 000.00
	31	汇	1	1～31 日汇总	27 098.00	70 980.00	贷	163 882.00
	31			本月合计	27 098.00	70 980.00	贷	163 882.00

表 7.75　总分类账 22

会计科目：盈余公积　　　　　　　　　　　　　　　　　　　　　　　页号：89

××年		凭证		摘　要	借　方	贷　方	借或贷	余　额
月	日	字	号					
1	1			期初余额			贷	110 000.00
	31	汇	1	1～31 日汇总		7 098.00	贷	117 098.00
	31			本月合计		7 098.00	贷	117 098.00

表 7.76　总分类账 23

会计科目：应付股利　　　　　　　　　　　　　　　　　　　　　　　页号：91

××年		凭证		摘　要	借　方	贷　方	借或贷	余　额
月	日	字	号					
1	31	汇	1	1～31 日汇总		20 000.00	贷	20 000.00
	31			本月合计		20 000.00	贷	20 000.00

(7) 核对账簿、第八步编制会计报表与"记账凭证账务处理程序"完全相同，此处略。

复习思考题

(1) 什么是账务处理程序？确定账务处理程序的要求是什么？

(2) 什么是记账凭证账务处理程序？它的记账程序如何？

(3) 什么是科目汇总表账务处理程序？它的记账程序如何？

(4) 怎样编制科目汇总表？

(5) 汇总记账凭证账务处理程序的主要特点是什么？它的记账程序如何？

(6) 各种会计核算形式的主要区别在哪里？它们之间的优缺点怎样？各自的适用范围是什么？

练习题

(1) 资料:

① 长江公司××年10月1日总分类科目及有关明细分类科目余额见表7.77。

表 7.77 总分类科目及明细分类科目余额

会 计 科 目	总分类科目		明细分类科目	
	借方余额	贷方余额	借方余额	贷方余额
库存现金	1 000			
银行存款	106 000			
应收账款	2 000			
——富通公司			3 000	
材料	44 000			
——甲材料			20 000	
——乙材料			24 000	
生产成品	6 000			
——A 产品			2 000	
——B 产品			4 000	
预付账款	1 000			
——待摊费用			1 000	
产成品	10 000			
——A 产品			4 000	
——B 产品			6 000	
固定资产	180 000			
累计折旧		35 000		
应交税费		56 000		
应收资本		2 430 000		
本年利润		80 000		
利润分配	64 000			
合计	414 000	414 000		

② 长江公司××年10月份发生下列经济业务:

●4日,从维达工厂购入甲材料1 000千克,单价20元。计20 000元,材料已验收入库,材料款已从银行支付。

●6日,从宏达工厂购入乙材料8 000千克,单价10元,计80 000元,材料已验收入库,料款已从银行支付。

●10日,车间及行政管理部门领用材料汇总见表7.78。

表 7.78　材料耗用汇总表

××年 10 月 20 日　　　　　　　　　　　　　　　　　　单位：元

应　借　科　目		应贷科目：材料				金额合计
		甲材料		乙材料		
		数量	金额	数量	金额	
生产成本	A 产品	500	10 000	3 000	30 000	40 000
	小计	1 200	24 000	6 000	80 000	104 000
制造费用		100	2 000	1 500	15 000	17 000
管理费用		200	4 000	500	5 000	9 000
合计		1 500	30 000	10 000	100 000	130 000

● 10 日，售出 A 产品 20 台，每台售价 4 000 元，售出 B 产品 30 台，每台售价 5 000 元，共计收货款 230 000 元，存入银行。

● 13 日，计算出本月应付职工工资和职工福利费见表 7.79。

表 7.79　应付工资及应付福利费计算表

××年 10 月 13 日　　　　　　　　　　　　　　　　　　单位：元

应　借　科　目		工资	福利费
生产成本	A 产品	20 000	2 800
	B 产品	30 000	4 200
	小计	50 000	7 000
制造费用		4 000	560
管理费用		6 000	840
合计		60 000	8 400

● 14 日，从银行提取现金 60 000 元，备发工资。

● 15 日，以现金 60 000 元发放本月职工工资。

● 16 日，售出 A 产品 5 台，每台售价 4 000 元，计 20 000 元，货款尚未收到。

● 17 日，以现金 200 元支付售出 A 产品运费。

● 18 日，以银行存款支付本月水电费 10 000 元。其中生产 A 产品耗用 3 000 元；生产 B 产品耗用 5 000 元；生产车间照明耗用 500 元；行政管理部门耗用 1 500 元。

● 19 日，售出 B 产品 10 台给致远公司，单价 5 000 元，计 50 000 元，货款尚未收到。

● 20 日，以银行存款 1 060 元，支付行政管理部门办公费。

● 21 日，收到富通公司通过银行转来的前欠货款 3 000 元。

● 22 日，以银行存款支付广告费 1 300 元。

- 23 日，以现金 440 元支付生产车间零星修理费。
- 24 日，以银行存款 3 600 元支付下一年度报刊费。
- 25 日，从银行取得短期借款 50 000 元，存入银行。
- 31 日，按规定的折旧率，计提本月固定资产折旧费 8 000 元，其中生产车间使用固定资产计提折旧 6 000 元，行政管理部门使用固定资产计提折旧 2 000 元。
- 31 日，领用甲材料 200 千克，计 4 000 元，进行日常修理，其中生产车间 3000元，行政管理部门 1 000 元。
- 31 日，摊销应由本月负担的待摊费用 1 600 元，其中生产车间应负担的待摊费用为 500 元，行政管理部门应负担的待摊费用为 1 100 元。
- 31 日，计算结转本月发生的制造费用总额为 32 000 元。其中应由 A 产品负担 14 200 元，由 B 产品负担 17 800 元。
- 31 日，结转本月完工产品的生产成本 200 500 元。其中：A 产品完工 35 台，已验收入库，其单位成本为 2 300 元，总成本为 80 500 元；B 产品完工 40 台，已验收入库，其单位成本为 3 000 元，总成本为 120 000 元。
- 31 日，结转本月已出售产品的生产成本 177 500 元。其中：本月售出 A 产品 25 台，单位成本为 2300 元，结转 A 产品销售成本 57 500 元；本月售出 B 产品 40 台，单位成本为 3 000 元，结转 B 产品销售成本 120 000 元。
- 31 日，按本月主营业务收入 300 000 元的 5% 计提应交销售税金 15 000 元。
- 31 日，将本月主营业务收入 300 000 元，转入"本年利润"科目的贷方。
- 31 日，将本月主营业务成本 177 500 元，转入"本年利润"科目的借方。
- 31 日，将本月所发生的营业费用 1 500 元转入"本年利润"科目的借方。
- 31 日，将本月的主营业务税金 15 000 元，转入"本年利润"科目的借方。
- 31 日，将本月发生的管理费用 22 500 元，转入"本年利润"科目的借方。
- 31 日，计算出本月应纳所得税 34 980 元。
- 31 日，计算出本月计提盈余公积 7 120 元。

以银行存款支付应交税金 56 000 元。

将本月计提的所得税 34 980 元，转入"本年利润"科目的借方。

(2) 要求：

① 根据以上所发生经济业务填制收款凭证、付款凭证和转账凭证。

② 根据原始凭证和填制的记账凭证登记现金日记账、银行存款日记账和明细账。

③ 按记账凭证账务处理程序的方法登记总账。

④ 按汇总记账凭证账务处理程序的方法登记总账。

⑤ 按科目汇总表账务处理程序的方法登记总账。

会计从业资格证训练题

1) 单项选择题

(1) 各种账务处理程序的共同之处包括(   )相同。
    A. 适用范围   B. 登记总分类账的依据
    C. 登记总分类账的方法   D. 编制会计报表的依据

(2) 汇总记账凭证账务处理程序适用于(   )的单位。
    A. 规模较小，业务量较少   B. 规模较大，业务量较多
    C. 规模较大，业务量较少   D. 规模较小，业务量较多

(3) 在会计核算处理过程中，(   )相互结合的技术组织方式，称为账务处理程序，或者会计核算形式。
    A. 账簿组织   B. 记账程序
    C. 会计循环   D. 账簿组织和记账程序

(4) 科目汇总表账务处理程序适用于(   )的单位。
    A. 规模较小、业务量较少   B. 规模较小、业务量较多
    C. 规模较大、业务量较少   D. 规模较大、业务量较多

(5) 编制科目汇总表直接依据的凭证是(   )。
    A. 原始凭证   B. 汇总原始凭证
    C. 记账凭证   D. 汇总记账凭证

(6) (   )账务处理程序是会计核算中最基本的一种账务处理程序。
    A. 科目汇总表   B. 记账凭证   C. 汇总记账凭证 D. 日记总账

(7) 不同账务处理程序的区别，主要体现在(   )不同。
    A. 记账凭证的填制依据   B. 明细分类账的记账依据和方法
    C. 总分类账的记账依据和方法   D. 会计报表的编制依据和方法

(8) 科目汇总表账务处理程序是由(   )发展而来的。
    A. 记账凭证账务处理程序   B. 汇总记账凭证账务处理程序
    C. 多栏式日记账账务处理程序   D. 日记总账账务处理程序

(9) (   )是指会计凭证和账簿的种类、格式及其相互关系。
    A. 账簿组织   B. 记账程序
    C. 账务处理程序   D. 会计核算形式

(10) 汇总记账凭证账务处理程序的优点是(   )。
    A. 详细反映经济业务的发生情况 B. 可以做到试算平衡
    C. 便于了解账户之间的对应关系 D. 处理手续简便

(11) 科目汇总表账务处理程序的缺点是(   )。

    A. 不利于会计核算分工   B. 不能进行试算平衡

    C. 反映不出账户的对应关系   D. 会计科目数量受限制

(12) 以下( )不是通常采用的账务处理程序。

    A. 原始凭证账务处理程序   B. 记账凭证账务处理程序

    C. 汇总记账凭证账务处理程序   D. 科目汇总表账务处理程序

(13) ( )是最基本的账务处理程序。

    A. 记账凭证账务处理程序   B. 汇总记账凭证账务处理程序

    C. 科目汇总表账务处理程序   D. 以上都不对

(14) 汇总付款凭证应按库存现金和银行存款账户的( )设置。

    A. 借方   B. 借方和贷方   C. 贷方   D. 贷方或借方

(15) 在记账凭证汇总表账务处理程序下，根据( )登记总账。

    A. 记账凭证   B. 记账凭证汇总表

    C. 汇总记账凭证   D. 原始凭证

2) 多项选择题

(1) 会计核算的全过程包括( )。

    A. 填制和取得原始凭证   B. 填制记账凭证

    C. 登记账簿   D. 编制会计报表

(2) 账簿组织所包括的内容是( )。

    A. 会计凭证的种类及格式

    B. 会计账簿的种类及格式

    C. 各种凭证与各种账簿之间的相互关系

    D. 各种账簿与报表之间的相互关系

(3) 科目汇总表账务处理程序的主要特点是( )。

    A. 直接根据记账凭证记总账   B. 直接根据记账凭证登记明细账

    C. 定期编制科目汇总表   D. 直接根据科目汇总表登记总账

(4) 明细分类账的登记依据有( )。

    A. 原始凭证   B. 汇总原始凭证 C. 记账凭证   D. 总分类账

(5) 各种常用账务处理程序的基本相同点是( )相同。

    A. 填制记账凭证的依据   B. 明细账的依据和方法

    C. 登记总账的依据和方法   D. 编制会计报表的依据和方法

(6) 汇总记账凭证账务处理程序的缺点有( )。

    A. 不能减轻登记总账的工作量   B. 不能够反映账户间的对应关系

    C. 编制汇总转账凭证的工作量较大 D. 不利于日常核算工作的合理分工

(7) 总分类账登记的依据可以是( )。

    A. 记账凭证   B. 记账凭证汇总表

    C. 汇总记账凭证   D. 日记总账

(8) 汇总记账凭证财务处理程序的优点是( )。

    A. 便于会计核算的日常分工   B. 便于了解账户之间的对应关系,

    C. 减轻了登记总分类账的工作量   D. 便于试算平衡

(9) 下列表述中,适合于科目汇总表账务处理程序的是( )。

    A. 大大减少了登记总账的工作量

    B. 科目汇总表不能反映账户的对应关系,不便于查账

    C. 能够进行试算平衡

    D. 适用于规模较小、业务量较少、记账凭证不多的单位

(10) 会计核算形式也可称为( )。

    A. 会计政策   B. 会计核算组织程序

    C. 账务处理程序   D. 会计工作组织形式

(11) 无论采用何种会计处理程序,( )是必不可少的。

    A. 编制记账凭证   B. 总分类账

    C. 各种明细分类账   D. 会计报表

(12) 采用记账凭证账务处理程序一般设置( )账簿。

    A. 库存现金日记账   B. 银行存款日记账

    C. 明细分类账   D. 总分类账

(13) 账务处理程序是指( )的结合方式。

    A. 会计报表   B. 会计账簿   C. 会计凭证   D. 原始凭证

3) 判断题

(1) 无论采用何种账务处理程序,报表的编制方法是相同的。( )

(2) 在各种不同账务处理程序下,会计报表的编制依据都是相同的。( )

(3) 科目汇总表账务处理程序,是以科目汇总表作为登记总账和明细账的依据。( )

(4) 账务处理程序也就是记账程序。( )

(5) 根据收款凭证、付款凭证、原始凭证逐笔登记库存现金日记账和银行存款日记账。( )

(6) 企业提高会计核算质量,充分发挥会计工作效能的一个重要前提,就是采用适当的账务处理程序。( )

(7) 科目汇总表账务处理程序中,每月可以编制多个科目汇总表。( )

(8) 在各种不同的账务处理程序下,登记总分类账的依据和程序都是相同的。( )

(9) 在科目汇总表账务处理程序方式下,其记账凭证、账簿的设置与记账凭证账务处理程序是不相同的。(　　)

(10) 记账凭证账务处理程序,优点是简单明了,易于理解,总分类账可以较详细地反映经济业务的发生情况。(　　)

(11) 科目汇总表账务处理程序与记账凭证账务处理程序一样,都是根据各种记账凭证登记总分类账。(　　)

(12) 登记各种明细分类账是根据原始凭证、汇总原始凭证和记账凭证等进行的。(　　)

(13) 科目汇总表账务处理程序和汇总记账凭证账务处理程序的主要相同点是在于汇总的方法一致。(　　)

(14) 采用科目汇总表账务处理程序,科目对应关系不明显,不能直接通过总分类账查对账目。(　　)

(15) 科目汇总表不仅能起到试算平衡作用,而且可以反映账户之间的对应关系。(　　)

(16) 不论采用何种账务处理程序,会计报表都是根据账簿记录编制的。(　　)

(17) 记账凭证账务处理程序的特点是直接根据每张记账凭证逐笔登记总分类账。(　　)

(18) 在采用汇总记账凭证账务处理程序下,企业应定期分别编制一张汇总收款凭证、汇总付款凭证及汇总转账凭证。(　　)

8 财产清查

知识目标

- 了解财产清查的定义、种类和主要内容；
- 熟悉财产清查的基本方法；
- 掌握银行存款余额调节表的编制方法及财产清查结果的账务处理。

能力目标

- 能正确编制库存现金盘点报告表、银行存款余额调节表、实物的盘存单及账存实存对比表。

8.1　财产清查的意义和一般程序

8.1.1　财产清查的意义

财产清查是指通过对货币资金、实物资产和往来款项的盘点或核对，来确定其实存数，并查明账存数与实存数是否相符的一种专门方法。财产清查既是加强财产物资管理的一项重要制度，也是会计核算工作的一项重要制度。会计制度规定，在编制年度财务会计报告之前必须进行财产清查，对账实不符的问题根据有关规定进行会计处理，以保证会计数据真实、完整。

加强财产清查工作，对于加强企业管理，发挥会计的监督作用，具有以下重要意义：

(1) 通过财产清查，做到账实相符。查明各项财产物资的实有数与账面数是否相符，确定账实差异，及时调整账簿记录，保证账簿记录的真实性。

(2) 通过财产清查，确保财产物资的安全和完整。查明各项财产物资的保管是否妥善，有无损坏、霉烂、变质等情况，以便采取得力措施，加强管理。

(3) 通过财产清查，促进企业改善经营管理，挖掘财产物资的潜力，加速资金周转，提高资金效益。检查各种财产物资的储备和利用情况，查明各项财产物资有无积压、浪费、呆滞、不配套或储备不足等情况，并及时加以处理，以保证各项财产物资得到充分利用。

(4) 通过财产清查，维护财经纪律，建立健全财产管理制度和核算制度，改善经营管理。检查企业对财经纪律的遵守情况，查明各财产物资收发保管等手续制度的执行情况，明确资金界限，清理债权债务长期拖欠等问题，采取措施维护财经纪律。

因财产清查的内容多、范围广、工作量大，在实际工作中财产清查被一些会计人员所忽视，长期的忽视有可能给企业造成重大经济损失。

8.1.2 财产清查的种类

8.1.2.1 按照清查的范围分类

财产清查按照清查范围，可以分为全面清查和局部清查两种。

1) 全面清查

全面清查就是对所有的财产进行全面的盘点和核对。全面清查的对象一般包括下列内容：

(1) 固定资产、存货以及在建工程等。

(2) 货币资金、有价证券和银行借款。

(3) 各种往来结算款项、缴拨款项等。

由于全面清查的内容多、范围广、工作量大，因此，一般在以下几种情况下，才需要进行全面清查：

(1) 年终决算时，要对财产物资进行一次全面清查。

(2) 单位撤销、合并和改变隶属关系时，为了明确经济责任，要进行全面清查。

(3) 在清产核资时，为了摸清家底，准确地核定资金，要进行全面清查。

2) 局部清查

局部清查就是根据需要只对部分财产进行盘点和核对。局部清查应根据管理的需要来决定清查的对象和清查的时间。一般情况下，对于流动性较大的存货，如材料、在产品、产成品、库存商品等，年内应轮流进行盘点或重点抽象；对于各种贵重物资，每月都应盘点清查一次；对于现金，应由出纳人员每日清点核对；对于银行存款和银行借款，每月都要同银行核对；对于各种债权债务，每年至少要同对方核对一至两次等。

8.1.2.2 按照清查的时间分类

财产清查按照清查的时间，可以分为定期清查和不定期清查。

1) 定期清查

定期清查是指按规定的时间对财产物资和往来款项所进行的清查。定期清查一般在年末、季末、月末进行。通过定期清查，可以在编制会计报表前发现账实不符的情况，据以调整有关账簿记录，使账实相符，从而可以保证会计资料的真实性。定期清查，可以是全面清查，也可以是局部清查。

2) 不定期清查

不定期清查是指事前不规定清查日期，而是根据特殊需要临时进行的清查。不定期清查主要是在以下几种情况下进行：

(1) 更换财产、现金保管人员时，要对有关人员保管的财产、现金进行清查，以分清经济责任，便于办理交接手续。

(2) 发生自然灾害和意外损失时，要对受损失的财产进行清查，以查明损失情况。

(3) 上级主管、财政、审计和银行等部门，对本单位进行会计检查，应按检查的要求和范围对财产进行清查，以验证会计资料的可靠性。

(4) 进行临时性清查核资时，要对本单位的财产进行清查，以便摸清家底。

不定期清查，可以是全面清查，也可以是局部清查，应根据实际需要来确定清查的对象和范围。

8.1.3　财产清查的程序

财产清查是为了加强财务管理，发挥会计核算和监督职能的一项重要工作。财产清查涉及面广、工作量大，是一项极为复杂、细致的工作。因此，应按照一定的程序，采取有效的清查方法进行财产清查工作。其一般程序是：

(1) 建立财产清查组织。

(2) 组织清查人员学习有关政策规定，掌握有关法律、法规和相关业务知识，以提高财产清查工作的质量。

(3) 确定清查对象、范围，明确清查任务。

(4) 制定清查方案，具体安排清查内容、时间、步骤、方法，以及必要的清查前准备。

(5) 清查时本着先清查数量，核对有关账簿记录等，后认定质量的原则进行。

(6) 填制盘存清单。

(7) 根据盘存清单,填制实物、往来账项清查结果报告表。

8.2 财产清查的方法

8.2.1 货币资金的清查方法

8.2.1.1 现金的清查方法

现金的清查是采用实地盘点法,首先确定库存现金的实存数,然后与现金日记账的账面余额相核对,确定账实是否相符。现金清查一般由主管会计或财务负责人和出纳员本人共同清点出各种面值钞票的张数和硬币的个数,并填写库存现金盘存单。

对现金进行盘点时,出纳人员必须在场,有关业务必须在现金日记账中全部登记完毕。盘点时,一方面要注意账实是否相符,另一方面还要检查现金管理制度的遵守情况,有无超过现金库存限额,有无白条抵库、挪用舞弊等情况。盘点结束后时,应编制"库存现金盘点报告表",作为重要原始凭证,它也具有实存账存对比表的作用,其格式如表 8.1 所示。

表 8.1 库存现金盘点表

年   月   日

实存金额	账存金额	对比结果		备注
		长款	短款	

盘点人签章:

8.2.1.2 银行存款的清查方法

银行存款的清查,是采用账目核对法,即将企业出纳人员登记的银行存款日记账与银行转来的对账单进行核对,检查两者是否相符。在同银行核对账目之前,应将企业的银行存款业务全部登入银行存款日记账。银行存款的清查一般在月末进行。

1) 银行存款日记账与银行对账单不一致的原因

从理论上看,企业的每一笔银行存款收支,企业的出纳人员要登记银行存款日记账,银行的记账人员要登记对账单,两者应该是相符的。但实际上,本单位的银行存款日记账上的月末余额与银行转来的银行对账单上的月末余额常常会出现不一致的情况,除可能是记账错误外,往往是因为双方收到有关原始凭证及记账的时间难以绝对同步,即出现了未达账项所导致的。

所谓未达账项是指由于企业和银行双方收付款项的记账时间不一致而发生的一方已入账,而另一方未入账的款项。

以企业为例,未达账项通常有四种:

(1) 企业已记收,银行未记收的账项。即企业存入银行的款项,企业已入账增加了银行存款,但银行尚未办理存款手续,银行尚未记入账增加企业的银行存款。

(2) 企业已记付,银行未记付的款项。即企业开支票或其他付款凭证后,企业已入账减少银行存款,但银行尚未实际划出款项,减少企业的银行存款。

(3) 银行已记收,企业未记收的款项。即银行付给企业的利息或代企业收到的款项,银行已登记入账增加了企业的银行存款,但企业未收到收款凭证,尚未登记入账增加银行存款。

(4) 银行已记付,企业未记付的款项。即银行代企业支付的款项,银行已记账减少了企业的银行存款,但企业未接到付款凭证,尚未登记入账减少银行存款。

上述任何一种未达账项的出现,都会使单位和银行的账簿记录发生不一致。为了减少未达账项,月底应从开户银行将本单位的各种银行结算凭证及时取回,并及时入账。为了清除未达账项的影响,单位应根据核对后发现的未达账项,编制"银行存款余额调节表",检查双方的账簿登记是否有误。

2) 银行存款清查的步骤

(1) 将本单位银行存款日记账与银行对账单,以结算凭证的种类、号码和金额为依据,逐日逐笔核对。凡双方都有记录的,用铅笔在金额旁边打上记号"√"。

(2) 找出未达账项(即银行存款日记账和银行对账单中没有打"√"的款项)。

(3) 将日记账和对账单的月末余额及找出的未达账项填入"银行存款余额调节表",并计算出调整后的余额。

(4) 将调整平衡的"银行存款余额调节表",经主管会计签章后,呈报开户银行。

凡有几个银行户头以及开设有外币存款户头的单位,应分别按存款户头开设"银行存款日记账"与各户头的"银行对账单"核对,并分别编制各户头的"银行存款余额调节表"。

3) 案例说明

【例8.1】 长江公司××年10月的"银行存款日记账"如表8.2所示。

表 8.2 银行存款日记账

账号：879078—052101040000369

××年		凭证号数	摘　要	结算凭证		收入	支出	结余
月	日			种类	号数			
10	1		期初余额					1 000 000
	1	(略)	收到上月货款	转支	2438	280 000		1 280 000
	15		购材料	汇票	3129		420 000	860 000
	15		销售产品	转支	6439	220 000		1 080 000
	22		提取现金	支票	8120		6 000	1 074 000
	29		支付购货款	转支	3130		70 000	1 004 000
	31		支付购货款	转支	3131		120 000	884 000
	31		销售产品	汇票	7834	60 000		944 000
	31		本月合计			560 000	616 000	944 000

本月底银行转来的"银行对账单"如表8.3所示。

表 8.3 银行对账单

账号：879078—052101040000369

××年		摘　要	结算凭证		收入	支出	结余
月	日		种类	号数			
10	1	结余					1 000 000
	1	存入	转支	2438	280 000		1 280 000
	15	支取	汇票	3129		420 000	860 000
	15	存入	转支	6439	220 000		1 080 000
	22	支取	支票	8120		6 000	1 074 000
	26	支取	转支	3130		70 000	1 004 000
	31	存入	转支	5267	50 000		1 054 000
	31	支取	转支	3840		62 000	992 000
	31	本月合计			550 000	558 000	992 000

经过"银行存款日记账"和"银行对账单"逐笔核对，发现双方有下列未达

账项：

    (1) 企业已收、银行未收的款项为 60 000 元。

    (2) 企业已付、银行未付的款项为 120 000 元。

    (3) 银行已收、企业未收的款项为 50 000 元。

    (4) 银行已付，企业未付的款项为 62 000 元。

根据企业的银行存款日记账的期末余额和银行编制的银行对账单上的期末余额，以及对双方账簿核对后发现的未达账项，编制"银行存款余额调节表"(格式如表 8.4 所示)。该调节表左右两方分别采用的计算公式为：

$$\begin{array}{c}\text{调节后的企业银}\\ \text{行存款应有余额}\end{array} = \begin{array}{c}\text{企业银行存}\\ \text{款账面余额}\end{array} + \begin{array}{c}\text{银行已收企业}\\ \text{未收的未达账项}\end{array} - \begin{array}{c}\text{银行已付企业}\\ \text{未付的未达账项}\end{array}$$

$$\begin{array}{c}\text{调节后的银行}\\ \text{对账单应有余额}\end{array} = \begin{array}{c}\text{银行对账}\\ \text{单余额}\end{array} + \begin{array}{c}\text{企业已收银行}\\ \text{未收的未达账项}\end{array} - \begin{array}{c}\text{企业已付银行}\\ \text{未付的未达账项}\end{array}$$

表 8.4　银行存款余额调节表

账号：879078—052101040000369　　　××年 10 月 31 日　　　　　　　单位：元

项　目	金额	项　目	金额
企业银行存款账面余额	944 000	银行对账单余额	992 000
加：银行已收，企业未收	50 000	加：企业已收，银行未收	60 000
减：银行已付，企业未付	62 000	减：企业已付，银行未付	120 000
调节后的企业银行存款应有余额	932 000	调节后的银行对账单应有余额	932 000

主管会计：(签章)　　　　　　　　　　　　　　　　制表人：(签章)

结论：通过编制"银行存款余额调节表"可见，双方的余额是相等的，说明双方的账簿登记是正确的。

如果编制"银行存款余额调节表"后，双方的余额不相等，则说明一方或双方记账有误，需进一步追查，查明原因后予以更正和处理。

4)　"银行存款余额调节表"意义

(1) 未达账项不能作为登记账簿的依据。"银行存款余额调节表"是一种对账记录或对账工具，并不是会计凭证，不能作为登记账簿的依据，即不能根据未达账项来调整银行存款账面记录。未达账项的经济事项，只有在收到结算凭证后才能进行有关账务处理。

(2) 调节后余额相等说明双方的账簿登记正确。若"银行存款余额调节表"中调节后的余额相等，则调节后相等的余额为企业可以动用的银行存款实有数，且说明企业和银行的账面记录一般没有错误，企业与银行的账面存款余额不一致，只是由于未达账项造成的。

(3) 调节后余额不相等说明双方的账簿登记有问题。若"银行存款余额调节表"中调节后的余额不相等，则说明一方或双方记账有误，需进一步追查，查明原因后才以更正和处理。

8.2.2 实物的清查方法

8.2.2.1 存货的盘存制度

存货是指企业在生产经营过程中为销售或者耗用而储存的各项资产，包括各种材料、产成品、自制半成品、在产品等。存货盘存分为实地盘存制和永续盘存制两种。

1) 实地盘存制

实地盘存制又称为"以存计耗制"，是指在期末通过实地盘点实物，确定各项存货的期末实际结存数，并据此倒推出各项存货的发出或耗用数的一种存货盘存制度。

适用单位：存货的发出或销售过于频繁，每日、每时不便于统计发出或销售存货数量，期末只有通过实地盘存制才能倒推出各项存货的发出或销售量，然后据此求出存货的发出或销售成本的单位。

实物盘存制的工作程序为：

(1) 通常在期末结账前，对材料、在产品、产成品等各项存货进行实地盘点，确定期末实存数量。

(2) 根据盘点的期末结存数量和单价或单位成本计算出各项存货的期末结存金额。期末各项存货的单价或单位成本可采用加权平均法计算。

$$\frac{加权平均}{单位成本} = \frac{期初存货的金额+本期入库存货的金额}{期初存货的数量+本期入库存货的数量}$$

期末存货结存金额=期末结存数量×加权平均单价(或单位成本)

(3) 根据各项存货的期初、期末结存数量和金额，本期入库数量和金额，计算出本期发出存货的数量和金额。

本期发出存货数量=期初结存数量+本期入库数量−期末结存数量

本期发出存货金额(或成本)=期初结存金额+本期入库金额−期末结存金额

优点：采用实地盘存制，对各项存货的发出和结存不必随时记账，可以简化会计核算工作。

缺点：采用该法不能随时反映各项存货的发出和结存情况，同时通过期末盘存倒扎本期发出数，不能反映存货发生的损耗和短缺等具体情况，不利于保护企业财产物资的安全与完整。

由于实地盘存制存在以上缺点，因此，它一般只适用于核算那些价值低、品种杂、收发频率高的零星材料、废料和一些损耗大、数量不稳定的鲜活商品。采用实地盘存制，财产清查的次数必须适当增加，以此来弥补日常核算工作中的一些缺陷。

2) 永续盘存制

永续盘存制又称账面盘存制，它是通过账面计算出本期各项存货的收入、发出和结存情况的一种核算方法。

适用单位：除实地盘存制的适用单位外，企业一般都应采用永续盘存制核算存货。

采用永续盘存制，会计上对各种存货的明细账都应按存货的品种规格设置。在存货明细账上，平时应随时登记各项存货的收入、发出数量及金额，并随时根据账面的收发数额结出账面的结存数量及金额。

采用永续盘存制，仍需要定期或不定期地进行实物盘点，以查明各项存货的账簿记录与实存数是否相符。如果某项存货的账面数与实存数有差别，应根据实际情况调整账簿数据，以保证账实相符。

永续盘存制的优点：可以随时提供各项存货的增减变动和结存情况，加强对存货的管理。同时，各存货明细账上的结存数，可以随时与预定的最高库存限额或最低库存限额进行对照，可以确定库存积压或者不足，以便及时组织存货的购销和处理，加速存货周转。

永续盘存制的缺点：存货明细分类核算的工作量大，要耗费较多的人力和时间。

8.2.2.2　实物清查的方法

1) 实地盘点法

实地盘点法是指在财产物资存放现场逐一清点或用计量器确定其实存数的一种方法。适合于采用逐一清点或用计量器确定其实存数进行盘点的财产物资。

2) 技术推算盘点法

技术推算盘点法是指利用技术方法推算财产物资的实存数的方法。适用于大量的难以逐一清点的财产物资的清查。

实物的质量鉴定一般由企业质检部门配合，应根据不同的实物采用不同的检查方法，如有的采用物理方法，有的采用化学方法来检查实物的质量。在清查过程中，还应了解财产物资的利用和储备情况，以及在收发，保管方面所存在的问题。为了明确经济责任，盘点时，实物保管人员必须在场，并参加盘点。对于盘点结果，应将数量和质量情况，如实登记在"盘存单"上，并由盘点人员和实物保管人员签章。"盘存单"是记录盘点结果的书面证明，也是反映财产物资实存数的原始凭证。其一般格式，见表 8.5 所示。

表 8.5 盘存单

单位名称：　　　　　　　　　　　　　盘点时间：

财产类别：　　　　　　　　　　　　　存放地点：　　　　　　　　　　编号：

编号	名称	计量单位	数量	单价	金额	备注

盘点人：　　　　　　　　　　　　　　保管人：

为了查明实存数与账存数是否相符，确定盘盈盘亏情况，应根据"盘存单"和有关账簿记录编制"实存账存对比表"。"实存账存对比表"是用以调整账簿记录的重要原始凭证，也是分析产生差异的原因，明确经济责任的依据。在实际工作中，为了简化编表工作，"实存账存对比表"通常只填列账实不符的物资，对于账实完全相符的财产物资并不列入。这样的"实存账存对比表"主要是反映盘盈、盘亏情况，所以也称为"盘点盈亏报告表"。"实存账存对比表"的一般格式如表 8.6 所示。

表 8.6 实存账存对比表

单位名称：　　　　　　　　　　　年　　月　　日

编号	类别及名称	计量单位	单价	实 存		账 存		对 比 结 果				备注
				数量	金额	数量	金额	盘盈		盘亏		
								数量	金额	数量	金额	

8.2.3　往来款项的清查方法

往来款项的清查是指对本单位发生的各种债权、债务等结算业务进行的清查。往来款项包括应收账款、应收票据、应付票据、其他应收款、其他应付款、预收账款、预付账款等。

　　往来款项的清查方法一般采用账目核对法,即采用信函查询,或开出结算资金核对表(一式二联,其中一联作为回单),与对方单位核对账目。对方单位核对相符时,应在回单上盖章退回;如果有部分数据核对不符,应在回单上注明不符的情况或另编表退回,作为进一步核对的依据。

　　"函证信"的格式如表 8.7 所示。

表 8.7　函证信

单位名称:

　　本公司与贵单位的业务往来款项有下列各项目,为了清兑账目,特函请查证,是否相符,请在回执联中注明后盖章寄回。此致敬礼。

往来结算款项对账单

单位:	地址:		编号:
会计科目名称	截止日期	经济事项摘要	账面余额

　　清查完毕,应根据各个往来单位寄回的回单,编制"往来款项清查报告表",列示清查的具体结果。"往来款项(应收账款)清查报告表"的格式如表 8.8 所示。

表 8.8　往来款项清查报告表

会计科目:应收账款

明细账户户名	账面应收金额	清查情况		发生日期	对方不同意付款原因		备注
		对方同意付款金额	对方不同意付款金额		按合同规定拒付金额	争执中的款项	

清查人员签章:　　　　　　　　　　　　　　　　经管人员签章:

8.3 财产清查结果的账务处理

8.3.1 账务处理原则

账务处理的原则是:

(1) 查明差异,分析原因。财产清查中所确定的账实之间的差异即财产物质的盘盈、盘亏,应及时查明原因,明确经济责任,并依据有关规定进行处理。对于一些合理的物资损耗等,只要在规定的损耗标准和范围内,会计人员可按照规定及时做出处理。对于超出规定职权范围,会计人员无权自行处理,应及时报请单位负责人做出处理。一般来说,个人造成的损失,应由个人赔偿;因管理不善原因造成的损失,应作为企业管理费用入账;因自然灾害造成的非常损失,列入企业的营业外支出。

(2) 处理积压,清理往来。财产清查中发现的多余、积压物资,应分别不同情况处理。属于盲目采购或者盲目生产等原因造成的积压,一方面积极利用或者改造出售,另一方面要停止采购或生产。

(3) 总结经验,加强管理。财产清查后,要针对存在的问题和不足,总结经验教训,采取必要的措施,建立健全财产管理制度,进一步提高财产管理水平。

(4) 调整账簿,账实相符。财产清查中发现的盘盈或盘亏,应及时调整账面记录,以保证账实相符。要根据清查中取得的原始凭证编制记账凭证,登记有关账簿,使各种财产物资的账存数与实存数相一致,同时反映待处理财产损益的发生。

8.3.2 账务处理程序

8.3.2.1 发生盘盈、盘亏时的处理

企业应设置"待处理财产损溢"账户。"待处理财产损溢"账户是资产类账户,是用来核算企业在清查财产过程中查明的各种财产物资的盘盈、盘亏和毁损的账户。在该账户下应设置"待处理固定资产损益"和"待处理流动资产损益"两个明细账户,分别核算固定资产和流动资产的待处理的损益。

1) 盘盈

借:××资产账户

　　　　贷：待处理财产损溢——待处理流动资产损溢或待处理固定资产损溢
　　2）盘亏
　　　　借：待处理财产损溢——待处理流动资产损溢或待处理固定资产损溢
　　　　贷：××资产账户
　　根据以上记账凭证，记入有关账簿，使账簿记录与实际盘存数相符。
　　对于财产清查中发现的盘盈、盘亏除做以上账务处理外，应及时将"清查结果报告表"和"盘点报告表"报财务主管领导审批应如何处理，让账务处理合法化。

8.3.2.2　盈亏审批之后的处理

　　将发生的盘盈、盘亏情况，报财务主管领导审批后，根据财务主管领导处理意见，将处理结果编制会计分录，并据以登记有关账簿，进行差异处理，调整账项。
　　1）盘盈
　　　　借：待处理财产损溢——待处理流动资产损溢或待处理固定资产损溢
　　　　贷：营业外收入、管理费用等账户
　　2）盘亏
　　　　借：营业外支出、其他应收款等账户
　　　　贷：待处理财产损溢——待处理流动资产损溢或待处理固定资产损溢

8.3.3　案例说明

　　长江公司于6月30日对原材料仓库、商品仓库、出纳员进行了财产清查，会计人员依据"清查结果报告表"、"盘点报告表"和财务主管领导审批的处理意见，作如下的账务处理：
　　【例8.2】　销售管理部门的出纳发现现金长款320元；公司出纳发现现金短款180元，短款属出纳人员责任。财务主管领导审批的处理意见为长款作公司收入，短款责其赔偿。
　　（1）报批前，作如下会计分录：
　　盘盈：
　　　　借：库存现金　　　　　　　　　　　　　　　　　　　320
　　　　　　贷：待处理财产损溢——待处理流动资产损溢　　　　　　　320
　　盘亏：
　　　　借：待处理财产损溢——待处理流动资产损溢　　　　　　180
　　　　　　贷：库存现金　　　　　　　　　　　　　　　　　　　180

(2) 批准后，作如下分录：

盘盈：

借：待处理财产损溢——待处理流动资产损溢   320

贷：营业外收入   320

盘亏：

借：其他应收款——××出纳员   180

贷：待处理财产损溢——待处理流动资产损溢   180

【例 8.3】 原材料仓库，发现盘盈甲材料多出账面 100 千克，公允价值为 600元。经查是由于收发计量上的原因而造成的，财务主管领导审批的处理意见作公司费用。

(1) 报批前，作如下会计分录：

借：原材料——甲材料   600

贷：待处理财产损溢——待处理流动资产损溢   600

(2) 批准后，作如下分录：

借：待处理财产损溢——待处理流动资产损溢   600

贷：管理费用   600

【例 8.4】 商品仓库发现库存商品盘亏 500 千克，价值 10 000 元。经查属商品定额内损耗 5000 元，仓库保管员责任损失 500 元，水灾害损失 4 500 元。财务主管领导审批的处理意见定额内损耗作公司费用，保管员责任损失责其赔偿，水灾害损失作公司损失。

(1) 报批前，作如下会计分录：

借：待处理财产损溢——待处理流动资产损溢   10 000

贷：库存商品   10 000

(2) 批准后，作如下分录：

借：管理费用   5 000

其他应收款——××保管员   500

营业外支出   4500

贷：待处理财产损溢——待处理流动资产损溢   10 000

复习思考题

(1) 财产清查的程序？

(2) 永续盘存制与实地盘存制有什么区别？

(3) 怎样进行库存现金和银行存款的清查？可能会出现什么问题？如何解决？

(4) 对于数量多、体积庞大的物资，如何进行财产清查？

(5) 财产的盘盈、盈亏，账务如何处理？

练习题

习题 1

(1) 目的：练习银行存款余额调节表的编制方法。

(2) 资料：某企业 8 月 31 日，企业银行存款的账面余额为 535 000 元。开户银行对账单上银行存款余额为 757 800 元。查对后，出现以下几笔未达账项：

① 8 月 31 日，银行收到委托收款 52 000 元，银行已收入企业银行存款户。企业尚未收到收款通知。

② 8 月 31 日，企业购物开出一张 800 元的现金支票，货物已验收入库，企业已减少银行存款。银行尚未收到现金支票。

③ 8 月 31 日，根据协议银行为企业支付电费 2 000 元，银行已减少了企业存款。企业尚未收到支付通知。

④ 8 月 31 日，企业收到外单位购货转账支票一张，计 120 000 元，货物已发出，企业已增加银行存款。银行尚未收到收款通知。

(3) 要求：编制银行存款余额调节表。

习题 2

(1) 目的：练习盘盈、盘亏的账务处理。

(2) 资料：长江公司年终进行财产清查，在清查中发现下列事项：

① A 材料账面余额 2 380 千克，单价 12 元，金额 28 560 元。盘点实际存量为 2 300 千克，经查明其中 50 千克为定额损耗，30 千克为日常收发计量差错造成。

② B 材料账面余额 5 890 千克，单价 10 元，金额 58 900 元。盘点实际存量为 5 880 千克，缺少数经查明为保管人员失职造成。

上列材料盘盈、盘亏和损失，报请领导审核批准，作如下处理：

① A 材料定额内损耗及材料收发计量错误，均列入管理费用进行处理。

② B 材料是因为保管人员失职造成材料短缺损失，责成过失人赔偿。

(3) 要求：

① 编制审批前的账务处理。

② 编制审批后的账务处理。

会计从业资格证训练题

1) 单项选择题

(1) 财产清查按照( )不同，可以分为全面清查和局部清查。

　A. 清查的时间　　　　　　　　　　　B. 清查的方法

C. 清查的地点　　　　　　　　　　D. 清查的对象和范围

(2) (　　)是指由于企业和银行双方收付款项的记账时间不一致而发生的一方已入账，而另一方未入账的款项。

　A. 在途货币资金　　　　　　　　B. 坏账

　C. 未达账项　　　　　　　　　　D. 其他货币资金

(3) 对盘盈的原材料报经批准，做出处理后，编制的分录应借记(　　)账户。

　A. "原材料"　　　　　　　　　　B. "待处理财产损溢"

　C. "管理费用"　　　　　　　　　D. "营业外收入"

(4) 某企业在财产清查中，发现盘盈原材料 5 000 元。发现盘盈时，应编制的会计分录为(　　)。

　A. 借：待处理财产损溢 5 000；贷：原材料 5 000

　B. 借：原材料 5 000；贷：待处理财产损溢 5 000

　C. 借：待处理财产损溢 5 000；贷：管理费用 5 000

　D. 借：原材料 5 000；贷：管理费用 5 000

(5) 财产清查是通过实地盘点、查证核对来查明(　　)是否相符的一种方法。

　A. 账证　　　　B. 账表　　　　C. 账实　　　　D. 账账

(6) (　　)是通过对实物、现金的盘点和对银行存款、债权债务的核对，来确定各项实物货币资金、债权债务的实存数，并查明实存数与账存数是否相符的一种专门方法。

　A. 查账　　　　B. 对账　　　　C. 财产清查　　　D. 结账

(7) "待处理财产损溢"账户借方记录(　　)。

　A. 财产物资的盘盈数和转销已处理的盘盈数

　B. 财产物资的盘盈数和转销已处理的盘亏数

　C. 财产物资的盘亏、毁损数和转销已处理的盘盈数

　D. 财产物资的盘亏、毁损数和转销已处理的盘亏、毁损数

(8) 现金清查中无法查明原因的短款，经批准后计入(　　)。

　A. 管理费用　　B. 财务费用　　C. 其他应收款　　D. 营业外支出

(9) 财产清查按照(　　)不同，可以分为定期清查和不定期清查。

　A. 清查时间　　　　　　　　　　B. 清查方法

　C. 清查地点　　　　　　　　　　D. 清查对象和范围

(10) (　　)是指在期末通过实地盘点实物，确定各项存货的期末实际结存数，并据此倒推出各项存货发出或耗用数的一种存货盘存制度。

　A. 实地盘存制　　B. 永续盘存制　　C. 账面盘存制　　D. 以上均是

(11) (　　)是通过设置存货明细分类账，根据会计凭证逐日逐笔连续反映各项

存货的收入、发生和结存情况的一种核算方法。

　　A. 实地盘存制　　　B. 以存计耗制　　C. 永续盘存制　　D. 以上均是

(12) 发现固定资产盘盈时，应借记(　　)。

　　A. "待处理财产损溢"账户　　　　　　B. "固定资产"账户

　　C. "累计折旧"账户　　　　　　　　　D. "营业外收入"账户

(13) 对应收账款进行清查对，应采用的方法是(　　)。

　　A. 与记账凭证核对　　B. 账目核对法　　C. 实地盘点法　　D. 技术推算法

(14) 对银行存款进行清查时，应将(　　)与银行编制的对账单进行逐笔核对。

　　A. 银行存款总账　　　　　　　　　　B. 银行存款日记账

　　C. 银行存款结算单据　　　　　　　　D. 支票簿

(15) 现金清查中，无法查明原因的长款，应记入(　　)账户核算。

　　A. 其他应付款　　　B. 其他应收款　　C. 管理费用　　　D. 营业外收入

(16) 库存商品管理不善盘亏，经批准核销时，应借记(　　)账户。

　　A. 管理费用　　　　　　　　　　　　B. 营业外支出

　　C. 库存商品　　　　　　　　　　　　D. 待处理财产损益

(17) 银行存款余额调节表通常在每(　　)编制。

　　A. 月末　　　　　　B. 年末　　　　　C. 半年　　　　　D. 季末

(18) 在财产清查中填制的"账存实存对比表"是(　　)。

　　A. 调整账面记录的原始凭证　　　　　B. 调整账面记录的记账凭证

　　C. 登记总分类账的直接依据　　　　　D. 登记日记账的直接依据

(19) 在财产清查中填制的"银行存款余额调节表"是(　　)。

　　A. 登记总分类账的直接依据　　　　　B. 一种对账工具

　　C. 调整账面记录的记账凭证　　　　　D. 登记日记账的直接依据

(20) 对银行存款所采用的清查方法一般是(　　)。

　　A. 实地盘点法　　　B. 账目核对法　　C. 估算法　　　　D. 技术推算法

(21) 由于非正常损失导致存货的盘亏一般应作为(　　)处理。

　　A. 营业外支出　　　B. 财务费用　　　C. 管理费用　　　D. 坏账损失

(22) 财产清查是通过专门的方法(　　)。

　　A. 查明账账是否相符　　　　　　　　B. 查明账实是否相符

　　C. 查明账证是否相符　　　　　　　　D 查明账表是否相符

(23) 对于盘盈的存货，应(　　)。

　　A. 记入营业外支出　　　　　　　　　B. 记入营业外收入

　　C. 冲减管理费用　　　　　　　　　　D. 记入管理费用

(24) 在企业进行财产清查时，发现存货盘亏，经批准核销，正确的账务处理方法为(　　)。

　　A. 借：库存商品；贷：待处理财产损溢

　　B. 借：待处理财产损溢；贷：管理费用

　　C. 借：管理费用；贷：待处理财产损溢

　　D. 借：待处理财产损溢；贷：库存商品

　(25) 在记账无误的情况下，银行对账单与银行存款日记账账面余额不一致的原因是存在(　　)。

　　A. 未达账项　　　B. 在途货币资金　C. 应付账款　　　D. 应收账款

　(26) 存货毁损属于非常损失的部分，扣除保险公司赔款和残料价值之后，记入(　　)。

　　A. 记入营业外支出　　　　　　　　B. 记入营业外收入

　　C. 冲减管理费用　　　　　　　　　D. 记入管理费用

　(27) 银行存款实有数为(　　)。

　　A. 银行存款日记账余额

　　B. 银行对账单余额

　　C. 银行存款余额调节表中调节后相等的余额

　　D. 以上均不是

　(28) 某企业原材料盘亏，现查明原因，属于定额内损耗，按照规定予以转销时，应编制的会计分录为(　　)。

　　A. 借：待处理财产损溢；贷：原材料

　　B. 借：待处理财产损溢；贷：管理费用

　　C. 借：管理费用；贷：待处理财产损溢

　　D. 借：营业外支出；贷：待处理财产损溢

　(29) 现金清查中，属于由责任人赔偿的部分，应记入(　　)账户核算。

　　A. 其他应付款　　B. 其他应收款　C. 管理费用　　D. 营业外收入

　(30) 对于库存现金，应按(　　)清查。

　　A. 每年　　　　　B. 每季　　　　　C. 每月　　　　　D. 每天

　(31) 因计量仪器不准造成材料出现盘盈，经批准，一般作(　　)冲减处理。

　　A. 材料成本　　　B. 生产成本　　　C. 管理费用　　　D. 制造费用

　(32) 一般来说，单位撤销、合并或改变隶属关系时，要进行(　　)。

　　A. 全面清查　　　B. 局部清查　　　C. 实地盘点　　　D. 定期清查

　(33) 单位在进行资产重组时，一般应进行(　　)。

　　A. 局部清查　　　B. 全面清查　　　C. 重点清查　　　D. 抽查

　(34) 某企业 2009 年 9 月 30 日银行存款日记账余额为 50 000 元，银行转来的对账单余额为 45 000 元，经过逐笔核对，发现有以下两笔未达账项：

① 9 月 30 日，供电局从企业银行户头中扣收当月电费 10 000 元。

② 委托银行向乙单位收取的货款 5 000 元已到账。

以上两项业务银行均已入账，企业还未入账。通过编制"银行存款余额调节表"后，企业及银行对账单位的金额均为(   )。

    A. 45 000 元   B. 50 000 元   C. 55 000 元   D. 40 000 元

(35) 以下项目中不是财产清查的基本程序的有(   )。

    A. 清查前的准备工作   B. 账项核对和实地盘点

    C. 清查结果处理   D. 复查报告

2) 多项选择题

(1) 财产清查的意义在于可以(   )。

    A. 保证会计信息的真实、可靠，保护各项财产的安全完整

    B. 挖掘财产物资的潜力，有效利用财产物资，加速资金周转

    C. 发现财产管理上存在的问题，提高经营管理水平

    D. 保证财经纪律和结算制度的贯彻执行

(2) 实物清查的常用方法有(   )。

    A. 实地盘点法   B. 技术推算盘点法

    C. 账目核对法   D. 逆查法

(3) 下列各项采用实地盘点法的有(   )的清查。

    A. 现金   B. 银行存款   C. 实物资产   D. 往来款项

(4) 未达账项包括(   )。

    A. 企业已记收，银行未记收的款项   B. 企业已记付，银行未记付的款项

    C. 银行已记收，企业未记收的款项   D. 银行已记付，企业未记付的款项

(5) 财产清查主要解决的问题是(   )。

    A. 确定单位财产物资的实存数和债权、债务的实际金额

    B. 查明财产物资的实存数和账面数的差异及其产生的原因

    C. 调整账目，达到账实相符

    D. 不断发现和解决会计核算和会计管理方面的问题

(6) 财产清查按清查的时间分为(   )。

    A. 内部清查   B. 定期清查   C. 不定期清查   D. 外部清查

(7) 造成账实不符的原因包括(   )。

    A. 储存中发生自然损耗   B. 财产物资收发计量错误

    C. 财产物资的毁损、被盗   D. 账簿的漏记、重记、错记

(8) 财产清查按清查的对象和范围分为(   )。

A. 全部清查　　　　B. 内部清查　　　　C. 局部清查　　　　D. 外部清查

(9) 会使企业银行存款日记账账面余额大于银行对账单余额的未达账项有(　　)。

A. 企业已收，银行未收款　　　　　　B. 企业已付，银行未付款

C. 银行已收，企业未收款　　　　　　D. 银行已付，企业未付款

(10) 实地盘点法可用于(　　)清查。

A. 实物　　　　　　B. 现金　　　　　C. 银行存款　　　　D. 往来款项

(11) 银行存款日记账与银行的对账单不一致，可能是(　　)。

A. 银行记账有错误　　　　　　　　　B. 企业记账有错误

C. 双方记账均有错误　　　　　　　　D. 存在未达账项

(12) 银行存款的清查，需将(　　)进行相互逐笔勾兑。

A. 银行存款总账　　　　　　　　　　B. 银行对账单

C. 银行存款日记账　　　　　　　　　D. 支票登记簿

(13) 在进行财产清查时，应做好(　　)方面的准备工作。

A. 把有关账簿登记齐全，结出余额税

B. 准备好银行对账单

C. 准备好各种计量器具，并校对准确

D. 办好各种清查日以前业务的凭证手续，登记入账，并结出余额

(14) 现金清查的内容主要包括(　　)。

A. 是否有未达账项　　　　　　　　　B. 是否有白条顶库

C. 是否超限额留存现金　　　　　　　D. 是否坐支现金

(15) 盘亏的存货在处理时，应分别情况记入下列账户(　　)。

A. 营业外收入　　　B. 财务费用　　　C. 管理费用　　　D. 其他应收款

(16) 结转盘亏的固定资产时，不能列入"营业外支出"核算的是(　　)。

A. 固定资产的变价收入

B. 过失人赔偿部分

C. 已经提取的折旧

D. 固定资产原价扣除累计折旧、变价收入和赔偿后的差额

(17) 企业对于"未达账项"所进行的余额调节，在调节表中，对账单和日记账调后余额为(　　)。

A. 银行存款日记账调后余额=银行存款日记账调前余额+银收企未收-银付企未付

B. 对账单调后余额=对账单调前余额+银收企未收-银付企未付

C. 对账单调后余额=对账单调前余额-企收银未收+企付银未付

D. 对账单调后余额=对账单调前余额+企收银未收-企付银未付

(18) 存货的盘存制度包括(　　)。

　　A. 收付实现制　　　B. 实地盘存制　　C. 永续盘存制　　D. 权责发生制

3) 判断题

(1) 通过财产清查，可以挖掘财产物资的潜力，有效利用财产物资，加速资金周转。(　　)

(2) 在进行现金和存货清查时，出纳人员和实物保管人员不得在场。(　　)

(3) 财产清查如果账实不符，说明记账肯定出现了差错。(　　)

(4) 盘点实物时，发现其账存数大于实存数，即为盘盈。(　　)

(5) 现金和银行存款同属于货币资金，因此清查方法是相同的。(　　)

(6) 财产清查不仅包括对实物资产的盘点，也包括对银行存款、往来款项的核对。(　　)

(7) 银行存款余额调节表是用于核对银行存款余额的，因此可以作为记账的依据。(　　)

(8) 银行存款调节表的编制目的是为了消除未达账项的影响，并且作为原始凭证据以登记银行存款日记账。(　　)

(9) 现金清查中发现长款，如果无法查明原因，经批准应当冲减当期管理费用。(　　)

(10) 往来款项的清查，采用与对方核对账目的方法。(　　)

(11) 根据财产物资盘点结果填制的"实存账存对比表"，可以作为调整账面记录的原始凭证。(　　)

(12) 财产清查就是进行财产物资的实地盘点。(　　)

(13) 银行存款日记账和银行对账单都正确时，二者的余额仍然可能不一致。(　　)

(14) 财产清查中的盘盈盘亏，在没有查清原因以前先不入账。(　　)

(15) 对于无法收回的应收款，应先记入"待处理财产损溢"账户，批准后再转入有关账户。(　　)

(16) 银行已收款入账，企业由于未收到相关凭证尚未入账的未达账项，会造成企业银行存款日记账的余额小于银行对账单的余额。(　　)

(17) 银行存款日记账余额和银行对账单余额不一致的原因是存在未达账项。(　　)

(18) 实地盘点法与技术推算法相比，花费的时间少，工作量也要小得多。(　　)

9 财务会计报告

知识目标

- 了解财务会计报告的概念、构成和编制要求;
- 熟悉财务会计报告的分类及三个主要财务会计报告的特点;
- 掌握三个主要财务会计报告的编制方法。

能力目标

- 能正确编制资产负债表及利润表。

9.1 财务会计报告概述

会计信息使用者最为关心的是企业财务状况和经营成果,从而考核企业资金、成本、利润等经济运行是否正常,分析评价经营管理中的成绩和不足,对下一步经营管理和决策提供依据。因而怎样保证会计报表的质量,做到合法、真实、准确、完整地提供会计信息有着十分重要的意义。

9.1.1 财务会计报告的概念

财务会计报告是综合反映企业某一特定日期的资产、负债和所有者权益状况以及某一特定时期的经营成果和现金流动情况的书面文件。企业在日常的会计核算中对发生的经济业务进行了确认和计量,并进行记录。通过会计凭证和会计账簿对各项经济业务进行总分类核算和明细分类核算,全面、系统地反映企业的经济活动所形成的财务状况和经营成果。这一会计核算过程是分散在许多的总分类账和明细分类账上的,其会计核算资料无法扼要地概括反映企业经济活动全貌,不便于企业的内外会计信息使用者了解企业的财务状况、经营成果及现金流量情况。因此,还必须在做好会计日常工作的基础上,定期编制财务会计报告。

9.1.2　财务会计报告的分类

财务会计报告可以根据不同的标准进行分类，以区别其性质和内容。

(1) 按财务报表编报期间的不同，可以分为中期财务报表和年度财务报表。中期财务报表是以短于一个完整会计年度的报告期间为基础编制的财务报表，包括月报、季报和半年报等。中期财务报表至少应当包括资产负债表、利润表、现金流量表和附注，其中，中期资产负债表、利润表和现金流量表应当是完整报表，其格式和内容应当与年度财务报表相一致。与年度财务报表相比，中期财务报表中的附注披露可适当简略。

(2) 按财务报表编报主体的不同，可以分为个别财务报表和合并财务报表。个别财务报表是由企业在自身会计核算基础上对账簿记录进行加工而编制的财务报表，它主要用以反映企业自身的财务状况、经营成果和现金流量情况。合并财务报表是以母公司和子公司组成的企业集团为会计主体，根据母公司和所属子公司的财务报表，由母公司编制的综合反映企业集团财务状况、经营成果及现金流量的财务报表。

企业年度财务会计报告的会计期间是指公历每年的1月1日至12月31日。企业半年度财务会计报告的会计期间是指公历每年的1月1日至6月30日，或7月1日至12月31日。企业季度财务会计报告的会计期间是指公历的每季度，分别是指公历每年的1月1日至3月31日、4月1日至6月30日、7月1日至9月30日、10月1日至12月31日。企业月度财务会计报告的会计期间则是指公历每月1日至当月最后1日。

9.1.3　企业财务会计报告的构成

财务报告包括财务报表和其他应当在财务报告中披露的相关信息和资料。其中，财务报表由报表本身及其附注两部分构成。

9.1.3.1　财务报表

一套完整的财务报表至少应当包括资产负债表、利润表、现金流量表、所有者权益变动表和附注。

(1) 资产负债表是反映企业在某一特定日期的财务状况的会计报表。企业编制资产负债表的目的是通过如实反映企业的资产、负债和所有者权益金额及其结构情况，从而有助于使用者评价企业资产的质量以及短期偿债能力、长期偿债能力、利润分配能力等。

(2) 利润表是反映企业在一定会计期间的经营成果的会计报表。企业编制利润表的目的是通过如实反映企业实现的收入、发生的费用以及应当计入当期利润的利得和损失等金额及其结构情况，从而有助于使用者分析评价企业的盈利能力及其构成与质量。

(3) 现金流量表是反映企业在一定会计期间的现金和现金等价物流入和流出的会计报表。企业编制现金流量表的目的是通过如实反映企业各项活动的现金流入、流出情况，从而有助于使用者评价企业的现金流和资金周转情况。

(4) 所有者权益变动表是反映构成所有者权益的各组成部分当期的增减变动情况的会计报表。企业编制所有者权益变动表的目的是通过如实反映企业一定时期所有者权益变动的情况，不仅包括所有者权益总量的增减变动，还包括所有者权益增减变动的重要结构性信息，特别是要反映直接计入所有者权益的利得和损失，让报表使用者准确理解所有者权益增减变动的根源。

(5) 附注是财务报表不可或缺的组成部分，是对在资产负债表、利润表、现金流量表、所有者权益变动表等报表中列示项目的文字描述或明细资料，以及对未能在这些报表中列示项目的说明等。企业编制附注的目的是因为财务报表中的数据是经过分类与汇总后的结果，是对企业发生的经济业务的高度简化和浓缩的数据，如没有形成这些数据所使用的会计政策、理解这些数据必需的文字附注说明，财务报表就不可能充分发挥效用。因此，附注让报表使用者准确理解企业的财务状况、经营成果和现金流量，以有助于使用者联系相关联的信息，并由此从整体上更好地理解财务报表。

9.1.3.2　其他相关信息

财务报表是财务报告的核心内容，但是除了财务报表之外，财务报告还应当包括其他相关信息，具体可以根据有关法律法规的规定和外部使用者的信息需要而定。如企业可以在财务报告中披露其承担的社会责任、对社区的贡献、可持续发展能力等信息，这些信息对于使用者的决策也是相关的，尽管属于非财务信息，无法包括在财务报表中，但是如果有规定或者使用者有需求，企业应当在财务报告中予以披露，有时企业也可以自愿在报告中披露相关信息。

9.1.4　财务会计报告的编制要求

为了使财务会计报告能够最大限度地满足会计信息使用者的需要，充分发挥财务会计报告的作用，企业编制财务会计报告时应保证编制的财务会计报告真实、完整、准确，严格遵循国家会计制度规定的编制基础、依据、原则和方法进行。在编制财务会计报告时，应做到以下五点：

(1) 数据真实。会计报表各项目的数据必须建立在真实可靠的基础之上，使企业会计报表能够如实地反映企业的财务状况、经营成果和现金流动情况。因此，会计报表必须根据核实无误的账簿及相关资料编制，不得以任何方式弄虚作假。如果会计报表所提供的资料不真实或者可靠性很差，则不仅不能发挥会计报表的应有作用，而且还会由于错误的信息，导致会计报表使用者对企业的财务状况、经营成果和现金流动情况做出错误的评价与判断，做出错误的决策。

(2) 口径一致。会计报表各项目的数据应当口径一致、相互可比，便于报表使用者在不同企业之间及同一企业前后各期之间进行比较。只有提供相关且可比的信息，才能使报表使用者分析企业在整个社会及同行业中的地位，了解、判断企业过去、现在的情况，预测企业未来的发展趋势，进而为报表使用者的决策服务。

(3) 内容完整。企业会计报表应当全面地披露企业的财务状况、经营成果和现金流动情况，完整地反映企业财务活动的过程和结果，以满足各有关方面对财务会计信息资料的需要。为了保证会计报表的全面完整，企业在编制会计报表时，应当按照《企业会计准则》规定的格式和内容填报。对某些重要会计事项，应当在会计报表附注中进行说明。

(4) 编报及时。企业提供的会计报表，只有及时编报，才能为使用者提供决策所需的信息资料。否则，即使会计报表的编制非常真实可靠、全面完整，但由于编报不及时，也可能失去其应有的价值，成为相关性较低甚至不相关的信息。随着市场经济和信息技术的迅速发展，会计报表的及时性要求将变得日益重要。

(5) 便于理解。企业对外提供的会计报表是为广大会计报表使用者提供企业过去、现在和未来的有关资料，为企业目前或潜在的投资者和债权人提供决策所需的会计信息，因此，编制的会计报表应当清晰明了，便于会计信息使用者理解和利用。如果提供的会计报表难懂，不可理解，使用者就不能据以做出准确的判断，所提供的会计报表的作用也会大大减少。

9.2 资产负债表

9.2.1 资产负债表的概念

资产负债表是指反映企业在某一特定日期的财务状况的报表。

通过提供资产负债表，可以反映企业在某一特定日期所拥有或控制的经济资源、所承担的现时义务和所有者对净资产的要求权，帮助财务报表使用者全面了解企业的财务状况、分析企业的偿债能力等情况，从而为其做出经济决策提供依据。

9.2.2　资产负债表的内容和结构

9.2.2.1　资产负债表的内容

资产负债表主要反映以下三个方面的内容：

(1) 资产。资产负债表中的资产反映由过去的交易、事项形成并由企业在某一特定日期所拥有或控制的、预期会给企业带来经济利益的资源。资产应当按照流动资产和非流动资产两大类别在资产负债表中列示，在流动资产和非流动资产类别下进一步按性质分项列示。

流动资产是指预计在一个正常营业周期中变现、出售或耗用，或者主要为交易目的而持有，或者预计在资产负债表日起 1 年内(含 1 年)变现的资产，或者自资产负债表日起 1 年内交换其他资产或清偿负债的能力不受限制的现金或现金等价物。

正常营业周期通常是指企业从购买用于加工的资产起至实现现金或现金等价物的期间。正常营业周期通常短于 1 年，但是，也存在正常营业周期长于 1 年的情况，如房地产开发企业开发用于出售的房地产开发产品，造船企业制造用于出售的大型船只等，从购买原材料进入生产，到制造出产品出售并收回现金或现金等价物的过程，往往超过 1 年，在这种情况下，与生产循环相关的产成品、应收账款、原材料尽管是超过 1 年才变现、出售或耗用，仍应作为流动资产列示。

资产负债表中列示的流动资产项目通常包括：货币资金、交易性金融资产、应收票据、应收账款、预付款项、应收利息、应收股利、其他应收款、存货和 1 年内到期的非流动资产等。

资产负债表中列示的非流动资产项目通常包括：长期股权投资、固定资产、在建工程、工程物资、固定资产清理、无形资产、开发支出、长期待摊费用以及其他非流动资产等。非流动资产是指流动资产以外的资产。

(2) 负债。资产负债表中的负债反映在某一特定日期企业所承担的、预期会导致经济利益流出企业的现时义务。负债应当按照流动负债和非流动负债在资产负债表中进行列示，在流动负债和非流动负债类别下再进一步按性质分项列示。

流动负债是指预计在一个正常营业周期中清偿，或者主要为交易目的而持有，或者自资产负债表日起 1 年内(含 1 年)到期应予以清偿，或者企业无权自主地将清偿推迟至资产负债表日后 1 年以上的负债。资产负债表中列示的流动负债项目通常包括：短期借款、应付票据、应付账款、预收款项、应付职工薪酬、应交税费、应付利息、应付股利、其他应付款、1 年内到期的非流动负债等。

非流动负债是指流动负债以外的负债。非流动负债项目通常包括：长期借款、应付债券和其他非流动负债等。

(3) 所有者权益。资产负债表中的所有者权益是企业资产扣除负债后的剩余权益，反映企业在某一特定日期股东(投资者)拥有的净资产的总额，它一般按照实收资本(或股本)、资本公积、盈余公积和未分配利润分项列示。

9.2.2.2　资产负债表的结构

我国企业的资产负债表采用账户式结构(见表 9.1)，账户式资产负债表分左右两方。左方为资产项目，大体按资产的流动性大小排列，流动性大的资产如"货币资金"、"交易性金融资产"等排在前面，流动性小的资产如"长期股权投资"、"固定资产"等排在后面。右方为负债及所有者权益项目，一般按要求清偿时间的先后顺序排列："短期借款"、"应付票据"、"应付账款"等需要在 1 年以内或者长于 1 年的一个正常营业周期内偿还的流动负债排在前面，"长期借款"在 1 年以上才需偿还的非流动负债排在中间，在企业清算之前不需要偿还的所有者权益项目排在后面。

账户式资产负债表中的资产各项目的合计等于负债和所有者权益各项目的合计，即资产负债表左方和右方平衡。因此，通过账户式资产负债表，可以反映资产、负债、所有者权益之间的内在关系，即

$$资产=负债+所有者权益$$

9.2.3　资产负债表的编制

9.2.3.1　资产负债表项目的填列方法

资产负债表的各项目均需填列"年初余额"和"期末余额"两栏。

"年初余额"栏内各项数字，应根据上年末资产负债表的"期末余额"栏内所列数字填列。如果上年度资产负债表规定的各个项目的名称和内容与本年度不一致，应对上年年末资产负债表各项目的名称和数字按照本年度的规定进行调整，填入本表"年初余额"栏内。"期末余额"栏内各项数字，其填列方法如下：

表 9.1 资产负债表(会企 01 表)

编制单位：　　　　　　　　　　　年　月　日　　　　　　　　　　单位：元

资　　产	期末余额	年初余额	负债和所有者权益(或股东权益)	期末余额	年初余额
流动资产：			流动负债：		
货币资金			短期借款		
交易性金融资产			交易性金融负债		
应收票据			应付票据		
应收账款			应付账款		
预付款项			预收款项		
应收利息			应付职工薪酬		
应收股利			应交税费		
其他应收款			应付利息		
存货			应付股利		
1 年内到期的非流动资			其他应付款		
其他流动资产			1 年内到期的非流动负债		
流动资产合计			其他流动负债		
非流动资产：			流动负债合计		
可供出售金融资产			非流动负债：		
持有至到期投资			长期借款		
长期应收款			应付债券		
长期股权投资			长期应付款		
投资性房地产			专项应付款		
固定资产			预计负债		
在建工程			递延所得税负债		
工程物资			其他非流动负债		
固定资产清理			非流动负债合计		
生产性生物资产			负债合计		
油气资产			所有者权益(或股东权益)：		
无形资产			实收资本(或股本)		
开发支出			资本公积		
商誉			减:库存股		
长期待摊费用			盈余公积		
递延所得税资产			未分配利润		
其他非流动资产			所有者权益(或股东权益)合计		
非流动资产合计					
资产总计			负债和所有者权益(或股东权益)		

(1) 根据总账科目的余额填列。资产负债表中的有些项目，可直接根据有关总账科目的余额填列，如"交易性金融资产"、"短期借款"、"应付票据"、"应付职工薪酬"等项目；有些项目，则需根据几个总账科目的余额计算填列，如"货币资金"项目，需根据"库存现金"、"银行存款"、"其他货币资金"三个总账科目余额合计填列。

(2) 根据有关明细科目的余额计算填列。资产负债表中的有些项目，需要根据明细科目余额填列，如"应付账款"项目，需要分别根据"应付账款"和"预付账款"两科目所属明细科目的期末贷方余额计算填列。

(3) 根据总账科目和明细科目的余额分析计算填列。资产负债表的有些项目，需要依据总账科目和明细科目两者的余额分析填列，如"长期借款"项目，应根据"长期借款"总账科目余额扣除"长期借款"科目所属的明细科目中将在资产负债表日起 1 年内到期、且企业不能自主地将清偿义务展期的长期借款后的金额填列。

(4) 根据有关科目余额减去其备抵科目余额后的净额填列。如资产负债表中的"应收账款"、"长期股权投资"等项目，应根据"应收账款"、"长期股权投资"等科目的期末余额减去"坏账准备"、"长期股权投资减值准备"等科目余额后的净额填列；"固定资产"项目，应根据"固定资产"科目期末余额减去"累计折旧"、"固定资产减值准备"科目余额后的净额填列；"无形资产"项目，应根据"无形资产"科目期末余额减去"累计摊销"、"无形资产减值准备"科目余额后的净额填列。

(5) 综合运用上述填列方法分析填列。如资产负债表中的"存货"项目，需根据"原材料"、"库存商品"、"委托加工物资"、"周转材料"、"材料采购"、"在途物资"、"发出商品"、"材料成本差异"等总账科目期末余额的分析汇总数，再减去"存货跌价准备"备抵科目余额后的金额填列。

9.2.3.2　资产负债表项目的填列说明

资产负债表中资产、负债和所有者权益主要项目的填列说明如下：

1) 资产项目的填列说明

(1) "货币资金"项目，反映企业库存现金、银行结算户存款、外埠存款、银行汇票存款、银行本票存款、信用卡存款、信用证保证金存款等的合计数。本项目应根据"库存现金"、"银行存款"、"其他货币资金"科目期末余额的合计数填列。

(2) "交易性金融资产"项目，反映企业持有的以公允价值计量且其变动计入当期损益的为交易目的所持有的债券投资、股票投资、基金投资、权证投资等金融资产。本项目应当根据"交易性金融资产"科目的期末余额填列。

(3) "应收票据"项目，反映企业因销售商品、提供劳务等而收到的商业汇票，包括银行承兑汇票和商业承兑汇票。本项目应根据"应收票据"科目的期末余额，减去"坏账准备"科目中有关应收票据计提的坏账准备期末余额后的金额填列。

(4) "应收账款"项目，反映企业因销售商品、提供劳务等经营活动应收取的款项。本项目应根据"应收账款"和"预收账款"科目所属各明细科目的期末借方余额合计减去"坏账准备"科目中有关应收账款计提的坏账准备期末余额后的金额填列。如"应收账款"科目所属明细科目期末有贷方余额的，应在本表"预收款项"项目内填列。

(5) "预付款项"项目，反映企业按照购货合同规定预付给供应单位的款项等。本项目应根据"预付账款"和"应付账款"科目所属各明细科目的期末借方余额合计数，减去"坏账准备"科目中有关预付款项计提的坏账准备期末余额后的金额填列。如"预付账款"科目所属各明细科目期末有贷方余额的，应在资产负债表"应付账款"项目内填列。

(6) "应收利息"项目，反映企业应收取的债券投资等的利息。本项目应根据"应收利息"科目的期末余额，减去"坏账准备"科目中有关应收利息计提的坏账准备期末余额后的金额填列。

(7) "应收股利"项目，反映企业应收取的现金股利和应收取其他单位分配的利润。本项目应根据"应收股利"科目的期末余额，减去"坏账准备"科目中有关应收股利计提的坏账准备期末余额后的金额填列。

(8) "其他应收款"项目，反映企业除应收票据、应收账款、预付账款、应收股利、应收利息等经营活动以外的其他各种应收、暂付的款项。本项目应根据"其他应收款"科目的期末余额，减去"坏账准备"科目中有关其他应收款计提的坏账准备期末余额后的金额填列。

(9) "存货"项目，反映企业期末在库、在途和在加工中的各种存货的可变现净值。本项目应根据"材料采购"、"原材料"、"低值易耗品"、"库存商品"、"周转材料"、"委托加工物资"、"委托代销商品"、"生产成本"等科目的期末余额合计，减去"受托代销商品款"、"存货跌价准备"科目期末余额后的金额填列。材料采用计划成本核算，以及库存商品采用计划成本核算或售价核算的企业，还应按加或减材料成本差异、商品进销差价后的金额填列。

(10) "1年内到期的非流动资产"项目，反映企业将于1年内到期的非流动资产项目金额。本项目应根据有关科目的期末余额填列。

(11) "长期股权投资"项目，反映企业持有的对子公司、联营企业和合营企业的长期股权投资。本项目应根据"长期股权投资"科目的期末余额，减去"长期股权投资减值准备"科目的期末余额后的金额填列。

(12) "固定资产"项目,反映企业各种固定资产原价减去累计折旧和累计减值准备后的净额。本项目应根据"固定资产"科目的期末余额,减去"累计折旧"和"固定资产减值准备"科目期末余额后的金额填列。

(13) "在建工程"项目,反映企业期末各项未完工程的实际支出,包括交付安装的设备价值、未完建筑安装工程已经耗用的材料、工资和费用支出、预付出包工程的价款等的可收回金额。本项目应根据"在建工程"科目的期末余额,减去"在建工程减值准备"科目期末余额后的金额填列。

(14) "工程物资"项目,反映企业尚未使用的各项工程物资的实际成本。本项目应根据"工程物资"科目的期末余额填列。

(15) "固定资产清理"项目,反映企业因出售、毁损、报废等原因转入清理但尚未清理完毕的固定资产的净值,以及固定资产清理过程中所发生的清理费用和变价收入等各项金额的差额。本项目应根据"固定资产清理"科目的期末借方余额填列,如"固定资产清理"科目期末为贷方余额,以"一"号填列。

(16) "无形资产"项目,反映企业持有的无形资产,包括专利权、非专利技术、商标权、著作权、土地使用权等。本项目应根据"无形资产"的期末余额,减去"累计摊销"和"无形资产减值准备"科目期末余额后的金额填列。

(17) "开发支出"项目,反映企业开发无形资产过程中能够资本化形成无形资产成本的支出部分。本项目应当根据"研发支出"科目中所属的"资本化支出"明细科目期末余额填列。

(18) "长期待摊费用"项目,反映企业已经发生但应由本期和以后各期负担的分摊期限在1年以上的各项费用。长期待摊费用中在1年内(含1年)摊销的部分,在资产负债表"1年内到期的非流动资产"项目填列。本项目应根据"长期待摊费用"科目的期末余额减去将于1年内(含1年)摊销的数额后的金额填列。

(19) "其他非流动资产"项目,反映企业除长期股权投资、固定资产、在建工程、工程物资、无形资产等以外的其他非流动资产。本项目应根据有关科目的期末余额填列。

2) 负债项目的填列说明

(1) "短期借款"项目,反映企业向银行或其他金融机构等借入的期限在1年以下(含1年)的各种借款。本项目应根据"短期借款"科目的期末余额填列。

(2) "应付票据"项目,反映企业购买材料、商品和接受劳务供应等而开出、承兑的商业汇票,包括银行承兑汇票和商业承兑汇票。本项目应根据"应付票据"科目的期末余额填列。

(3) "应付账款"项目,反映企业因购买材料、商品和接受劳务供应等经营活动应支付的款项。本项目应根据"应付账款"和"预付账款"科目所属各明细科目的期末贷方余额合计数填列；如"应付账款"科目所属明细科目期末有借方余额的，应在资产负债表"预付款项"项目内填列。

(4)"预收款项"项目，反映企业按照购货合同规定预付给供应单位的款项。本项目应根据"预收账款"和"应收账款"科目所属各明细科目的期末贷方余额合计数填列。如"预收账款"科目所属各明细科目期末有借方余额，应在资产负债表"应收账款"项目内填列。

(5)"应付职工薪酬"项目，反映企业根据有关规定应付给职工的工资、职工福利、社会保险费、住房公积金、工会经费、职工教育经费、非货币性福利、辞退福利等各种薪酬。外商投资企业按规定从净利润中提取的职工奖励及福利基金，也在本项目列示。

(6)"应交税费"项目，反映企业按照税法规定计算应交纳的各种税费，包括增值税、消费税、营业税、所得税、资源税、土地增值税、城市维护建设税、房产税、土地使用税、车船税、教育费附加、矿产资源补偿费等。企业代扣代交的个人所得税，也通过本项目列示。企业所交纳的税金不需要预计应交数的，如印花税、耕地占用税等，不在本项目列示。本项目应根据"应交税费"科目的期末贷方余额填列；如"应交税费"科目期末为借方余额，应以"—"号填列。

(7)"应付利息"项目，反映企业按照规定应当支付的利息，包括分期付息到期还本的长期借款应支付的利息、企业发行的企业债券应支付的利息等。本项目应当根据"应付利息"科目的期末余额填列。

(8)"应付股利"项目，反映企业分配的现金股利或利润。企业分配的股票股利，不通过本项目列示。本项目应根据"应付股利"科目的期末余额填列。

(9)"其他应付款"项目，反映企业除应付票据、应付账款、预收款项、应付职工薪酬、应付股利、应付利息、应交税费等经营活动以外的其他各项应付、暂收的款项。本项目应根据"其他应付款"科目的期末余额填列。

(10)"1年内到期的非流动负债"项目，反映企业非流动负债中将于资产负债表日后1年内到期部分的金额，如将于1年内偿还的长期借款。本项目应根据有关科目的期末余额填列。

(11)"长期借款"项目，反映企业向银行或其他金融机构借入的期限在1年以上(不含1年)的各项借款。本项目应根据"长期借款"科目的期末余额填列。

(12)"应付债券"项目，反映企业为筹集长期资金而发行的债券本金和利息。本项目应根据"应付债券"科目的期末余额填列。

(13)"其他非流动负债"项目，反映企业除长期借款、应付债券等项目以外的其他非流动负债。本项目应根据有关科目的期末余额填列。其他非流动负债项目应根据有关科目期末余额减去将于 1 年内(含 1 年)到期偿还数后的余额填列。非流动负债各项目中将于 1 年内(含 1 年)到期的非流动负债,应在"1 年内到期的非流动负债"项目内单独反映。

3) 所有者权益项目的填列说明

(1) "实收资本(或股本)"项目,反映企业各投资者实际投入的资本(或股本)总额。本项目应根据"实收资本"(或"股本")科目的期末余额填列。

(2) "资本公积"项目,反映企业资本公积的期末余额。本项目应根据"资本公积"科目的期末余额填列。

(3) "盈余公积"项目,反映企业盈余公积的期末余额。本项目应根据"盈余公积"科目的期末余额填列。

(4) "未分配利润"项目,反映企业尚未分配的利润。本项目应根据"本年利润"科目和"利润分配"科目的余额计算填列。未弥补的亏损在本项目内以"-"号填列。

9.2.4 案例说明

承接 7.2 记账凭证处理程序中的案例说明第七步:编制会计报表——编制资产负债表。

(1) 根据 7.2 记账凭证处理程序,7.2.4 案例资料中表 7.2~表 7.24 汇总。

(2) 长江公司××年 1 月 31 日各总账账户期末余额,如表 9.2 所示。

(3) 长江公司××年 1 月 1 日各总账账户期初余额(期初余额数据承接 7.2 记账凭证处理程序,7.2.4 案例资料中见表 7.1 中的数据)。

(4) 根据上述资料编制长江公司××年 1 月份资产负债表,如表 9.3 所示。

9.3 利润表

9.3.1 利润表的概念

利润表是指反映企业在一定会计期间的经营成果的报表。它反映企业在一定会计期间收入、费用、利润(或亏损)的数额、构成情况,帮助会计信息使用者全面了解企业的经营成果,分析企业的获利能力及盈利增长趋势,从而为其做出经济决策提供依据。

表 9.2　长江公司××年 1 月 31 日各总账账户期末余额

账户名称	期末借方余额	期末贷方余额
库存现金	110.00	
银行存款	270 640.00	
其他应收款	750.00	
原材料	230 000.00	
固定资产	1 082 280.00	
累计折旧		430 000.00
短期借款		90 000.00
应付账款		70 200.00
实收资本		1 330 000.00
盈余公积		116 340.88
利润分配		157 067.92
生产成本	613 400.00	
应交税费		58 271.20
应付职工薪酬		7 000.00
应付利息		10 000.00
预付账款	200.00	
库存商品	91 500.00	
应付股利		20 000.00
合计	2 288 880.00	2 288 880.00

表 9.3　资产负债表(会企 01 表)

编制单位：长江公司　　　　　　　×× 年 1 月 31 日　　　　　　　　单位：元

资　　　产	期末余额	年初余额	负债和所有者权益(或股东权益)	期末余额	年初余额
流动资产：			流动负债：		
货币资金	270 750.00	150 970.00	短期借款	90 000.00	90 000.00
交易性金融资产			交易性金融负债		
应收票据			应付票据		
应收账款			应付账款	70 200.00	30 000.00
预付款项	200.00		预收款项		
应收利息			应付职工薪酬	7 000.00	
应收股利			应交税费	58 271.20	
其他应收款	750.00	750.00	应付利息	10 000.00	
存货	934 900.00	816 000.00	应付股利	20 000.00	
1 年内到期的非流动资产			其他应付款		
其他流动资产			1 年内到期的非流动负债		
流动资产合计	1 206 600.00	967 720.00	其他流动负债		
非流动资产：			流动负债合计	255 471.20	120 000.00
可供出售金融资产			非流动负债：		
持有至到期投资			长期借款		
长期应收款			应付债券		
长期股权投资			长期应付款		
投资性房地产			专项应付款		
固定资产	652 280.00	712 280.00	预计负债		
在建工程			递延所得税负债		
工程物资			其他非流动负债		
固定资产清理			非流动负债合计		
生产性生物资产			负债合计		
油气资产			所有者权益：		
无形资产			实收资本(或股本)	1 330 000.00	1 330 000.00
开发支出			资本公积		
商誉			减:库存股		
长期待摊费用			盈余公积	116 340.88	110 000.00
递延所得税资产			未分配利润	157 067.92	120 000.00
其他非流动资产			所有者权益合计	1 603 408.80	1 560 000.00
非流动资产合计	652 280.00	712 280.00			
资产总计	1 858 880.00	1 680 000.00	负债和所有者权益(或股东权益)总计	1 858 880.00	1 680 000.00

注：表 9.2 中数据来源，见承接 7.2 记账凭证处理程序，7.2.4 案例说明中，第五步登记总分类账后相关总账的期末余额。

9.3.2 利润表的内容和结构

06年企业会计准则企业利润表的格式如表9.4所示。

表9.4 利润表(会企02表)

编制单位：　　　　　　　　　　　　年　　月　　　　　　　　　　　单位：元

项　　目	本期金额	上期金额
一、营业收入		
减：营业成本		
营业税金及附加		
销售费用		
管理费用		
财务费用		
资产减值损失		
加：公允价值变动收益(损失以"－"号填列)		
投资收益(损失以"－"号填列)		
二、营业利润(亏损以"－"号填列)		
加：营业外收入		
减：营业外支出		
其中：非流动资产处置损失		
三、利润总额(亏损总额以"－"号填列)		
减：所得税费用		
四、净利润(净亏损以"－"号填列)		
五、每股收益：		
(一)基本每股收益		
(二)稀释每股收益		

9.3.3 利润表的编制

9.3.3.1 利润表的编制步骤

企业的利润表分以下三个步骤编制：

(1) 以营业收入为基础，减去营业成本、营业税金及附加、销售费用、管理费用、财务费用、资产减值损失，加上公允价值变动收益(减去公允价值变动损失)和投资收益(减去投资损失)，计算出营业利润。

(2) 以营业利润为基础，加上营业外收入，减去营业外支出，计算出利润总额。

(3) 以利润总额为基础，减去所得税费用，计算出净利润(或净亏损)。

普通股或潜在普通股已公开交易的企业，以及正处于公开发行普通股或潜在普通股过程中的企业，还应当在利润表中列示每股收益信息。

9.3.3.2　利润表项目的填列方法

利润表各项目均需填列"本期金额"和"上期金额"两栏。

在编制中期利润表时，"本期金额"栏应分为"本期金额"和"年初至本期末累计发生额"两栏，分别填列各项目本中期(月、季或半年)各项目实际发生额，以及自年初起至本中期(月、季或半年)末止的累计实际发生额。"上期金额"栏应分为"上年可比本中期金额"和"上年初至可比本中期末累计发生额"两栏，应根据上年可比中期利润表"本期金额"下对应的两栏数字分别填列。上年度利润表与本年度利润表的项目名称和内容不一致的，应对上年度利润表项目的名称和数字按本年度的规定进行调整。年终结账时，由于全年的收入和支出已全部转入"本年利润"科目，并且通过收支对比结出本年净利润的数额。因此，应将年度利润表中的"净利润"数字，与"本年利润"科目结转到"利润分配——未分配利润"科目的数字相核对，检查账簿记录和报表编制的正确性。

利润表"本期金额"、"上期金额"栏内各项数字，除"每股收益"项目外，应当按照相关科目的发生额分析填列。

9.3.3.3　利润表项目的填列说明

(1) "营业收入"项目：反映企业经营主要业务和其他业务所确认的收入总额。本项目应根据"主营业务收入"和"其他业务收入"科目的发生额分析填列。

(2) "营业成本"项目：反映企业经营主要业务和其他业务所发生的成本总额。本项目应根据"主营业务成本"和"其他业务成本"科目的发生额分析填列。

(3) "营业税金及附加"项目：反映企业经营业务应负担的消费税、营业税、城市维护建设税、资源税、土地增值税和教育费附加等。本项目应根据"营业税金及附加"科目的发生额分析填列。

(4) "销售费用"项目：反映企业在销售商品过程中发生的包装费、广告费等费用和为销售本企业商品而专设的销售机构的职工薪酬、业务费等经营费用。本项目应根据"销售费用"科目的发生额分析填列。

(5)"管理费用"项目：反映企业为组织和管理生产经营发生的管理费用。本项目应根据"管理费用"的发生额分析填列。

(6)"财务费用"项目：反映企业筹集生产经营所需资金等而发生的筹资费用。本项目应根据"财务费用"科目的发生额分析填列。

(7)"资产减值损失"项目：反映企业各项资产发生的减值损失。本项目应根据"资产减值损失"科目的发生额分析填列。

(8)"公允价值变动收益"项目：反映企业应当计入当期损益的资产或负债公允价值变动收益。本项目应根据"公允价值变动损益"科目的发生额分析填列，如为净损失，本项目以"一"号填列。

(9)"投资收益"项目：反映企业以各种方式对外投资所取得的收益。本项目应根据"投资收益"科目的发生额分析填列。如为投资损失，本项目以"一"号填列。

(10)"营业利润"项目：反映企业实现的营业利润。如为亏损，本项目以"一"号填列。

(11)"营业外收入"项目：反映企业发生的与经营业务无直接关系的各项收入。本项目应根据"营业外收入"科目的发生额分析填列。

(12)"营业外支出"项目：反映企业发生的与经营业务无直接关系的各项支出。本项目应根据"营业外支出"科目的发生额分析填列。

(13)"利润总额"项目：反映企业实现的利润。如为亏损，本项目以"一"号填列。

(14)"所得税费用"项目：反映企业应从当期利润总额中扣除的所得税费用。本项目应根据"所得税费用"科目的发生额分析填列。

(15)"净利润"项目：反映企业实现的净利润。如为亏损，本项目以"一"号填列。

9.3.4 案例说明

承接 7.2 记账凭证处理程序中，7.2.4 案例说明中的第七步：编制会计报表——编制利润表。

(1) 长江公司××年 1 月 1～31 日有关总账账户发生额汇总如下：

① 1 月 1～31 日营业收入总额为 270 000.00 元。

② 1 月 1～31 日营业成本总额为 141 000.00 元。

③ 1 月 1～31 日营业税金及附加总额为 8 000.00 元。

④ 1 月 1～31 日管理费用总额为 16 360.00 元。

⑤ 1 月 1～31 日财务费用总额为 10 000.00 元。

⑥ 1 月 1～31 日所得税费用总额为 31 231.20 元。

注：1～6 项中数据来源，承接 7.2 记账凭证处理程序中，7.2.4 案例说明中的第五步登记总分类账后相关总账的本期发生额。

(2) 根据上述资料编制长江公司××年 1 月份利润表，见表 9.5。

表 9.5 长江公司××年 1 月份利润表(会企 02 表)

编制单位: 长江公司　　　　　××年 1 月　　　　　单位: 元

项　　目	本期金额	上期金额
一、营业收入	270 000.00	
减：营业成本	141 000.00	
营业税金及附加	8 000.00	
销售费用		
管理费用	16 360.00	
财务费用	10 000.00	
资产减值损失		
加：公允价值变动收益(损失以"－"号填列)		
其中：对联营企业和合营企业的投资收益		
二、营业利润(亏损以"－"号填列)	94 640.00	
加：营业外收入		
减：营业外支出		
其中：非流动资产处置损失		
三、利润总额(亏损总额以"－"号填列)	94 640.00	
减：所得税费用	31 231.20	
四、净利润(净亏损以"－"号填列)	63 408.80	
五、每股收益:		
(一)基本每股收益		
(二)稀释每股收益		

9.4 现金流量表

9.4.1 现金流量表的概念

现金流量表是反映企业在一定会计期间现金和现金等价物流入和流出的报表。通过现金流量表，可以为报表使用者提供企业一定会计期间内现金和现金等价物流入和流出的信息，便于使用者了解和评价企业获取现金和现金等价物的能力，据以预测企业未来现金流量。

9.4.2 现金流量的分类

现金流量是指一定会计期间内企业现金和现金等价物的流入和流出。企业从银行提取现金，用现金购买短期到期的国库券等现金和现金等价物之间的转换不属于现金流量。

现金是指企业库存现金以及可以随时用于支付的存款，包括库存现金、银行存款和其他货币资金(如外埠存款、银行汇票存款、银行本票存款等)等。不能随时用于支付的存款不属于现金。

现金等价物，是指企业持有的期限短、流动性强、易于转换为已知金额现金、价值变动风险很小的投资。期限短，一般是指从购买日起 3 个月内到期。现金等价物通常包括 3 个月内到期的债券投资等。权益性投资变现的金额通常不确定，因而不属于现金等价物。企业应当根据具体情况，确定现金等价物的范围，一经确定不得随意变更。企业产生的现金流量分为三类：

(1) 经营活动产生的现金流量。经营活动，是指企业投资活动和筹资活动以外的所有交易和事项。经营活动产生的现金流量主要包括销售商品或提供劳务、购买商品、接受劳务、支付工资和交纳税款等流入和流出的现金和现金等价物。

(2) 投资活动产生的现金流量。投资活动，是指企业长期资产的购建和不包括在现金等价物范围内的投资及其处置活动。投资活动产生的现金流量主要包括购建固定资产、处置子公司及其他营业单位等流入和流出的现金和现金等价物。

(3) 筹资活动产生的现金流量。筹资活动，是指导致企业资本及债务规模和构成发生变化的活动。筹资活动产生的现金流量主要包括吸收投资、发行股票、分配利润、发行债券、偿还债务等流入和流出的现金和现金等价物。偿付应付账款、应付票据等商业应付款等属于经营活动，不属于筹资活动。

9.4.3 现金流量表的内容和结构

企业现金流量表采用报告式结构，分类反映经营活动产生的现金流量、投资活动产生的现金流量和筹资活动产生的现金流量，最后汇总反映企业某一期间现金及现金等价物的净增加额。企业现金流量表的格式如表 9.6 所示。

表 9.6 现金流量表(会企 3 表)

编制单位：　　　　　　　　　　　年　月　　　　　　　　　　　　　单位：元

项　　目	本期金额	上期金额
一、经营活动产生的现金流量		
销售商品、提供劳务收到的现金		
收到的税费返还		
收到其他与经营活动有关的现金		
经营活动现金流入小计		
购买商品、接受劳务支付的现金		
支付给职工以及为职工支付的现金		
支付的各项税费		
支付其他与经营活动有关的现金		
经营活动现金流出小计		
经营活动产生的现金流量净额		
二、投资活动产生的现金流量：		
收回投资收到的现金		
项目本期金额上期金额		
取得投资收益收到的现金		
处置固定资产无形资产和其他长期资产收回的现金净额		
处置子公司及其他营业单位收到的现金净额		
收到其他与投资活动有关的现金		
投资活动现金流入小计		
购建固定资产、无形资产和其他长期资产支付的现金		
投资支付的现金		
取得子公司及其他营业单位支付的现金净额		
支付其他与投资活动有关的现金		
投资活动现金流出小计		
投资活动产生的现金流量净额		
三、筹资活动产生的现金流量：		
吸收投资收到的现金		
取得借款收到的现金		
收到其他与筹资活动有关的现金		
筹资活动现金流入小计		
偿还债务支付的现金		
分配股利利润或偿付利息支付的现金		
支付其他与筹资活动有关的现金		
筹资活动现金流出小计		
筹资活动产生的现金流量净额		
四、汇率变动对现金及现金等价物的影响		
五、现金及现金等价物净增加额		
加：期初现金及现金等价物余额		
六、期末现金及现金等价物余额		

9.4.4 现金流量表的编制

9.4.4.1 现金流量表的编制方法

企业应当采用直接法列示经营活动产生的现金流量。直接法，是指通过现金收入和现金支出的主要类别列示经营活动的现金流量。采用直接法编制经营活动的现金流量时，一般以利润表中的营业收入为起算点，调整与经营活动有关的项目的增减变动，然后计算出经营活动的现金流量。采用直接法具体编制现金流量表时，可采用工作底稿法或"T"型账户法，也可以根据有关科目记录分析填列。

9.4.4.2 现金流量表主要项目说明

1) 经营活动产生的现金流量

(1)"销售商品、提供劳务收到的现金"项目，反映企业本年销售商品、提供劳务收到的现金，以及以前年度销售商品、提供劳务本年收到的现金(包括应向购买者收取的增值税销项税额)和本年预收的款项，减去本年销售本年退回商品和以前年度销售本年退回商品支付的现金。企业销售材料和代购代销业务收到的现金，也在本项目反映。

(2)"收到的税费返还"项目，反映企业收到返还的所得税、增值税、营业税、消费税、关税和教育费附加等各种税费返还款。

(3)"收到其他与经营活动有关的现金"项目，反映企业经营租赁收到的租金等其他与经营活动有关的现金流入，金额较大的应当单独列示。

(4)"购买商品、接受劳务支付的现金"项目，反映企业本年购买商品、接受劳务实际支付的现金(包括增值税进项税额)，以及本年支付以前年度购买商品、接受劳务的未付款项和本年预付款项，减去本年发生的购货退回收到的现金。企业购买材料和代购代销业务支付的现金，也在本项目反映。

(5)"支付给职工以及为职工支付的现金"项目，反映企业本年实际支付给职工的工资、资金、各种津贴和补贴等职工薪酬(包括代扣代缴的职工个人所得税)。

(6)"支付的各项税费"项目，反映企业本年发生并支付、以前各年发生本年支付以及预交的各项税费，包括所得税增值税、营业税、消费税、印花税、房产税、土地增值税、车船税、教育费附加等。

(7)"支付其他与经营活动有关的现金"项目，反映企业经营租赁支付的租金、支付的差旅费、业务招待费、保险费、罚款支出等其他与经营活动有关的现金流出，金额较大的应当单独列示。

2) 投资活动产生的现金流量

(1) "收回投资收到的现金"项目，反映企业出售、转让或到期收回除现金等价物以外的对其他企业长期股权投资而收到的现金，但处置子公司及其他营业单位收到的现金净额除外。

(2) "取得投资收益收到的现金"项目，反映企业除现金等价物以外的对其他企业的长期股权投资等分回的现金股利和利息等。

(3) "处置固定资产、无形资产和其他长期资产收回的现金净额"项目，反映企业出售、报废固定资产、无形资产和其他长期资产所取得的现金(包括因资产毁损而收到的保险赔偿收入)，减去为处置这些资产而支付的有关费用后的净额。

(4) "处置子公司及其他营业单位收到的现金净额"项目，反映企业处置子公司及其他营业单位所取得的现金，减去相关处置费用以及子公司及其他营业单位持有的现金和现金等价物后的净额。

(5) "购建固定资产、无形资产和其他长期资产支付的现金"项目，反映企业购买、建造固定资产、取得无形资产和其他长期资产所支付的现金(含增值税款等)，以及用现金支付的应由在建工程和无形资产负担的职工薪酬。

(6) "投资支付的现金"项目，反映企业取得除现金等价物以外的对其他企业的长期股权投资所支付的现金以及支付的佣金、手续费等附加费用，但取得子公司及其他营业单位支付的现金净额除外。

(7) "取得子公司及其他营业单位支付的现金净额"项目，反映企业购买子公司及其他营业单位购买出价中以现金支付的部分，减去子公司及其他营业单位持有的现金和现金等价物后的净额。

(8) "收到其他与投资活动有关的现金"、"支付其他与投资活动有关的现金"项目，反映企业除上述(1)至(7)项目外收到或支付的其他与投资活动有关的现金，金额较大的应当单独列示。

3) 筹资活动产生的现金流量

(1) "吸收投资收到的现金"项目，反映企业以发行股票、债券等方式筹集资金实际收到的款项，减去直接支付的佣金、手续费、宣传费、咨询费、印刷费等发行费用后的净额。

(2) "取得借款收到的现金"项目，反映企业举借各种短期、长期借款而收到的现金。

(3) "偿还债务支付的现金"项目，反映企业为偿还债务本金而支付的现金。

(4) "分配股利、利润或偿付利息支付的现金"项目，反映企业实际支付的现金股利、支付给其他投资单位的利润或用现金支付的借款利息、债券利息。

(5) "收到其他与筹资活动有关的现金"、"支付其他与筹资活动有关的现金"

项目，反映企业除上述(1)至(4)项目外收到或支付的其他与筹资活动有关的现金，金额较大的应当单独列示。

4) "汇率变动对现金及现金等价物的影响"项目，反映下列项目之间的差额

(1) 企业外币现金流量折算为记账本位币时，采用现金流量发生日的即期汇率近似的汇率折算的金额(编制合并现金流量表时折算境外子公司的现金流量，应当比照处理)。

(2) 企业外币现金及现金等价物净增加额按年末汇率折算的金额填列。

复习思考题

(1) 财务会计报告有什么作用？编制会计报表的基本要求是什么？

(2) 会计报表有哪些种类？它们的作用是什么？其基本内容是什么？

(3) 如何编制资产负债表？

(4) 如何编制利润表？

练习题

习题1

(1) 目的：练习资产负债表的编制。

(2) 资料：

维达公司××年8月底各总账账户期末余额见表9.7。

表9.7　维达公司××年8月底各总账账户期末余额

账户名称	借方余额	账户名称	贷方余额
库存现金	5 000	短期借款	39 000
银行存款	154 000	应付账款	3 700
应收账款	7 000	其他应付款	7 600
其他应收款	750	应付职工薪酬	8 100
原材料	49 800	应付利息	2 900
生产成本	66 700	应交税费	21 850
库存商品	220 400	累计折旧	1 219 715
待处理财产损溢	6 500	本年利润	147 460
固定资产	1 624 500	实收资本	631 325
利润分配	85 000	盈余公积	138 000
合　　计	2 219 650	合　　计	2 219 650

(3) 要求：根据资料编制维达公司××年8月份资产负债表。

习题 2

(1) 目的：练习利润表的编制。

(2) 资料：维达公司××年 8 月份各损益账户发生额如下：

"主营业务收入"为 1 886 500 元，"主营业务成本"为 987 260 元，"营业税金及附加"为 6 750 元，"销售费用"为 11 760 元，"其他业务收入"为 63 200 元，"其他业务支出"为 43 700 元，"营业外收入"为 2 480 元，"营业外支出"为 48 560 元，"管理费用"为 28 610 元，"财务费用"为 8 340 元。

(3) 要求：根据资料编制维达公司××年 8 月份利润表。

习题 3

(1) 目的：练习资产负债表和利润表的编制。

(2) 资料：参见第 7 章练习题。

(3) 要求：根据资料编制长江公司××年 10 月份的资产负债表和利润表。

会计从业资格证训练题

1) 单项选择题

(1) 我国《企业会计准则》规定，资产负债表采用(　　)格式。

　　A. 报告式　　　　　B. 直接式　　　　　C. 间接式　　　　　D. 账户式

(2) 会计报表各项目的数据必须建立在(　　)的基础之上。

　　A. 真实可靠　　　　B. 相关可比　　　　C. 便于理解　　　　D. 编制及时

(3) (　　)可以汇总反映企业经营成果和财务状况的全貌。

　　A. 会计账簿　　　　B. 总分类账　　　　C. 财务会计报告　　D. 明细分类账

(4) (　　)是反映企业经营成果的会计报表。

　　A. 会计报表附注　　B. 利润表　　　　　C. 现金流量表　　　D. 资产负债表

(5) 编制资产负债表所依据的会计等式是(　　)。

　　A. 收入－费用=利润　　　　　　　　　B. 资产=负债＋所有者权益

　　C. 借方发生额=贷方发生额

　　D. 期初余额＋本期借方发生额－本期贷方发生额=期末余额

(6) (　　)是企业对外披露会计信息最重要的手段。

　　A. 会计凭证　　　　　　　　　　　　　B. 会计账簿

　　C. 财务情况说明书　　　　　　　　　　D. 财务会计报告

(7) 资产负债表中资产的排列顺序是(　　)。

　　A. 项目偿还性　　　B. 项目流动性　　　C. 项目收益性　　　D. 项目时间性

(8) 会计报表是根据(　　)定期进行归集、加工和汇总而编制的。

　　A. 会计账簿记录　　B. 利润表　　　　　C. 现金流量表　　　D. 原始凭证

(9) 下列项目中，属于长期负债的项目是( )。

    A. 应付职工薪酬   B. 应付股利   C. 应付债券   D. 应付票据

(10) 资产负债表左边的下列各项资产中，排在最前面的是( )。

    A. 货币资金   B. 长期股权投资 C. 固定资产   D. 无形资产

(11) 以下报表中反映企业财务状况的是( )。

    A. 资产负债表   B. 利润表

    C. 现金流量表   D. 所有者权益变动表

(12) 资产负债表的主体和核心部分是( )。

    A. 表头   B. 表体   C. 表尾   D. 附表

(13) 资产负债表的下列项目中，直接根据一个总分类账账户就能填列的项目是( )。

    A. 长期股权投资   B. 应收账款   C. 资本公积   D. 货币资金

(14) 企业对外报送的报表不包括( )。

    A. 资产负债表   B. 利润表   C. 现金流量表   D. 成本报表

(15) 可以反映企业的短期偿债能力和长期偿债能力的报表是( )。

    A. 利润表   B. 利润分配表   C. 资产负债表   D. 现金流量表

(16) 资产负债表右边下列所有者权益各项目中，排在最后面的是( )。

    A. 实收资本   B. 资本公积   C. 盈余公积   D. 未分配利润

(17) 下列报表中，属于静态报表的是( )。

    A. 财务情况说明书 B. 利润表   C. 资产负债表   D. 现金流量表

(18) 资产负债表右边的下列各负债项目中，排在最前面的是( )。

    A. 短期借款   B. 应付票据   C. 长期应付款   D. 长期借款

(19) 编制利润表的主要依据是( )。

    A. 资产、负债及所有者权益账户的本期发生额

    B. 各损益类账户的本期发生额

    C. 资产、负债及所有者权益账户的期末余额

    D. 各损益类账户的期末余额

(20) 按( )的不同，会计报表分为资产负债表、利润表和现金流量表。

    A. 报送的对象   B. 编制的单位   C. 反映的内容   D. 会计要素

(21) 以下( )不是财务会计报告的组成内容。

    A. 资产负债表   B. 利润表

    C. 会计报表附注   D. 财务计划说明书

(22) 资产负债表的右方不包括的项目是( )。

    A. 流动负债   B. 长期股权投资 C. 长期负债   D. 所有者权益

(23) 下列项目中，(　　)是会计核算的最后环节。

    A. 登记会计账簿   B. 编制会计报表

    C. 分析会计报表   D. 考核经营业绩

2) 多项选择题

(1) 会计报表按反映的内容的不同，可分为(　　)。

    A. 资产负债表   B. 利润表   C. 现金流量表   D. 年报表

(2) 利润表中，与利润总额计算有关的项目有(　　)。

    A. 营业利润   B. 投资收益   C. 营业外收入   D. 营业外支出

(3) 通过资产负债表可以反映(　　)。

    A. 企业的资产构成   B. 企业的偿债能力

    C. 企业的资本结构   D. 企业的获利能力

(4) 通过利润表可以反映(　　)。

    A. 企业的收入情况   B. 企业的费用情况

    C. 企业的偿债能力   D. 企业的获利能力

(5) 财务会计报告的内容包括(　　)。

    A. 会计报表   B. 会计报表附注

    C. 财务情况说明书   D. 会计报表说明书

(6) 中期财务会计报告包括(　　)。

    A. 月度财务会计报告   B. 半年度财务会计报告

    C. 季度财务会计报告   D. 年度财务会计报告

(7) 财务会计报告的编制要求包括(　　)等。

    A. 真实可靠   B. 相关可比   C. 全面完整   D. 编报及时

(8) 企业财务会计报告的使用者通常包括(　　)。

    A. 投资者   B. 债权人

    C. 企业管理人员   D. 政府及相关机构

(9) 下列报表中，属于动态报表的是(　　)。

    A. 资产负债表   B. 利润表

    C. 财务情况说明书   D. 现金流量表

(10) 会计报表包括(　　)。

    A. 资产负债表   B. 利润表

    C. 现金流量表   D. 会计报表附注

(11) 在下列会计报表中，属于月报的有(　　)。

    A. 资产负债表   B. 利润表

    C. 现金流量表   D. 财务情况说明书

(12) 借助于资产负债表提供的信息，可以帮助管理者( )。

A. 分析企业资产的结构及其状况

B. 分析企业目前与未来需要支付的债务数额

C. 分析企业的盈利能力

D. 分析企业的现金流量情况

(13) 企业编制财务会计报告，应当严格遵循国家会计制度规定的( )。

A. 编制基础　　　B. 编制依据　　　C. 编制原则　　　D. 编制方法

(14) 财务会计报告可以提供企业( )的信息。

A. 财务状况　　　B. 经营成果　　　C. 劳动状况　　　D. 现金流量

(15) 企业对外提供的财务会计报告的封面上应当注明( )。

A. 企业名称　　　　　　　　　B. 报表所属年度或者月份

C. 企业统一代码　　　　　　　D. 企业负责人签名

(16) 企业在编制年度财务会计报告前，全面清查资产、核实债务的工作包括( )。

A. 与债务、债权单位的相应债务、债权金额是否一致

B. 存货的实存数量与账面数量是否一致

C. 固定资产的实存数量与账面数量是否一致

D. 各项投资是否存在

(17) 资产负债表编制的资料来源有( )。

A. 总账　　　　　　　　　　　B. 明细账

C. 备查登记簿　　　　　　　　D. 上年度资产负债表

(18) 企业编制财务会计报告前的准备工作包括( )。

A. 全面财产清查　　　　　　　B. 账表核对

C. 账实核对　　　　　　　　　D. 检查会计事项的处理结果

(19) 资产负债表的下列项目中，需要根据总账科目余额减去其备抵项目后的净额填列的有( )。

A. 应收账款　　　B. 长期股权投资　　C. 存货　　　　　D. 固定资产

(20) 资产负债表项目中，需要根据其明细科目余额计算填列的有( )。

A. 应收账款　　　B. 应收票据　　　C. 应付账款　　　D. 货币资金

(21) 利润表的格式有( )。

A 账户式　　　　B. 报告式　　　　C. 单步式　　　　D. 多步式

(22) 多步式利润表可以反映企业的( )等利润要素。

A. 主营业务利润　　B. 营业利润　　　C.利润总额　　　D. 净利润

(23) 企业会计报表应根据账簿记录资料( )。

A. 直接填列   B. 经过分析、整理计算后填列

C. 经董事会讨论后填列   D. 经审计后填列

3) 判断题

(1) 在 1 年内到期的长期负债应属于流动负债项目。（　　）

(2) 由于财务会计报告是对外提供，所以其所提供的信息对企业的管理者和职工没用。（　　）

(3) 资产负债表中资产是按照项目重要性的顺序排列的。（　　）

(4) 资产负债表属于静态报表。（　　）

(5) 财务会计报告就是会计报表。（　　）

(6) 多步式利润表通常采用左右对照的账户式结构。（　　）

(7) 资产负债表是反映财务成果的会计报表。（　　）

(8) 企业对重要的事项，应当按照要求在会计报表附注中进行说明。（　　）

(9) 资产负债表可以帮助报表使用者全面了解企业的经营成果，分析企业的债务偿还能力。（　　）

(10) 财务会计报告是企业会计核算的最终成果。（　　）

(11) 营业利润扣减掉管理费用、营业费用、财务费用和所得税后得到净利润。（　　）

(12) 会计报表便于理解的要求是建立在会计报表使用者具有一定的会计报表阅读能力的基础上的。（　　）

(13) 根据我国《企业会计准则》规定，利润表采用多步式结构。（　　）

(14) 资产负债表是总括反映企业特定日期资产、负债和所有者权益情况的动态报表，通过它可以了解企业的资产构成、资金的来源构成和承担的债务及资金的流动性和偿债能力。（　　）

(15) 对财务会计报告，企业可以根据需要不定期编制。（　　）

(16) 季度财务会计报告应包括的内容与月度财务会计报告基本相同。（　　）

10　会计工作组织

知识目标

● 了解会计人员的管理体系、会计工作的组织及电算化的基本内容；

● 熟悉会计监督的组成内容、会计工作的组织形式、会计岗位责任制、会计工作的法律责任，以及会计档案的内容、归档的要求。

能力目标

● 能正确理解会计工作的组织形式、会计工作的岗位责任制和会计工作的法律责任；

● 能按会计档案归档要求进行档案管理。

10.1　会计工作管理体系

会计工作管理体系是指各级、各部门对会计工作的组织和管理的制度体系。会计工作管理体系主要包括会计工作管理、会计人员管理和会计制度。

10.1.1　会计工作管理

会计工作管理是保证会计工作正常、规范进行的前提，包括会计工作的管理部门和会计机构的设置两方面。

(1) 会计工作的管理部门。会计工作的管理部门是领导、组织和管理会计工作的机构。我国的会计管理工作是从两个层面进行的，即中央统一领导，地方分级管理的体制。依据《中华人民共和国会计法》第七条规定："国务院财政部门主管全国的会计工作"。"县级以上地方各级人民政府财政部门管理本行政区域内的会计工作。"

(2) 会计机构的设置。会计机构是各单位内部组织、领导和直接从事会计工作的部门。各单位应当根据会计业务的需要，设置会计机构。会计机构负责人、会计主管人员的任免，应当符合《中华人民共和国会计法》和有关法律的规定。对于会计工作量较小，会计业务简单的单位，也可以不设置会计机构，但要设置专职的会计人员，从事会计工作。没有设置会计机构和配备会计人员的单位，应当根据《代理记账管理暂行办法》委托会计师事务所或者持有代理记账许可证书的其他代理记账机构进行代理记账。

10.1.2　会计人员管理

会计人员管理包含会计人员的职责、权限、任免和奖惩等方面的制度规定。

10.1.2.1　会计人员的职责和权限

会计人员的职责是：

(1) 会计人员在会计工作中应当遵守职业道德，树立良好的职业品质、严谨的工作作风，严守工作纪律，努力提高工作效率和工作质量。会计人员应当热爱本职工作，努力钻研业务，使自己的知识和技能适应所从事工作的要求。

(2) 会计人员应当熟悉财经法律。

(3) 会计人员应当按照会计法律和国家统一会计制度规定的程序和要求进行会计工作，保证所提供的会计信息合法、真实、准确、及时、完整。

(4) 会计人员办理会计事务应当实事求是、客观公正。

(5) 会计人员应当熟悉本单位的生产经营和业务管理情况，运用掌握的会计信息和会计方法为改善单位内部管理、提高经济效益服务。

(6) 会计人员应当保守本单位的商业秘密。除法律规定和单位领导人同意外，不能私自向外界提供或者泄露单位的会计信息。

财政部门、业务主管部门和各单位应当定期检查会计人员遵守职业道德的情况，并作为会计人员晋升、晋级、聘任专业职务、表彰奖励的重要考核依据。会计人员违反职业道德的，由所在单位进行处罚；情节严重的，由会计从业资格证书发证机关吊销其会计从业资格证书。

会计人员有权参与本单位的经营管理活动，有权监督、检查本单位各部门的财务收支、财产保管使用情况，有权拒绝办理不合法律法规的会计事项，抵制违法乱纪行为，并向本单位领导人或上级机关、财政部门报告。

10.1.2.2　会计人员的任免和奖惩

各单位应当根据会计业务需要配备持有会计从业资格证书的会计人员。未取得会计从业资格证书的人员，不得从事会计工作。大、中型企业、事业单位、业务主管部门应当根据法律和国家有关规定设置总会计师。总会计师由具有会计师以上专业技术资格的人员担任。总会计师行使《总会计师条例》规定的职责、权限。总会计师的任命(聘任)、免职(解聘)依照《总会计师条例》和有关部门法律的规定办理。各单位领导人应当支持会计机构、会计人员依法行使职权；对忠于职守，坚持原则，做出显著成绩的会计机构、会计人员，应当给予精神的和物质的奖励。单位领导人的直系亲属不得担任本单位的会计机构负责人、会计主管人员。会计机构负责人、会计主管人员的直系亲属不得在本单位会计机构中担任出纳工作。需要回避的直系亲属为：夫妻关系、直系血亲关系、三代以内旁系血亲以及配偶亲关系。

会计人员工作调动或者因故离职，必须将本人所经营的会计工作全部移交给接替人员。没有办清交接手续的，不得调动或者离职。接替人员应当认真接管移交工作，并继续办理移交的未了事项。

10.1.3　会计制度

会计制度是指政府管理部门对处理会计事务所规定的规章、规则、办法等规范性文件的总称，包括对会计工作、会计核算、会计监督、会计人员、会计档案等方面的规范性文件。

国家在进行宏观调控中，不仅需要各基层单位提供真实、完整的会计资料，也需要各单位的会计工作在处理各种利益关系中按照国家的方针、政策、法律、法规办事。会计制度既是各单位组织会计管理工作和产生相互可比、口径一致的会计资料的依据，也是国家财政经济政策在会计工作中的具体体现。因此，《会计法》将会计制度作为法制化经济管理的重要组成部分，纳入政府部门的管理范围，并规定国家实行统一的会计制度。国家统一的会计制度由国务院财政部门根据会计法制定并公布，国务院有关部门可以依照会计法和会计制度，对会计核算和会计监督有特殊要求的行业，实施国家统一的会计制度的具体办法或者补充规定，报国务院财政部门审核批准。

10.2　会计工作组织

会计工作组织包括会计机构设置、会计人员的配备以及会计业务操作的安排等内容。合理地组织会计工作，对保证实现会计的目标，发挥会计的作用，促进国民经济快速稳定发展，具有十分重要的意义。组织会计工作必须遵守国家对会计工作的统一要求和国家统一规定的会计准则。会计所提供的信息，一方面反映企业、行政事业单位遵循国家方针政策，执行计划和预算的情况及结果；另一方面是国家确定方针、政策，进行国民经济宏观调控的重要依据之一。组织会计工作是在遵守会计法规的前提下，根据本单位业务经营的特点和经营规模的大小等具体情况，采用不同的方法，不同的程序，组织会计工作。

10.2.1　会计工作组织形式

在我国，会计工作组织形式一般分为集中核算和非集中核算。

(1) 集中核算。是指主要的会计工作都集中于会计部门。在这种形式下，单位内部各实体不设置会计核算机构，不独立核算，而是只对本部门的业务加以记录，制作原始凭证等。然后定期移交给单位的会计部门进行核算。

集中核算可减少会计工作的环节，提高了效率，有利于全面掌握本单位的信息，有利于节约会计工作成本，但由于基层部门不进行核算，不便于了解自身情况和实行责任管理，不便于调动基层工作的积极性。

(2) 非集中核算。是指单位内部除会计部门之外的其他部门也进行会计核算工作。内部各部门在单位会计机构指导下，处理本部门的业务，而单位的会计部门则是主要进行信息汇总以及编制会计报表。

非集中核算便于各部门及时得出核算后的信息，加强了内部管理。但同时工作量较大，成本较高，浪费资源。

10.2.2　会计工作的岗位责任制

会计工作岗位责任制是指在会计机构内部，按照会计工作的性质、内容等要素，结合本部门人员情况，将整体的会计工作有机地划分为若干相对独立的工作岗位，每个工作岗位都有自己的职责和权限，并且建立相应的责任制度。

(1) 会计工作岗位责任制度。主要内容包括：会计人员的工作岗位设置；各会计工作岗位的职责和标准；各会计工作岗位的人员和具体分工；会计工作岗位轮换办法；对各会计工作岗位的考核办法。

(2) 会计工作岗位的设置。会计工作岗位一般可分为：会计机构负责人或者会计主管人员；出纳；财产物资核算；工资核算；成本费用核算；财务成果核算；资金核算；往来结算；总账报表；稽核；档案管理等。开展会计电算化和管理会计的单位，可以根据需要设置相应工作岗位，也可以与其他工作岗位相结合。

(3) 会计机构负责人(会计主管人员)的任免条件。依据《中华人民共和国会计法》和有关法律的规定，会计机构负责人应当具备下列基本条件：

① 坚持原则，廉洁奉公。

② 具有会计专业技术资格。

③ 主管一个单位或者单位内一个重要方面的主要会计工作时间不少于 3 年。

④ 熟悉国家财经法律、法规、规章和方针、政策，掌握本行业业务管理的有关知识。

⑤ 有较强的组织能力。

⑥ 身体状况能够适应本职工作的要求。

会计工作岗位，可以一人一岗、一人多岗或者一岗多人。但出纳人员不得兼管审核、会计档案保管和收入、费用、债权债务账目的登记工作。会计人员的工作岗位应当有计划地进行轮换。

10.2.3　内部会计管理制度

企业应当根据《中华人民共和国会计法》和国家统一会计制度的规定，结合单位类型和内部管理的需要，建立健全相应的内部会计管理制度。

(1) 制定内部会计管理制度应当遵循的原则：

① 应当执行法律、法规和国家统一的财务会计制度。

② 应当体现本单位的生产经营、业务管理的特点和要求。

③ 应当全面规范本单位的各项会计工作，建立健全会计基础工作，保证会计工作的有序进行。

④ 应当科学、合理，便于操作和执行。

⑤ 应当定期检查会计制度执行情况。

⑥ 应当根据管理需要和执行中发现的问题不断进行完善。

(2) 建立内部会计管理体系，主要内容包括：单位领导人、总会计师对会计工作的领导职责；会计部门及其会计机构负责人、会计主管人员的职责、权限；会计部门与其他职能部门的关系；会计核算的组织形式。

(3) 建立账务处理程序制度，主要内容包括：会计科目及其明细科目的设置和运用；会计凭证的格式、审核要求和传递程序；会计核算方法；会计账簿的设置；编制会计报表的种类和要求；单位会计指标体系。

(4) 建立内部牵制制度，主要内容包括：内部牵制制度的原则；组织分工；出纳岗位的职责和限制条件；有关岗位的职责和权限。

(5) 建立稽核制度，主要内容包括：稽核工作的组织形式和具体分工；稽核工作的职责、权限；审核会计凭证和复核会计账簿、会计报表的方法。

(6) 建立原始记录管理制度，主要内容包括：原始记录的内容和填制方法；原始记录的格式；原始记录的审核；原始记录填制人的责任；原始记录签署、传递、汇集要求。

(7) 建立定额管理制度，主要内容包括：定额管理的范围；制定和修订定额的依据、程序和方法；定额的执行；定额考核和奖惩办法。

(8) 建立计量验收制度，主要内容包括：计量检测手段和方法；计量验收管理的要求；计量验收人员的责任和奖惩办法。

(9) 建立财产清查制度，主要内容包括：财产清查的范围；财产清查的组织；财产清查的期限和方法；对财产清查中发现问题的处理办法；对财产管理人员的奖惩办法。

(10) 建立财务收支审批制度，主要内容包括：财务收支审批人员和审批权限；财务收支审批程序；财务收支审批人员的责任。

(11) 实行成本核算的单位应当建立成本核算制度，主要内容包括：成本核算的对象；成本核算的方法和程序；成本分析。

(12) 建立财务会计分析制度，主要内容包括：财务会计分析的主要内容；财务会计分析的基本要求和组织程序；财务会计分析的具体方法；财务会计分析报告的编写要求。

(13) 建立内部会计监督制度，主要内容包括：

① 对原始凭证进行审核和监督。对不真实、不合法的原始凭证，不予受理。对弄虚作假、严重违法的原始凭证，在不予受理的同时，应当予以扣留，并及时向单位领导人报告，请求查明原因，追究当事人的责任。对记载不准确、不完整的原始凭证，予以退回，要求经办人员更正、补充。

② 对会计账簿记录的审核和监督。对伪造、变造、故意毁灭会计账簿或账外设账行为，应当制止和纠正；制止和纠正无效的，应当向上级主管单位报告，请求做出处理。

③ 对实物、款项的监督。对实物、款项监督，督促建立并严格执行财产清查制度。发现账簿记录与实物、款项不符时，应当按照国家有关规定进行处理。超出会计机构、会计人员职权范围的，应当立即向本单位领导报告，请求查明原因，做出处理。

④ 对会计信息质量的监督。对指使、强令编造、篡改财务报告行为，应当制止和纠正；制止和纠正无效的，应当向上级主管单位报告，请求处理。

⑤ 对财务收支进行监督。对审批手续不全的财务收支，应当退回，要求补充、更正；对违反规定不纳入单位统一会计核算的财务收支，应当制止和纠正；对违

反国家统一的财政、财务、会计制度规定的财务收支，不予办理；对认为是违反国家统一的财政、财务、会计制度规定的财务收支，应当制止和纠正；制止和纠正无效的，应当向单位领导人提出书面意见请求处理。单位领导人应当在接到书面意见起 10 日内做出书面决定，并对决定承担责任；对违反国家统一的财政、财务、会计制度规定的财务收支，不予制止和纠正，又不向单位领导人提出书面意见的，也应当承担责任；对严重违反国家利益和社会公众利益的财务收支，应当向主管单位或者财政、审计、税务机关报告。

⑥ 对违反单位内部会计管理制度的经济活动，应当制止和纠正；制止和纠正无效的，向单位领导人报告，请求处理。

⑦ 对单位制定的预算、财务计划、经济计划、业务计划的执行情况进行监督。

⑧ 接受财政、审计、税务等机关的监督。各单位必须依照法律和国家有关规定接受财政、审计、税务等机关的监督，如实提供会计凭证、会计账簿、会计报表和其他会计资料以及有关情况，不得拒绝、隐匿谎报。

⑨ 委托注册会计师进行审计。按照法律定应当委托注册会计师进行审计的单位，应当委托注册会计师进行审计，并配合注册会计师的工作，如实提供会计凭证、会计账簿。会计报表和其他会计资料以及有关情况，不得拒绝、隐匿、谎报，不得示意注册会计师出具不当的审计报告。

10.3 会计档案

10.3.1 会计档案的概念

会计档案是机关团体和企事业单位在会计活动中形成的，并按照一定规定保存备查的会计凭证、会计账簿和财务会计报告等会计核算专业材料，它是记录和反映单位经济业务的重要史料和证据。《会计档案管理办法》于 1998 年 8 月 21 日，由财政部和国家档案局发布。

10.3.2 会计档案的组成

(1) 会计凭证类。包括原始凭证、记账凭证、汇总凭证、其他会计凭证。

(2) 会计账簿类。包括总账、明细账、日记账、固定资产卡片、辅助账簿、其他会计账簿。

(3) 财务会计报告类。包括月度、季度、年度财务会计报告(包括会计报表、附表、附注及文字说明和其他财务会计报告)。

(4) 其他类。包括银行存款余额调节表、银行对账单、其他应当保存的会计核算专业资料、会计档案移交清册、会计档案保管清册、会计档案销毁清册。

10.3.3　会计档案的归档要求

为了加强会计档案的科学管理，统一全国会计档案制度，做好会计档案工作，《会计档案管理办法》统一规定了会计档案的立卷、归档、保管、调动和销毁等具体规定，各单位应按国家统一规定，建立健全具体的管理制度和使用办法。大中型企业应建立会计档案室，小型企业应有会计档案柜并指定专人负责。

1) 会计档案的归档

各单位每年形成的会计档案，都应由财务会计部门按照归档的要求整理、立卷并装订成册，编制会计档案保管清册；当年的会计档案，要在会计年度终了后，由本单位财会部门保管 1 年，由会计机构内部指定专人保管，但出纳人员不得兼管会计档案。期满后移交本单位档案机构保管的会计档案，原则上应当保持原卷册的封装。个别需要拆封重新整理的，档案机构应当会同会计机构和经办人员共同拆封整理，以分清责任。

2) 会计档案的保存期限

会计档案应分类保存，建立相应的分类目录或卡片，随时进行登记，要严格执行安全保密制度，不得随意销毁、散失和失密。按照《会计档案管理办法》的规定，年度财务会计报告、会计档案保管清册、会计档案销毁清册要永久保存；各种会计凭证至少要保存 15 年，各种会计账簿一般至少保存 15 年，其中现金和银行存款日记账至少要保管 25 年，固定资产卡片于固定资产报废清理后保管 5 年；月、季度财务会计报告(包括文字分析)要保存 3 年；会计移交清册至少保存 15 年，银行存款余额调节表和银行对账单一般要保存 5 年。

3) 会计档案的销毁

保管期满但未结清的债权债务原始凭证和涉及其他未了事项的原始凭证，不得销毁，应当单独抽出立卷，保管到事项完结为止。单独抽出立卷的会计档案，应当在会计档案销毁清册和会计档案保管清册中列明。正在项目建设期间的建设单位，其保管期满的会计档案不得销毁。保管期满的其他会计档案，可以按照以下程序予以销毁：

(1) 由本单位档案机构会同会计机构提出销毁意见，编制会计档案销毁清册，列明销毁会计档案的名称、卷号、册数、起止年度和档案编号、应保管期限、已保管期限、销毁时间等内容。

(2) 单位负责人在会计档案销毁清册上签署意见。

(3) 销毁会计档案时，应当由档案机构和会计机构共同派员监销；国家机关销毁会计档案时，应当由同级财政部门、审计部门派员参加监销；财政部门销毁会计档案时，应当由同级审计部门派员参加监销。

(4) 监销人在销毁会计档案时，应当按照会计档案销毁清册所列内容清点核对所要销毁的会计档案；销毁后，应当在会计档案销毁清册上签名盖章，并将监销情况报告本单位负责人。

4) 会计档案的查阅

各单位应当建立健全会计档案查阅、复制登记制度。各单位保存的会计档案不得借出。如有特殊需要，经本单位负责人批准，可以提供查阅或者复制，并办理登记手续。查阅或者复制会计档案的人员，严禁在会计档案上涂画、拆封和抽换。

5) 单位解散和保管人员调动时会计档案的移交

单位因撤销、解散、破产或者其他原因而终止的，在终止和办理注销登记手续之前形成的会计档案，一般应当由终止单位的业务主管部门或财产所有者代管或移交有关档案馆代管。

会计档案保管人员调动工作，应按照规定，办理正式的交接手续。

10.4　会计电算化

10.4.1　会计电算化的作用

会计工作电算化是会计人员在熟悉掌握会计理论知识和会计实务处理的基础上，会计人员利用计算机代替手工，完成对会计数据的记录、计算、分类整理、储存和报告，甚至完成对会计信息的分析、预测和决策的过程。

会计工作电算化对管理现代化具有十分重要的作用。具体有以下几个方面：

(1) 计算机的使用，使得会计工作从记账到编制会计报表全部自动化，将会计人员从传统的手工操作、记录、计算工作中解脱出来，大大提高了会计工作效率。使会计人员有更多的时间和精力从事对生产经营活动的管理活动，全面发挥会计在经济管理中的作用。

(2) 计算机的运算速度和准确性远远超过了人的运算能力，这样就提高了会计数据处理的及时性，确保了会计信息的正确性。

(3) 计算机运算速度快，准确无误且储量大的特点，不仅代替了传统的记账、算账和报账，而且还能应用大量的数学模型对经济活动进行预测和决策，这样就拓宽和增强了会计的职能。

(4) 由于会计工作中使用了计算机，会计信息能够及时反馈，增强了企业的内部控制能力，并且计算机可根据设定的操作权限来认定操作者，避免了手工处理过程中的权限不清和违反制度的情况，从而进一步完善了会计管理工作，强化了会计对经济活动的监督。

10.4.2　会计电算化的内容

会计电算化是在会计理论的研究与会计实务处理中应用计算机技术的一种通俗说法，它的内容主要包括：

(1) 会计人员将原始凭证上记录的经济业务，按会计实务处理的技术输入到安装有会计软件的计算机中，借助计算机中会计软件对数据进行处理记账凭证、登记账簿、汇总、转账、结账和存储，日记账、明细账、总账、会计报告和其他核算资料日后根据需要可即刻打印出来。

(2) 由于计算机能长期、大量地存储数据和高速、准确地进行数值计算与数据处理工作，从而突破了手工操作的局限性，为经济管理提供详细、准确、及时的信息创造了条件。

(3) 计算机不仅能建立起过去经济活动中的详细记录，而且可以及时掌握当前经济活动的最新数据，还可以把各类预测资料随时输入到会计信息系统中去，为日常管理、分析、预测和决策及时提供可靠的依据。

10.4.3　会计电算化的账务处理程序

会计电算化账务处理程序是指会计核算中证、账、表在计算机中的处理过程。在电算化会计系统中，一般包括以下内容：

(1) 系统初始化。系统初始化是指企业第一次使用会计电算化进行账务处理时所做的各种设定。包括建立账套、设置人员操作权限、设置会计科目、设置会计账簿、设置凭证类别、录入总账和明细期初余额等操作。

(2) 填制凭证。将凭证上的原始数据输入计算机内。在凭证上的数据输入计算机前，应审核经济业务是否合理合法。

(3) 审核凭证数据。凭证上的数据输入计算机后，应进行校验，以保证输入数据正确无误。

(4) 汇总会计凭证。当月全部原始凭证输入计算机后，根据计算机程序指令，点击汇总会计凭证，由计算机自动汇总生成。

(5) 登记账簿。点击登记总账、明细账、日记账程序指令，由计算机自动登记生成。

(6) 结账。按程序指令点击操作事项，进行月末结账及年终结转等操作。

(7) 打印输出。按程序指令点击操作事项，输出各类凭证、账簿及会计报表等操作。

总之，实现会计电算化的关键是会计软件的设计，国家没有统一规定使用何种会计软件，是因为既要考虑计算机对其进行的数据管理特殊性，又要考虑各类型企业对会计信息的不同要求；既要考虑各种会计软件的局限性，又要考虑会计人员对其使用的灵活性和方便性。我国目前有通用会计软件和商用会计软件之分，商用会计软件是建立在通用会计软件基础之上的，商用会计软件多采用模块式的设计，因而功能更加全面，不允许重新修改程序设计，只能依据特定的操作规程、操作系统、操作步骤进行。各单位采用何种会计软件，需要按照财政部颁发的关于会计电算化软件设计的基本要求，结合单位的特点、管理的要求以及会计人员的素质来决定。

复习思考题

(1) 什么是会计工作管理体系？其基本内容有哪些？

(2) 什么是会计工作组织？

(3) 集中核算和非集中核算的区别是什么？

(4) 简述会计工作岗位责任制的内容。

(5) 简述会计工作的法律责任。

(6) 简述会计监督的意义。

(7) 什么是会计档案？会计档案的归档要求有哪些？

(8) 会计电算化有何意义？其内容有哪些？在会计电算化下怎样进行账务处理？

会计从业资格证训练题

1) 单项选择题

(1) (　　)是指会计凭证，会计账簿和财务会计报告等会计核算专业资料，是记录和反映经济业务事项的重要历史资料和证据。

    A. 原始凭证　　　　B. 领料单　　　　C. 会计档案　　　　D. 发票

(2) 下列会计档案中，不需要永久保存的是(　　)。

A. 年度财务报告   B. 会计移交清册

C. 会计档案保管清册   D. 会计档案销毁清册

(3) 各单位每年形成的会计档案,应当由(　　)按照归档的要求,负责整理立卷,装订成册,编制会计档案保管清册。

A. 会计机构   B. 档案室   C. 工商局   D. 税务局

(4) 企业银行对账单和银行存款余额调节表的保管期限为(　　)。

A. 3 年   B. 5 年   C. 10 年   D. 15 年

(5) 原始凭证和记账凭证的保管期限为(　　)。

A. 5 年   B. 10 年   C. 15 年   D. 25 年

(6) 企业单位和行政单位的固定资产卡片的保管期限为(　　)。

A. 固定资产清理报废时   B. 固定资产清理报废后 1 年

C. 固定资产清理报废后 2 年   D. 固定资产清理报废后 5 年

(7) 各单位按规定销毁会计档案时,应当由(　　)共同派员监销。

A. 单位档案机构和上级部门   B. 单位档案机构和管理部门

C. 同级财政部门和审计机构   D. 单位档案机构和会计机构

(8) 企业和其他组织的下列会计档案中,保管期限为 25 年的是(　　)。

A. 银行存款总账   B. 银行存款日记账

C. 汇总凭证   D. 辅助账簿

(9) 国家机关销毁会计档案时,应由(　　)派员参加监销。

A. 同级财政部门   B. 同级财政部门和审计部门

C. 同级审计部门   D. 上级财政部门和审计部门

(10) 当年形成的会计档案,在会计年度终了后,可暂由会计机构保管(　　)。

A. 1 年   B. 2 年   C. 3 年   D. 5 年

(11) 会计档案保管期限的始算日期,应从(　　)起。

A. 本会计年度末   B. 会计年度终了的当天

C. 会计年度终了后的第一天   D. 会计档案归档的当天

(12) 月、季财务会计报告的保管期为(　　)年。

A. 3 年   B. 2 年   C. 5 年   D. 6 年

(13) 遇特殊情况需要影印复制会计档案的,必须经过(　　)批准。

A. 财务经理   B. 本单位负责人   C. 会计主管   D. 财务总监

(14) (　　)在会计档案销毁清册上签署意见。

A. 财务总监   B. 财务经理   C. 会计主管   D. 单位负责人

(15) 以下不是定期保管的期限(　　)。

A. 5 年   B. 10 年   C. 15 年   D. 20 年

(16) 外单位若有特殊原因需要使用原始凭证时，经本单位负责人批准(　　)。

    A. 可以借出   B. 只可以查阅不能复制

    C. 不可查阅或复制   D. 可以查阅或复制

(17) 按内部牵制原则的要求，会计机构中保管会计档案的人员，不得由(　　)兼任。

    A. 会计人员   B. 会计机构负责人

    C. 出纳人员   D. 会计主管人员

2) 多项选择题

(1) 各种会计档案的保管期限，根据其特点，分为(　　)两类。

    A. 长期   B. 短期   C. 永久   D. 定期

(2) 保管期限为 25 年的会计档案包括(　　)。

    A. 现金日记账   B. 固定资产卡片

    C. 银行存款日记账   D. 辅助账簿

(3) 下列各项属于会计档案的有(　　)。

    A. 会计档案保管清册   B. 原始凭证

    C. 年度财务报告   D. 银行对账单

(4) 下列资料中，属于会计账簿类会计档案的有(　　)。

    A. 固定资产卡片   B. 明细账   C. 银行对账单   D. 日记账

(5) 保管期满，不得销毁的会计档案有(　　)。

    A. 未结清的债权债务原始凭证

    B. 正在建设期间的建设单位的有关会计档案

    C. 超过保管期限但尚未报废的固定资产购买凭证

    D. 银行存款余额调节表

(6) 除当年形成的会计档案，其他会计档案的保管应在(　　)保管。

    A. 档案局

    B. 本单位财务会计部门内部指定专人

    C. 本单位的档案部门

    D. 其他单位的档案部门

(7) 定期保管期限有(　　)。

    A. 3 年   B. 5 年   C. 15 年   D. 25 年

(8) 企业和其他组织的下列会计档案中，需要永久保存的有(　　)。

    A. 会计档案保管清册   B. 会计档案销毁清册

    C. 会计移交清册   D. 年度财务报告

(9) 保管期限为 3 年的会计档案有(　　)。

　　A. 月度财务报告　　　　　　　　　B. 季度财务报告
　　C. 行政单位月度报告　　　　　　　D. 财政总预算会计旬报
　(10) 企业的下列会计档案中，保管期限为 15 年的有(　　)。
　　A. 往来款项明细账　　　　　　　　B. 存货总账
　　C. 银行存款日记账　　　　　　　　D. 长期股权投资总账
　(11) 对本单位档案机构保管的会计档案，需要拆封重新整理的，应由(　　)同时参与，以分清责任。
　　A. 原财务会计部门　　　　　　　　B. 经办人
　　C. 本单位档案机构　　　　　　　　D. 本单位人事部门

3) 判断题

(1) 会计账簿类会计档案的保管期限均为 15 年。(　　)

(2) 对于保管期满但未结清的债权债务的原始凭证不得销毁，应单独抽出，另行立卷，由档案部门保管到未了事项完结时为止。(　　)

(3) 本单位档案机构为方便保管会计档案，可以根据需要对其拆封重新整理。(　　)

(4) 财务报告类会计档案包括月度、季度、年度财务报表及其附表、附注，不包文字说明。(　　)

(5) 各单位保存的会计档案不得借出。如有特殊需要，经本单位负责人批准提供查阅或者复制，并办理登记手续。(　　)

(6) 财政部门销毁会计档案时，应当由同级财政部门派员共同监销。(　　)

(7) 会计档案销毁后，应当由会计人员在销毁清册上签名或盖章，并及时将销毁情况向本单位负责人报告。(　　)

(8) 不按规定管理会计档案，致使会计销案毁损，灭失的应当受到法律的制裁。(　　)

(9) 正在项目建设期间的建设单位，其保管期满的会计档案不得销毁。(　　)

(10) 单独抽出立卷的会计档案，应当在会计档案销毁清册和会计档案保管清册中列明。(　　)

(11) 财政部门销毁会计档案，应由同级税务部门派员监销。(　　)

(12) 固定资产卡片不是会计档案。(　　)

(13) 银行存款余额调节表、对账单是会计档案，但不是原始凭证。(　　)

(14) 会计档案保管清册的保管年限是 25 年。(　　)

(15) 《会计档案管理办法》规定的会计档案保管期限为最低保管期限。(　　)

附：会计从业资格证训练题参考答案

第 1 章

1) 单项选择题

(1) A；(2) D；(3) C；(4) A；(5) B；(6) A；(7) D；(8) A；(9) C；(10) A；(11) D；
(12) A；(13) A；(14) C；(15) B；(16) A；(17) D；(18) D；(19) D；(20) A；(21) B；
(22) C；(23) D；(24) B；(25) C；(26) A；(27) B；(28) C；(29) C；(30) A；(31) A；
(32) B；(33) C；(34) A；(35) C；(36) B；(37) B；(38) D；(39) B；(40) B；(41) A；
(42) C；(43) B；(44) A；(45) D；(46) C；(47) D；(48) C；(49) A；(50) A51) A；(52)
C；(53) A；(54) D；(55) C；(56) B；(57) A；(58) B；(59) B；(60) C；(61) A；(62)
D；(63) C；(64) D；(65) A；(66) A。

2) 多项选择题

(1) ABD；(2) BCD；(3) CD；(4) CD；(5) ABC；(6) ABC；(7) ABCD；(8) ABC；
(9) AD；(10) CD 11) ABD；(12) CD；(13) ABC；(14) ABD；(15) CD；(16) ACD；
(17) ABCD；(18) ABCD；(19) BCD 20) BCD；(21) BC；(22) ABCD；(23) ABD；
(24) ABC；(25) ABCD；(26) ACD；(27) ABD；(28) AC 29) ACD；(30) BCD；(31)
ABC；(32) CD；(33) ABCD；(34) CD；(35) CD；(36) ABC；(37) BCD 38) AD；(39)
AD；(40) ABC；(41) ABD；(42) BC；(43) ABCD；(44) ABCD；(45) ABC；(46) AB；
(47) ABCD；(48) ABCD；(49) BC；(50) ABCD；(51) BD；(52) ABCD。

3) 判断题

(1) ×；(2) √；(3) ×；(4) ×；(5) ×；(6) ×；(7) ×；(8) ×；(9) ×；(10) ×；(11)
×；(12) ×；(13) ×；(14) √；(15) ×；(16) ×；(17) √；(18) √；(19) √；(20) √；
(21) ×；(22) ×；(23) √；(24) ×；(25) √；(26) ×；(27) ×；(28) ×；(29) ×；(30)
√；(31) ×；(32) √；(33) √；(34) ×；(35) √；(36) ×；(37) √；(38) √；(39) ×；
(40) ×；(41) √；(42) ×；(43) √；(44) ×；(45) √；(46) ×；(47) ×；(48) √；(49)
×；(50) √；(51) ×；(52) √。

第 2 章

1) 单项选择题

(1) C；(2) D；(3) A；(4) A；(5) B；(6) C；(7) B；(8) A；(9) B；(10) D；(11) A；(12) C；(13) D；(14) B；(15) B；(16) D；(17) D；(18) A；(19) D；(20) C；(21) D；(22) C；(23) D；(24) C；(25) D；(26) D；(27) B 28) C；(29) C；(30) B；(31) C；(32) A；(33) C；(34) D；(35) B；(36) C；(37) D；(38) A；(39) B；(40) B；(41) D；(42) C；(43) D。

2) 多项选择题

(1) ABC；(2) ABCD；(3) CD；(4) AD；(5) BCD；(6) ABCD；(7) ABC；(8) ABC；(9) AD；(10) BD；(11) CD；(12) ABC；(13) AC；(14) ABCD；(15) ABCD；(16) ABCD；(17) ABCD；(18) BCD；(19) ABCD；(20) ABCD；(21) ABD；(22) ACD；(23) ABCD；(24) ABCD；(25) BCD；(26) ACD。

3) 判断题

(1)×；(2)√；(3)√；(4)×；(5)√；(6)×；(7)√；(8)×；(9)×；(10)√；(11)√；(12)×(13)√；(14)√；(15)×；(16)×；(17)√；(18)√；(19)×；(20)√；(21)√；(22)×；(23)√；(24)√；(25)√。

第 3 章

1) 单项选择题

(1) B；(2) A；(3) B；(4) B；(5) D；(6) C；(7) C；(8) B；(9) B；(10) A；(11) D；(12) D；(13) B；(14) D；(15) D；(16) A；(17) C；(18) A；(19) A；(20) A；(21) B；(22) B；(23) C；(24) D；(25) B；(26) A；(27) B；(28) B；(29) A；(30) B；(31) B；(32) A；(33) B；(34) C；(35) D；(36) B；(37) B；(38) A；(39) D；(40) C；(41) B；(42) B；(43) A；(44) B；(45) D；(46) B；(47) D；(48) D；(49) D；(50) B；(51) B；(52) C；(53) A；(54) D；(55) D；(56) C；(57) D；(58) C；(59) C；(60) D。

2) 多项选择题

(1) ABCD；(2) ABCD；(3) BCD；(4) AD；(5) ABCD；(6) BCD；(7) ABC；(8) AC；(9) ABC；(10) BC；11) ABC；(12) ABCD；(13) AB；(14) ABCD；(15) AC；(16) AB；(17) ABCD；(18) ABD；(19) ABC；(20) ACD；(21) ABCD；(22) ACD；(23) ABC；(24) ABCD；(25) ABC；(26) BCD；(27) AD；(28) ABCD；(29) BD；(30) BCD；(31) BCD；(32) ABCD；(33) ABCD。

3) 判断题

(1)×；(2)×；(3)√；(4)×；(5)√；(6)×；(7)√；(8)√；(9)√；(10)√；(11)

×；(12)√；(13)√；(14)×；(15)√；(16)×；(17)√；(18)×；(19)√；(20)√；
(21)×；(22)√；(23)×；(24)√；(25)×；(26)×；(27)×；(28)×；(29)×；(30)
√；(31)√；(32)×；(33)×；(34)√；(35)×；(36)×；(37)×。

第5章

1) 单项选择题

(1) B；(2) C；(3) D；(4) D；(5) C；(6) A；(7) A；(8) B；(9) C；(10) B；(11) C；
(12) B；(13) C；(14) CD；(15) D；(16) C；(17) B；(18) B；(19) C；(21) A；(22) D；
(23) C；(24) B；(25) D；(26) C；(27) D；(28) C；(29) A；(30) A；(31) D；(32) D；
(33) A；(34) D；(35) C；(36) D；(37) A；(38) B；(39) C；(40) A；(41) B；(42) C；
(43) C；(44) C；(45) B；(46) A；(47) B；(48) C；(49) C；(50) A；(51) C；(52) B；
(53) A；(54) D 55) B；(56) C；(57) D；(58) C；(59) A；(60) B。

2) 多项选择题

(1) ABCD；(2) BCD；(3) ABCD；(4) ABCD；(5) ACD；(6) CB；(7) BC；(8) ABC；
(9) BCD；(10) BC；(11) ABC；(12) AC；(13) ABC；(14) AC；(15) ABD；(16) ABC；
(17) ABCD；(18) CD；(19) ABCD；(20) ABD；(21) ABCD；(22) CD；(23) ABCD；
(24) ABC；(25) CD；(26) ABCD；(27) BC；(28) ABC；(29) ABC；(30) ABC；(31)
ABD；(32) ABCD；(33) ABD；(34) ABCD；(35) ABC；(36) ABCD。

3) 判断题

(1)√；(2)×；(3)√；(4)×；(5)×；(6)√；(7)×；(8)×；(9)√；(10)×；(11)
×；(12)×；(13)×；(14)√；(15)×；(16)×；(17)√；(18)√；(19)√；(20)√；
(21)√；(22)×；(23)×；(24)×；(25)×；(26)×；(27)√；(28)×；(29)×；(30)
×；(31)×；(32)×；(33)×；(34)√。

第6章

1) 单项选择题

(1) A；(2) D；(3) D；(4) B；(5) A；(6) C；(7) A；(8) C；(9) D；(10) A；(11)
C；(12) A；(13) B；(14) B；(15) A；(16) C；(17) B；(18) B；(19) A；(20) A；(21)
B；(22) A；(23) C；(24) C；(25) D；(26) D；(27) A 28) B；(29) A；(30) B；(31) A；
(32) C；(33) C；(34) D；(35) B；(36) C；(37) D；(38) B；(39) D；(40) A；(41) B；
(42) B。

2) 多项选择题

(1) ABC；(2) ACD；(3) ABD；(4) ABCD；(5) ABC；(6) ABC；(7) BCD；(8) BC；
(9) ABC；(10) ABC；(11) ABD；(12) AC；(13) ACD；(14) ABC；(15) AC；(16) BCD；

(17) BD；(18) AC；(19) ABCD；(20) ABCD；(21) AD；(22) ABCD；(23) AB；(24) AB；(25) AD；(26) BD；(27) CD；(28) ABC；(29) AD。

3) 判断题

(1)√；(2)×；(3)×；(4)×；(5)√；(6)×；(7)×；(8)×；(9)√；(10)√；(11)×；(12)√；(13)×；(14)√；(15)×；(16)×；(17)×；(18)×；(19)√；(20)√；(21)×；(22)√；(23)√；(24)×；(25)×；(26)√；(27)√；(28)×；(29)√；(30)×；(31)√；(32)×；(33)√；(34)×；(35)×；(36)√；(37)√；(38)×；(39)√；(40)√；(41)×；(42)√；(43)√。

第 7 章

1) 单项选择题

(1) D；(2) B；(3) D；(4) D；(5) C；(6) B；(7) C；(8) A；(9) A；(10) C；(11) C；(12) A；(13) A；(14) C；(15) B。

2) 多项选择题

(1) ABCD；(2) ABC；(3) BCD；(4) ABC；(5) ABD；(6) CD；(7) ABCD；(8) BC；(9) ABC；(10) BC；(11) ABCD；(12) ABCD；(13) ABC。

3) 判断题

(1)√；(2)√；(3)×；(4)×；(5)×；(6)√；(7)√；(8)×；(9)×；(10)√；(11)×；(12)√；(13)×；(14)√；(15)×；(16)√；(17)√；(18)×。

第 8 章

1) 单项选择题

(1) D；(2) C；(3) B；(4) B；(5) C；(6) C；(7) C；(8) A；(9) A；(10) A；(11) C；(12) B；(13) B；(14) B；(15) C；(16) A；(17) A；(18) A；(19) B；(20) B；(21) A；(22) B；(23) C；(24) B；(25) A；(26) A；(27) C 28) C；(29) B；(30) D；(31) C；(32) A；(33) B；(34) B；(35) D。

2) 多项选择题

(1) ABCD；(2) AB；(3) AC；(4) ABCD；(5) ABCD；(6) BC；(7) BD；(8) AC；(9) AD；(10) AB；(11) ABCD；(12) ABCD；(13) BCD；(14) BCD；(15) ACD；(16) BC；(17) ABD；(18) BC。

3) 判断题

(1)√；(2)×；(3)×；(4)×；(5)×；(6)√；(7)×；(8)×；(9)√；(10)√；(11)√；(12)×；(13)√；(14)×；(15)×；(16)√；(17)√；(18)×。

第9章

1) 单项选择题

(1) D；(2) A；(3) C；(4) B；(5) B；(6) D；(7) B；(8) A；(9) C；(10) A；(11) A；(12) B；(13) C；(14) D；(15) C；(16) A；(17) C；(18) A；(19) B；(20) C；(21) D；(22) B；(23) B。

2) 多项选择题

(1) ABC；(2) ABCD；(3) AB；(4)ABD；(5) AB；(6) ABC；(7) ABCD；(8) ACD；(9) BD；(10) ABCD；(11) ABC；(12) AB；(13) ABCD；(14) ABD；(15) ABD；(16) ABCD；(17) ABD；(18) AC；(19) ABCD；(20) AC；(21) BD；(22) BCD；(23) AB。

3) 判断题

(1) √；(2)×；(3)×；(4) √；(5)×；(6)×；(7)×；(8) √；(9)×；(10) √；(11)×；(12)×；(13) √；(14)×；(15)×；(16)×。

第10章

1) 单项选择题

(1) C；(2) B；(3) A；(4) B；(5) C；(6) D；(7) D；(8) B；(9) B；(10) A；(11) C；(12) A；(13) B；(14) D；15) D；(16) D；(17) C。

2) 多项选择题

(1) CD；(2) AC；(3) ABCD；(4) ABCD；(5) AB；(6) BC；(7) ABCD；(8) ABD；(9) ABCD；(10) ABD；(11) ABC。

3) 判断题

(1)×；(2) √；(3)×；(4)×；(5) √；(6)×；(7) √；(8)×；(9) √；(10) √；(11)×；(12)×；(13) √；(14)×；(15) √。

参 考 文 献

[1] 中华人民共和国财政部会计司编写组. 企业会计准则讲解[M]. 北京：人民出版社, 2007.

[2] 财政部会计资格评价中心. 初级会计实务[M]. 北京：中国财政经济出版社, 2009.

[3] 第三届全国会计知识大赛领导小组办公室. 第三届全国会计知识大赛辅导讲座[M]. 大连：大连出版社, 2007.

[4] 第三届全国会计知识大赛领导小组办公室. 第三届全国会计知识大赛法规汇编[M]. 大连：大连出版社, 2007.

[5] 湖北省会计学会. 会计基础[M]. 武汉：湖北人民出版社, 2009.

[6] 常庆森. 基础会计[M]. 北京：机械工业出版社, 2006.

[7] 吴健. 会计学基础[M]. 上海：上海交大出版社, 2004.

[8] 李海波. 会计基础与记账技术[M]. 上海：立信会计出版社, 2000.

[9] 阎德玉. 会计学原理[M]. 北京：中国财政经济出版社, 2001.

[10] 李惟庄. 基础会计[M]. 北京：中国财政经济出版社，2005.

第 9 章

1) 单项选择题

(1) D；(2) A；(3) C；(4) B；(5) B；(6) D；(7) B；(8) A；(9) C；(10) A；(11) A；(12) B；(13) C；(14) D；(15) C；(16) A；(17) C；(18) A；(19) B；(20) C；(21) D；(22) B；(23) B。

2) 多项选择题

(1) ABC；(2) ABCD；(3) AB；(4)ABD；(5) AB；(6) ABC；(7) ABCD；(8) ACD；(9) BD；(10) ABCD；(11) ABC；(12) AB；(13) ABCD；(14) ABD；(15) ABD；(16) ABCD；(17) ABD；(18) AC；(19) ABCD；(20) AC；(21) BD；(22) BCD；(23) AB。

3) 判断题

(1)√；(2)×；(3)×；(4)√；(5)×；(6)×；(7)×；(8)√；(9)×；(10)√；(11)×；(12)×；(13)√；(14)×；(15)×；(16)×。

第 10 章

1) 单项选择题

(1) C；(2) B；(3) A；(4) B；(5) C；(6) D；(7) D；(8) B；(9) B；(10) A；(11) C；(12) A；(13) B；(14) D；15) D；(16) D；(17) C。

2) 多项选择题

(1) CD；(2) AC；(3) ABCD；(4) ABCD；(5) AB；(6) BC；(7) ABCD；(8) ABD；(9) ABCD；(10) ABD；(11) ABC。

3) 判断题

(1)×；(2)√；(3)×；(4)×；(5)√；(6)×；(7)√；(8)×；(9)√；(10)√；(11)×；(12)×；(13)√；(14)×；(15)√。

参 考 文 献

[1] 中华人民共和国财政部会计司编写组. 企业会计准则讲解[M]. 北京: 人民出版社, 2007.
[2] 财政部会计资格评价中心. 初级会计实务[M]. 北京: 中国财政经济出版社, 2009.
[3] 第三届全国会计知识大赛领导小组办公室. 第三届全国会计知识大赛辅导讲座[M]. 大连: 大连出版社, 2007.
[4] 第三届全国会计知识大赛领导小组办公室. 第三届全国会计知识大赛法规汇编[M]. 大连: 大连出版社, 2007.
[5] 湖北省会计学会. 会计基础[M]. 武汉: 湖北人民出版社, 2009.
[6] 常庆森. 基础会计[M]. 北京: 机械工业出版社, 2006.
[7] 吴健. 会计学基础[M]. 上海: 上海交大出版社, 2004.
[8] 李海波. 会计基础与记账技术[M]. 上海: 立信会计出版社, 2000.
[9] 阎德玉. 会计学原理[M]. 北京: 中国财政经济出版社, 2001.
[10] 李惟庄. 基础会计[M]. 北京：中国财政经济出版社，2005.